WALES

W0194198

REISE-
TASCHENBUCH

Vordere Umschlagklappe: Übersichtskarte Wales

Hintere Umschlagklappe: Stadtplan Cardiff

Petra Juling

WALES

DUMONT

Umschlagvorderseite: Llanberis Lake in Snowdonia
Umschlagklappe vorne: Indoor Markets in Cardiff
Umschlagklappe hinten: Talyllyn Railway
Umschlagrückseite: Auf dem Viehmarkt in Abergavenny (oben); Llanberis Lake
mit Mount Snowdon (Mitte); Bodnant Garden (unten)
Vignette S. 1: Der Rote Drache signalisiert Käse aus Wales
Abbildung S. 2/3: Black Mountains im Brecon Beacons National Park

Über die Autorin: Petra Juling, geboren 1958, studierte Anglistik und Kunstge-
schichte. Seit 1990 ist sie freiberuflich als Buchautorin, Übersetzerin und Lektorin
tätig. Im DuMont Buchverlag veröffentlichte sie den Band ›Richtig Reisen: Schwe-
den‹ und das Reise-Taschenbuch ›Kanalinseln‹.

Die Deutsche Bibliothek – CIP-Einheitsaufnahme

Juling, Petra
Wales/Petra Juling.–Köln: DuMont, 2000
   (DuMont-Reise-Taschenbücher; 2189)
   ISBN 3-7701-4729-4

© 2000 DuMont Buchverlag, Köln
Alle Rechte vorbehalten
Umschlaggestaltung: Groschwitz, Hamburg
Satz und Druck: Rasch, Bramsche
Buchbinderische Verarbeitung: Bramscher Buchbinder Betriebe

Printed in Germany   ISBN 3-7701-4729-4

INHALT

LAND & LEUTE

Natur, Umwelt, Wirtschaft

Geschichte, Gesellschaft und Kultur

UNTERWEGS
IN WALES

Der Südosten

Der Westen

Mittelwales

Der Norden

TIPPS & ADRESSEN

Verzeichnis der Stadtpläne und Karten

LAND & LEUTE

»Oh die wilden
Hügel von Wales,
das Land von altem
Ruhm und Wunder,
das Land von Artus
und Merlin.«

George Borrow,
Wild Wales, 1862

Natur
Umwelt
Wirtschaft

**Hohe Berge mit den
Füßen im Meer**

Klima, Pflanzen und Tiere

Strukturwandel einer Region

Umwelt und Energie

Swallow Falls bei Betws-y-Coed

›Gwlad hud a Iledrith‹: Land des Zaubers und der Magie

»Croeso i Gymru« – Willkommen in Wales heißt es in der alten keltischen Landessprache auf dem Schild an der Grenze zu Cheshire, Shropshire oder Herefordshire. Und dazu prangt leuchtend der Rote Drache, das Nationalemblem. Das ›wilde‹ Land des Roten Drachens wurde zwar immer wieder erobert, aber niemals ganz besiegt. Denn die Waliser hatten schon immer ein besonderes Beharrungsvermögen und einen ausgeprägten Hang zum Individualismus und Nonkonformismus. Noch heute ist man sich im Land des Roten Drachens allenfalls dann einmal einig, wenn es um den Sieg bei der Fußballweltmeisterschaft geht oder um den Rugby World Cup.

Eine Fülle romantischer Burgen ist geblieben vom immer wieder aufwallenden zähen Widerstand der Waliser gegen die anglonormannischen Eroberungsversuche. Die vielen mittelalterlichen Ruinen begeisterten schon die empfindsamen Reisenden des 18. und frühen 19. Jh. Sie waren es, die die Naturschönheit und den Zauber einer von alter Geschichte durchdrungenen Landschaft entdeckten, wo sich in verwunschenen grünen Tälern verwitterte Abteiruinen verstecken, oder auf kahlen Bergkuppen die Mauerreste alter Burgtürme dem Wind trotzen. In Wales gehen Natur und Kul-

tur eine besonders romantische Verbindung ein.

Aber vieles in Wales ist noch viel älter, älter sogar als der Rote Drache, älter als die keltische Kultur, die im 5. Jh. v. Chr. vom Kontinent auf die Britischen Inseln herüberschwappte. Bis heute hält man im Westen der Britischen Insel fest am Althergebrachten in einer Kontinuität, die über Traditionsbewusstsein

weit hinausgeht, Erinnerung aus grauer Vorzeit, der Zeit der Megalithbauten, als auf der Insel Anglesey die heiligen Haine der Druiden standen. Überall in Wales kann man der Kraft dieser Vergangenheit nachspüren, die in Sagen und Legenden weiterlebt. Und in magischen Plätzen, die eingebettet sind in eine Landschaft zum Hinschauen: »Immer bezaubernd, immer neu, wann wird

Der Bergsee Llyn Gwynant liegt am Fuß des Snowdon

das Auge müde von der Landschaft Schau!«, schrieb der Dichter John Dyer 1726, überwältigt von so viel Sehenswertem in einer Landschaft reizvoller Gegensätze. Hohe Berge und tiefes Meer, schroffe Gipfel, die mehrere 100 m hoch über weißen Wellenkämmen aufragen, liebliche weiße Sandstrände und raue, wilde Klippenszenerie. Dazu ein mildes atlantisches Klima, das im Schatten schützender Hausmauern Feigenbäume und auf dem blanken Schiefergeröll Rhododendren wachsen lässt. Am Vormittag eine Wanderung auf dem Küstenpfad, am Nachmittag eine alpine Bergtour – in Wales kein Problem.

Das Grandiose dieser Landschaft sollte man ruhig auf sich wirken lassen: Die im blauen Dunst verschwimmenden scharfzackigen Konturen der schroffen Gipfel von Snowdonia. Das Spiel der Wolken auf der buckligen Welt des mittelwalisischen Hügellandes, wo die grünen Hügel scheinbar unendlich hintereinandergestaffelt bis zum Horizont reichen. Und am Abend modelliert das Streiflicht die Sandsteinformationen der Brecon Beacons zu natürlichen Skulpturen.

Die Landschaft: Hohe Berge mit den Füßen im Meer

Zwischen den tief eingeschnittenen Flussmündungen des Dee im Norden und des Severn im Süden ragt die walisische Halbinsel wie ein gedrungenes Rechteck in die Irische See. Weit streckt sie ihre Arme in Form der Landzungen St. David's Head und Llŷn Peninsula nach Westen vor. Sie ist ungefähr halb so groß wie die Niederlande und auf drei Seiten von Meer umgeben. Die etwa 1200 km lange Küste bietet viel Abwechslung: von Salzmarschen bis zu Dünen, von herrlichen Sandstränden bis zu schroffen Steilküsten mit vorgelagerten Felsinseln. Die Vielfalt der Gesteine ist ein besonderes Kennzeichen von Wales: Nirgendwo findet man am Strand so viele verschiedenfarbige Steine, alle gleichermaßen vom Meer rundgewaschen.

Mit Ausnahme von Schottland gehört Wales zu den gebirgigsten Regionen der Britischen Inseln. Der größte Teil seiner Fläche liegt über 200 m hoch, ein Viertel sogar über 300 m, und Mount Snowdon (1085 m) ist nach Ben Nevis (1343 m) in Schottland der zweithöchste Berg der Britischen Inseln. Wie ein Rückgrat erstreckt sich das Kambrische Gebirge (Cambrian Mountains) in Nord-Süd-Richtung durch das Land, nach dem es benannt ist: Cambria heißt Wales. Dessen höchste Erhebungen liegen im Norden, mit den 900–1000 m hohen Gipfeln im Snowdon-Gebiet und um Cadair Idris (892 m).

Nach Süden nehmen die Höhen ab: Die Plynlimon Mountains, wo Severn und Wye entspringen, sind nur um 750 m hoch. An der Wasserscheide des Kambrischen Gebirges müssen sich die Flüsse entscheiden, wohin sie fließen: ob nach England oder Wales. Severn und Wye münden nach Mäandern und Umwegen mal auf englischer, mal auf walisi-

›Steckbrief‹ Wales

Name: Cymru
Flagge: Ein roter Drache auf grün-weißen Querstreifen
Fläche: 20 720 km^2
Ausdehnung: Von Nord nach Süd 210 km, von West nach Ost ca. 60–140 km
Bevölkerung: 2,89 Mio., zwei Drittel davon leben im industrialisierten Südosten und Nordosten
Hauptstadt: Cardiff (280 000 Ew.)
Sprachen: Neben Englisch ist Walisisch (Kymrisch) Amtssprache, gesprochen von 18,7 % der Bevölkerung.
Verwaltung: Seit 1996 ist Wales in 22 *local authorities* von unterschiedlicher Größe aufgeteilt, von Merthyr Tydfil mit 57 000 Einwohnern bis zum Großraum Cardiff mit 318 000 Einwohnern.
Politik: Wales ist Teil Großbritanniens und wird im Parlament von Westminster durch 40 Abgeordnete vertreten; für innerwalisische Angelegenheiten zuständig ist seit 1999 ein eigenes Parlament *(Welsh Assembly)* in Cardiff; u. a. die Außen- und Steuerpolitik bleiben jedoch in den Händen der Londoner Regierung, die auch einen Staatssekretär in die walisische Regierung entsendet.
Wirtschaft: 70 % der Erwerbstätigen arbeiten im Dienstleistungsbereich – etwa 10 % der Arbeitsplätze hängen direkt oder indirekt vom Tourismus ab –, ca. 20 % in der Industrie und ca. 5 % in Land- und Forstwirtschaft; die Arbeitslosigkeit liegt bei ca. 8 %.
Religion: Wales ist bekannt für Glaubensvielfalt: Nonkonformistische Protestanten machen die Mehrzahl der Gläubigen aus, unter anderem Methodisten, Baptisten, Presbyterianer, Reformierte, Quäker mit zusammen etwa 220 000 Mitgliedern. Die anglikanische ›Church in Wales‹ hat ca. 108 000 und die Römisch Katholische Kirche etwa 60 000 Mitglieder.

scher Seite doch in den Bristol Channel. Bleiben die Flüsse in Wales, erreichen sie dagegen schnell das Meer.

Weil die Berge direkt von Meereshöhe auf bis zu 1000 m ansteigen, besitzt die nordwalisische Landschaft von Snowdonia alpinen Charakter. Weniger schroff ist das mittelwalisische Hügelland, ›die rollenden Hügel von Wales‹, meist waldlose, nur von Gras und Farnkraut bedeckte Buckel von 400–500 m, auf denen Millionen Schafe grasen. Weiter südlich läuft das Kambrische Gebirge aus in die

Bizarre Felsformationen an der Küste
von Pembrokeshire: Green Bridge

Brecon Beacons und den Black
Mountain, die mit ihren abgerunde-
ten, von Eis, Wasser und Wind ei-
genwillig modellierten Höhen einen
eigenen Reiz besitzen. Der 886 m
hohe Pen y Fan ist die höchste Erhebung im Süden der Britischen Inseln.
Diese Altsandsteingebirge bleiben zwar unter 1000 m, bieten aber
mit ihren kahlen geröllübersäten
Kuppen durchaus hartes Terrain für
Bergwanderer. Die britische Armee
pflegt in diesem Gelände zu üben.

1957 wurde der Brecon Beacons
National Park (1344 km²) eingerichtet, um die einmalige Berglandschaft
am Rand der südwalisischen Bal-
lungszentren zu pflegen und zu er-
halten. Der Snowdonia National
Park (2175 km²), der das gesamte
Bergland von Snowdon bis einschließlich Cadair Idris umfasst, und
der Pembrokeshire Coast National
Park (523 km²), der einzige Küsten-
Nationalpark Großbritanniens, sind
zwei weitere besonders geschützte
Gebiete. Als erste *Area of outstan-
ding natural beauty* (Region mit au-
ßerordentlicher Naturschönheit) in
Großbritannien wurde die Halbinsel
Gower bei Swansea 1956 unter
Schutz gestellt. Weitere sind die
Halbinsel Llŷn, die Insel Anglesey
sowie das Wye-Tal im Südosten und
der Höhenzug der Clwydian Range
im Nordosten.

Nun noch ein bisschen **Erdge-
schichte**: In Wales findet man Reste
eines 3 Mrd. Jahre alten Urgestein-
massivs – das älteste Gestein in Europa überhaupt – aus dem Präkam-

brium. Dieses Gestein vulkanischen Ursprungs tritt nur vereinzelt in Teilen von Anglesey und in Pembrokeshire an die Oberfläche. Die darauf abgelagerten dicken Schichten von Sandstein, Kalk und Schiefer kamen vor etwa 400 Mio. Jahren durch die kaledonischen Faltungen in Bewegung. Damals faltete sich auch das Snowdon-Massiv auf, dessen schroffe Gipfel vulkanischen Ursprungs sind, durchmischt mit Altsandstein, Schiefer und anderen Sedimentgesteinen.

100 Mio. Jahre später, am Ende des Karbons, als in Pembrokeshire und im Südosten die Steinkohlewälder untergingen, ließ die armorikanische Faltung die Valleys in Südwales aufbrechen. Das Zentrum dieser Erdbewegung lag in der Bretagne (Armorica) und übte Druck von Süden gegen die festgegründete Masse der nordwalisischen Berge aus. Danach, vor etwa 50 Mio. Jahren, versank erst einmal ein Großteil des Landes im Meer: Kreide und Kalkstein legten sich besonders im Süden und Westen über die älteren Schichtungen; die ausgedehnten Tropfstein-Höhlen im Süden der Brecon Beacons sind auf diese Kalkvorkommen zurückzuführen.

Schließlich, vor ca. 20 000 Jahren, nahmen die Eiszeitgletscher das Land in den Griff. Die Bewegungen des Eispanzers schliffen die Sandsteinkuppen ab und modellierten die weichen Formen der ›rolling hills of Wales‹. Vielfach hinterließ die Eiszeit in den Tälern natürliche Seen, wie den Llangorse Lake oder Bala Lake. Viele Seen in Wales sind heute allerdings Stauseen, ab dem späten 19. Jh. angelegte Trinkwasserreservoirs für die mittelenglischen Großstädte wie Birmingham oder Liverpool.

Pflanzen und Tiere

Nicht erst mit dem Bau von Staudämmen vor rund 100 Jahren griffen die Menschen ein in diese Urlandschaft und machten eine ›Kulturlandschaft‹ daraus. Bereits in der Steinzeit begannen sie das Aussehen ihrer Umgebung grundlegend zu verändern, die Wälder zu roden und Felder einzuhegen. Von den einst dichten Wäldern, die vor 10 000 Jahren das Land bedeckten, ist nichts geblieben.

Dass die walisischen Berge heute fast ausschließlich baumlos sind, ist u.a. eine Folge der jahrhunderte-, wenn nicht jahrtausendelangen Schafhaltung, die keinen Bewuchs aufkommen lässt außer dornigem Gestrüpp aus Stechginster oder Weißdorn. Das Fehlen der Wälder und die kräftigen Niederschläge haben dazu geführt, dass große Teile der Berge heute saures Sumpf- und Moorland sind. Das trägt allerdings auch zu ihrer wilden Schönheit und dem Eindruck scheinbarer Urtümlichkeit bei.

Doch ist der Waldanteil seit den 1980er Jahren stetig gestiegen. Inzwischen sind 12 % des Landes

Bluebells (Hasenglöckchen)

Wald (im Vergleich: Gesamt-Großbritannien 8%, Deutschland: 29,4 %). Die Wunden, die Kohle- und Schieferabbau in die Landschaft gerissen haben, heilen zwar nur langsam, aber vor allem in den Valleys von Südwales wurde seit dem Ende der Bergbau-Ära verstärkt aufgeforstet. Nach einer anfänglichen Vorliebe für schnellwachsenden Nadelwald ist man inzwischen dazu übergegangen, keine Fichten-Monokulturen mehr zu pflanzen, sondern Laubmischwälder, die dem ursprünglichen Bewuchs am nächsten kommen: Eiche, Buche, Hasel und Ahorn. Ebereschen und Weißdorn wachsen auch in raueren Lagen und beleben manche kahlen Hänge.

Besonders im Frühjahr und Sommer überrascht die Vielfalt an **Wildblumen** rechts und links der oft von dichten, seit Jahrhunderten gepflegten Hecken gesäumten Straßen: Wiesenkerbel und Lichtnelken, Storchschnabel und Bluebells (Hasenglöckchen). Im Mai und Juni bedecken die blau blühenden Zwiebelpflanzen nicht nur den Boden der lichten Eichenwälder, sie wachsen auch an Klippenhängen und auf Wiesen. Wo der Wald schattiger und feuchter wird, macht der Bärenlauch mit durchdringendem Knoblauchgeruch auf sich aufmerksam. Die weißen Blütensterne dieser massenhaft auftretenden essbaren Zwiebelpflanze wirken wie ein Schaumteppich über dem Waldboden und an Bachrändern. Weniger liebenswert erscheinen den Naturschützern seit einiger Zeit die großen rosa Blüten von *Rhododendron ponticum,* die im Snowdonia-Gebiet mittlerweile ganze Hänge dominieren. Die Pflanzen werden rigoros gerodet. Konstante Feuchtigkeit, saure Böden und etwas Höhenluft ermöglichen den aus Gärten und Parks ausgewilderten **Rhododendren** das Überleben. Weil sie von den Schafen verschmäht werden, haben sie sich rasant vermehrt. Den unbedarften Besucher kann der Anblick der im Frühsommer rosa überhauchten Schiefergeröllhänge dennoch durchaus in Verzückung bringen …

Stechginster und Farnkraut sind der übliche Bewuchs der Berghänge, die als Schafweiden dienen. Da-

Papageientaucher

neben gibt es noch einige kontrolliert beweidete Heidekrautgebiete. Manche **arktisch-alpine** Pflanzen fühlen sich in den Bergregionen des Snowdon-Gebiets wohl: Spezies der Gattung Steinbrech und in Feuchtgebieten die Snowdon Lily (Faltenlilie, *Lloydia serotina*), eine Art, die in Mitteleuropa nur in Höhen um 1800 m vorkommt. Im Snowdown-Gebiet ist sie ein Relikt der Eiszeit-Vegetation.

Das mittelwalisische Hügelland heißt auch *Red Kite Country*. Den **Roten Milan,** der jahrzehntelang von den Farmern als angeblicher Lammschlächter unnachsichtig verfolgt wurde, hat sich die Tourismuswerbung zum Sympathieträger er-

koren. Aufzuchtstationen und Winterfütterung haben die vom Aussterben bedrohte Greifvogelpopulation wieder auf 100 Paare anwachsen lassen – einmalig für die Britischen Inseln. Die Silhouette eines kreisenden Milans ist deutlich am ausgeprägten Gabelschwanz und den spitzen Flügeln mit weißen Flecken auf der Unterseite zu erkennen. In Mitteleuropa selten gewordene kleine Vögel haben in den wasserreichen walisischen Tälern ein Refugium gefunden. Man hat gute Chancen, bei einem Spaziergang zu einem Wasserfall oder entlang einem klaren Bach dem bunten Eisvogel oder der braunen Wasseramsel, erkennbar am weißen Fleck auf der Brust und den huschenden, heimlichen Bewegungen, zu begegnen.

Aber die meisten Vogelfans zieht es an die Küste. Kolonien von **See-**

vögeln, besonders Basstölpel, Sturmtaucher, Tordalken und Trottellummen bevölkern im Frühsommer die Inseln Skokholm, Skomer und Grassholm vor der Küste von Pembrokeshire. Bei einer Wanderung auf dem Küstenpfad begegnet man vielleicht küstennaheren Bewohnern wie Papageitauchern, die in sandigen Höhlungen nisten und bis Mitte Juli im Lande sind. Auf Felsvorsprüngen nisten die seltenen Dreizehenmöwen und andere größere Exemplare der Möwen-Familie. Mit einem guten Fernglas kann man Küstenseeschwalben bei ihren eleganten Flugkünsten oder die eher plumpen, aber nicht weniger erfolgreichen Krähenscharben, Verwandte des Kormorans, beim Fischen beobachten. Auch die seltene Alpenkrähe nistet an einigen Felsküsten.

Am Meer häufig zu sehen sind **Robben,** die besonders das milde Klima im südlichen Pembrokeshire und der Cardigan Bay schätzen. Sie sonnen sich oft auf den flachen Felsen geschützter Buchten. Weiter draußen, am besten auf einer Bootsfahrt, kann man gelegentlich Delfine und Tümmler beobachten.

Anders als die unzähligen Schafe und vielen Rinder ist das Welsh Mountain Pony bzw. Welsh cob mittlerweile davon bedroht, aus der Landschaft zu verschwinden. Herden der frei laufenden **Pferde** gehören in den Preseli Mountains und auf der Halbinsel Gower noch zum Landschaftsbild. Es ist eine anspruchsvolle, kleine Pferderasse, die sich sehr gut als Reitpferd eignet.

Klima

Das Wetter in Wales kommentieren selbst Engländer mit dem Hinweis auf reichlich Niederschlag. Tatsächlich liegen die Regenmengen auf der walisischen Halbinsel höher als beispielsweise in Südostengland. Zum Ausgleich scheint aber vor allem an der Westküste besonders oft und lange die Sonne. Überhaupt sind die Wolken manchmal sehr ungleichmäßig übers Land verteilt: Eine steife Brise aus West lässt die Tiefdruckgebiete vom Atlantik bzw. aus Irland über das flache Anglesey hinwegbrausen. Unter strahlend blauem Himmel kann man dann von dort die Wolkenbrüche über den Gipfeln von Snowdonia jenseits der Menai Strait verfolgen. Auch die Seebäder östlich der Berge, von Llandudno bis Prestatyn, bekommen weniger Regen ab.

Im Frühjahr und Herbst kommt es häufig vor, dass in den Bergen die Sonne scheint, während sie an der Küste erst zur Mittagszeit die dichten Nebel zu durchdringen vermag. Aber dank der vorherrschenden Winde aus West und Südwest ist beim Wetter immer für Abwechslung und frische Luft gesorgt. Die Winter im maritimen Klima von Wales sind mild. In Aberystwyth an der Cardigan Bay ist Schnee eine Seltenheit, die kaum den Tag überdauert. Anders in den Bergen: Mit den Höhenmetern steigt auch die Schneefallhäufigkeit, aber außer in Höhen über 500 m ist eine dichte

Schneedecke selten – Snowdonia ist kein Skigebiet. Die Berge sind bekannt für rasche und gefährliche Wetterumschwünge mit Kälteeinbrüchen auch im Hochsommer. Wanderer sollten sich vor einer Tour detailliert über die Situation informieren. Nach einem milden Winter kann es im April und Mai schon sommerlich warm werden, die wärmsten Temperaturen bis maximal 25 °C misst man aber im Juli/August. Die nassesten Monate sind Oktober und November, aber auch im Sommer kann es kräftige Schauer geben – walisisches Wetter eben.

Wirtschaft: Abschied von Kohle und Stahl

Spätestens Mitte der 1980er Jahre, nach dem großen Streik, ging auch in Wales die prägende Ära von Kohle und Eisen bzw. Stahl endgültig zu Ende. Die Zahl der Beschäftigten in der Stahlproduktion lag 1983 im Vergleich zu 1973 nur noch bei einem Drittel. Seitdem haben sich die Zahlen auf niedrigem Niveau stabilisiert. Dennoch liefert Wales noch immer ein Drittel der britischen Stahlproduktion. Die Kohleförderung untertage erlebte einen dramatischen Einbruch: statt 16 Mio. Tonnen im Jahr 1970 wurden 1995 nur noch 2 Mio. gefördert. Die schon Mitte der 1980er Jahre auf etwa 50 Zechen geschrumpften Bergwerke sind bis auf wenige, in privater Regie weitergeführte Ausnahmen geschlossen.

Der Strukturwandel traf die Menschen in Südostwales hart. Mit dem Wegfall gut bezahlter Jobs in **Bergbau und Stahlindustrie** kam für viele Familien der soziale Abstieg. Die Städte im Südosten drohten zu verwahrlosen. Eine noch schlimmere Krise hatte es nur in den 1930er Jahren gegeben. Die 15–19 % Arbeitslosigkeit der späten 1980er Jahre sind inzwischen auf 8–10 % gesunken. Dank ausländischer Investoren, besonders aus Japan, wurden zwischen Cardiff und Swansea neue Arbeitsplätze geschaffen – wenn auch nicht genug, um die Verluste aufzufangen. Wales ist die ärmste Region in Großbritannien. Über die Hälfte der Haushalte verfügt über Einkommen unter 10 000 Pfund pro Jahr. So wandern die Menschen ab: Die Regionen Merthyr Tydfil, Caerphilly und Swansea verzeichnen seit Jahren Bevölkerungsschwund.

Ziel von Regierungsmaßnahmen ist es, die Wirtschaft stärker zu diversifizieren, um die einseitige Konzentration auf wenige Branchen zu beenden. Um den Niedergang der Region im Südosten abzufangen, entschied man sich zudem für ein Facelifting: Docks und Hafenanlagen wurden zu schicken neuen Vierteln umgebaut, Swansea erhielt eine Marina, die Hauptstadt Cardiff das ultramoderne Viertel Cardiff Bay. Neben der so gestärkten Baubranche verzeichnet besonders die **Fertigungsindustrie** Zuwächse. Sie

legte in Wales sogar stärker zu als im übrigen Großbritannien. Die Herstellung optischer Fasern, daneben Elektronik, Auto- und Luftfahrtindustrie sind die wichtigsten Branchen. Doch arbeiten rund 70 % der Beschäftigten heute im **Dienstleistungssektor,** darunter fallen auch die zahlreichen Arbeitsplätze im Bereich Tourismus.

81 % der Fläche von Wales werden landwirtschaftlich genutzt, allerdings arbeiten nur rund 5 % der Erwerbstätigen in der **Forst- und**

Landwirtschaft. Gemüseanbau in größerem Umfang lohnt sich nur auf den fruchtbaren Böden im Südwesten: Vom milden Klima in Gower und Pembrokeshire profitieren besonders Bauern, die Frühkartoffeln anbauen. Der überwältigend größte Teil der landwirtschaftlich genutzten Fläche entfällt aber auf Weideland: 11 Mio. Schafe und 1,3 Mio. Rinder grasen auf den grünen Hügeln von Wales – Tendenz fallend. Denn der BSE-Skandal und als Folge die Absatzprobleme für British Beef haben

Blaenau Ffestiniog war im 19. Jh. die
›Hauptstadt‹ des Schieferabbaus

ren gebauten Erdölraffinerien in Milford Haven und Pembroke produzieren immerhin noch ein Fünftel der gesamtbritischen Petroleumindustrie.

Aber neben fossilen Brennstoffen und Kernenergie – das Kernkraftwerk Ywlfa auf Anglesey ist das letzte noch betriebene, nachdem Trawsfynydd stillgelegt wurde – setzt man heute verstärkt auf die Alternativen Wind und Wasser. Die hohen Niveauunterschiede im walisischen Bergland wurden schon früh zur Energieerzeugung genutzt, in Wassermühlen zum Mahlen von Korn (wie man sie noch in St. Dogmael's bei Cardigan besichtigen kann) oder als Antrieb für die Wollverarbeitung und den Webstuhl. Heute liefern künstliche Stauseen den Turbinen der Wasserkraftwerke in Ffestiniog und Dinorwig den nötigen Nachschub zur Stromerzeugung.

Auf den windigen Höhen des walisischen Berglandes stehen die Windräder bereits in Reih und Glied. Einer der größten Windparks in Europa mit 100 Turbinen lässt auf den Bergkuppen bei Llandinam in Mittelwales die Flügel rotieren, und auf der vom Wind verwöhnten Insel Anglesey an der Nordküste bei Amlwch speisen die Windturbinen in unmittelbarer Nachbarschaft zum Kernkraftwerk ihre erneuerbare Energie ins Netz.

bereits zur Schließung von Viehmärkten im Südosten geführt.

Umwelt und Energie

Die Kohle als Energieträger des ersten Industriellen Zeitalters katapultierte Wales einst vom Agrarland in die Industriegesellschaft: Walisische Kohle feuerte die Dampfmaschinen in aller Welt. Die in den 1960er Jah-

Geschichte, Gesellschaft und Kultur

230 000 Jahre Geschichte

Der Rote Drache wird munter

Bevölkerung und Sprache

Das Land der Barden

Architektur und Malerei, Film und Musik

Rugby über alles

Lamm und *laverbread*

Thomas Telfords eiserne Hängebrücke in Conwy

Daten zur Geschichte

230 000 – 10 000 v. Chr.	In den warmen Perioden zwischen den Eiszeiten leben bereits Menschen in Wales, wie Funde beweisen.
ca. 4000 v. Chr.	Ackerbau und Viehzucht treibende Siedler treten auf und bauen für ihre Toten mehrfach genutzte Megalithgräber.
ca. 1500 v. Chr.	Eine Klimaverschlechterung führt dazu, dass die gerodeten Hügelkuppen unfruchtbar werden. Die Materialien Bronze und Eisen kommen auf.
700 – 600 v. Chr.	Reger Handel mit dem Kontinent. Von dort kommen keltische Einflüsse und werden zum prägenden Kulturelement; auf den Bergkuppen entstehen Hügelfestungen.
ca. 200 v. Chr. – 100 n. Chr.	Es kristallisieren sich von einzelnen Gruppen bewohnte Bereiche heraus: Die Römer nennen die Stämme Deceangeli (im Norden), Ordovices (Mittelwales), Demetae (Südwesten) und Silures (im Südosten).
43	Die Römer marschieren in Britannien ein; um 48 beginnt die Eroberung von Wales.
61	Die Römer zerstören das Kultzentrum der Druiden auf Anglesey und ermorden die Priester.
75	Caerleon wird Hauptquartier der 2. Augusteischen Legion.
um 200	Die einheimischen Briten sind romanisiert; die Oberschicht lebt in römischem Stil. Es herrschen Frieden und Wohlstand.
313	Rom erklärt das Christentum zur Staatsreligion.
383	Magnus Maximus (walis.: Macsen Wledig) entmachtet Kaiser Gratian und wird, von seinen Truppen unterstützt, Herrscher über Britannien und Gallien. Der in Trier residierende Soldatenkaiser wird 388 von Theodosius zum Usurpator erklärt und geschlagen. Walisische Geschichtsschreiber machen ihn später zur Integrationsfigur für ein walisisches Nationalbewusstsein.
410	Kaiser Honorius empfiehlt seinen Untertanen in Britannien, künftig für ihre Verteidigung selbst zu sorgen; die Römer haben sich militärisch aus Wales zurückgezogen, hinterlassen aber eine britisch-römische Mischkultur.
547	Tod von Maelgwyn Gwynedd; er war der erste in Urkunden erwähnte walisische König, Herrscher über den Nordwesten (Gwynedd).
ca. 650	Sachsen und Angeln dringen von Süd- und Mittelengland nach Wales vor. Die heidnischen Germanenstämme treffen auf die seit 300 Jahren christlichen Waliser.

Geoffrey of Monmouth und die Artuslegende

Dichtung und Wahrheit, Mythen und Fakten sind in der walisischen Geschichte häufig eng verwoben, ja bisweilen bedingen sie einander sogar. Ein gutes Beispiel dafür ist die Artuslegende, die nicht nur den Dichtern aller Epochen Stoff für literarische Höhenflüge lieferte, sondern auch reichlich politischen Zündstoff enthielt.

Als ihr Urheber gilt der Benediktinermönch Geoffrey of Monmouth. Unter der Patronage des Earl of Gloucester ging er zum Studium nach Oxford, wo um 1136 seine berühmte ›Historia Regum Britanniae‹ entstand, die die ›Geschichte der Könige Britanniens‹ über 1900 Jahre zurückverfolgt. Dabei griff der Kirchenmann, der seine Karriere drei Jahre vor seinem Tod 1155 als Bischof von St. Asaph beschloss, weit in die mythische Vorzeit zurück. Demnach habe Brutus, ein Urenkel des Rom-Gründers Aeneas, mit einigen Trojanern im Gefolge das damals nur von Riesen bewohnte Britannien besiedelt. Nach dem Sieg über die Giganten – handelte es sich womöglich um die Erbauer der ›Hünen‹- oder Großsteingräber? – teilten sich die Nachkommen in die drei Reiche England, Schottland und Wales. Geoffrey zählt die Reihe der britischen Könige bis Ende des 7. Jh. auf. Der letzte ist der walisische König Cadwalladr 689. Ausführlich widmet sich der Historiograph aber der Geschichte eines gewissen Artus, König der Briten im 5. oder 6. Jh., der die heidnischen Sachsen in die Flucht schlug.

In der Verquickung von Legende und Wahrheit unterscheidet sich Geoffrey of Monmouth kaum von anderen Geschichtsschreibern der Zeit. Zu seinen Quellen gehörten neben Beda vor allem die von Nennius um 830 bearbeitete ›Historia Britonum‹, die die erste Erwähnung eines Feldherrn namens Artus überhaupt enthält, und ein heute leider verlorenes Geschichtswerk in walisischer Sprache. Doch schon Geoffreys Zeitgenossen – vor allem englische Kirchenmänner – zogen die Glaubwürdigkeit seiner Historia nicht nur wegen der unsicheren Quellenlage in Zweifel.

Die Weltliteratur wäre allerdings sehr viel ärmer, hätte sich Geoffrey nicht – fabulierend oder nicht – über Artus geäußert. Der Dichter Robert Wace aus Jersey übertrug die Geschichte flugs ins normannische Französisch und erschloss sie so für die höfische Literatur Frankreichs, die damals führend in Europa war. Dichter wie Chrétien de Troyes spannen den Artusstoff als ›Matière de Bretagne‹ immer weiter und stilisierten den britischen König und seine Ritter zum Idealbild. An seiner unendlichen Geschichte wurde weitergeschrieben bis ins 19. und 20. Jh. Die Sagen um Artus und seine Tafelrunde, die Geschichten vom tapferen Sir Galahad, dem galanten Sir Lancelot und der schönen Guinevere, Artus' untreuer Gattin, vom Zauberer Merlin und der Suche nach dem Gral sind bis heute faszinierender Stoff für populäre Roman-Märchen à la ›Die Nebel von Avalon‹ geblieben.

Dabei besitzt die Artuslegende jenseits aller romantischen Verklärtheit auch einige politische Brisanz. Der Spätromantiker und Hofdichter Königin Viktorias, Alfred Lord Tennyson, ging in seiner Version der Artussage, ›Idylls of the King‹ (1859), indirekt auch gesellschaftskritisch mit dem England der Viktorianer ins Gericht. Und den englischen Herrschern des Mittelalters bereitete die angebliche Unsterblichkeit des legendären Königs und Feldherrn Sorgen, die bei Geoffrey und auch bei Wace behauptet wird. Nach seinem letzten Kampf – ob in den Bergen Snowdonias oder in Cornwall, darüber scheiden sich die Geister – wird der tödlich verwundete Artus auf die Insel Avalon verschifft, von wo er geheilt eines Tages zurückkehren werde, um die Briten vom sächsischen Joch zu befreien – so die Prophezeiung des Zauberers Merlin bei Geoffrey of Monmouth. Nach anderen Quellen schlafen er und seine Ritter in einer Höhle beim Snowdon-Massiv.

Seit Eduards I. Wales-Feldzug bemühten sich die englischen Könige um Imagepflege als wahre Erben des britischen Herrscherhauses und suchten außerdem nach möglichst stichhaltigen Beweisen für Artus' tatsächlichen Tod. Unter der Ägide Heinrichs II. fanden die Mönche von Glastonbury Abbey um 1170 bei Ausgrabungen die angeblichen Gebeine von Artus und Guinevere. Und Autoren wie Thomas Malory (›Le Morte d'Arthur‹, 1485) schrieben die Geschichte so um, dass auch literarisch keine Zweifel mehr über Artus' Tod aufkommen konnten. Doch die Angst, eines Tages durch einen walisischen Fürsten entthront zu werden, saß tief bei den englischen Königen. Und sie war angesichts der mit regelmäßiger Heftigkeit aufflammenden Unruhen in Wales gar nicht so unberechtigt. Auch hinter dem erstaunlichen Erfolg von Owain Glyndŵr Anfang des 15. Jh. steckte Merlins Prophezeiung von Artus' Wiederkehr und dem Sieg des roten Drachen über den weißen. Der in Geoffreys Werk von Merlin geschilderte Sieg des roten (britischen) über den weißen (sächsischen) Drachen ist ein zentrales Element im walisischen Mythos. Der rote Drache ist heute unbestritten das walisische Wappentier schlechthin: Er ziert von der Nationalflagge über den Autoaufkleber bis zur Anstecknadel nahezu jedes im Handel erhältliche Wales-Souvenir.

784–796	Der mittelenglische König Offa lässt einen Erdwall errichten, der die Grenze nach Wales markiert: Offa's Dyke.
855–877	Rhodri Mawr (Rhodri der Große) vereint drei Viertel der walisischen Kleinkönigtümer unter sich.
916–950	Sein Enkel Hywel Dda (Hywel der Gute) schafft ein walisisches Gesetzbuch, das 500 Jahre Gültigkeit behält.
1067	Die Normannen dringen nach der Schlacht bei Hastings von Südostengland rasch nach Westen vor. William Fitz Osbern lässt Chepstow Castle bauen, die erste normannische Steinburg in Wales. Normannische Ritter nehmen sich in Ostwales (den Marken) so viel Land, wie sie von ihren Burgen aus kontrollieren können. Man nennt sie Marcher Lords.
1105	Aufstand der Waliser; Marcher Lords und walisische Fürsten ringen im Grenzgebiet um die Vorherrschaft.
1136	Geoffrey of Monmouth veröffentlicht seine ›Historia Regum Britanniae‹ (Geschichte der Könige Britanniens).
1176	Lord Rhys (Rhys ap Gruffudd, gest. 1197) herrscht in Südwales und lädt zum ersten verbürgten Eisteddfod (Bardenwettstreit) in Cardigan.
1198–1203	Der Kirchenmann Giraldus Cambrensis (gest. 1223), Spross aus normannisch-walisischem Adel, bemüht sich um ein eigenes walisisches Erzbistum, scheitert aber mit diesem Ansinnen in Rom.
1218–40	Llywelyn I. (Llywelyn ap Iorwerth, gen. der Große), seit 1200 Herrscher von Gwynedd, vereint weitere Gebiete unter seiner Oberherrschaft und nennt sich ›Prince of Wales‹.
1258	Sein Enkel Llywelyn II. (Llywelyn ap Gruffudd, gen. der Letzte) erweitert seinen Einfluss auf ganz Wales außer den Marken und beansprucht den Titel ›Prince of Wales‹. Nach walisischer Auffassung ist er der letzte Träger dieses Titels.
1272	Der Thronbesteigung des englischen Königs Eduard I. in London bleibt Llywelyn II. fern und verweigert so den Treueeid.
1277	Eduard I. beginnt seinen Feldzug gegen Llywelyn und errichtet eine Kette mächtiger Burgen vor allem im Nordwales.
1282	Llywelyn II. wird bei einer Schlacht in Builth erschlagen (11. 12.). Sein jüngerer Bruder Dafydd wird ein Jahr später in Shrewsbury hingerichtet.
1284	Das von Eduard I. verfügte Statut von Rhuddlan regelt Verwaltung und Justiz neu, nach englischem Vorbild. Die Eigenständigkeit von Wales ist vorbei.
1301	Eduard II. wird als der erste englische ›Prince of Wales‹ gekrönt; als Principality gehört Wales nun zu England.

1400–04	Owain Glyndŵr, Nachkomme verschiedener walisischer Fürstenhäuser, beansprucht den Titel ›Prince of Wales‹. Unterstützt von unzufriedenen englischen Adligen und der einheimischen Bevölkerung, kontrolliert er rasch ganz Wales; 1404 hält er sein erstes Parlament, eine Versammlung der Adligen, in Machynlleth ab.
1414	Nach vielen Niederlagen gegen die Truppen des neuen englischen Königs Heinrich IV. (seit 1405) und dem Verlust der meisten Verbündeten ›verschwindet‹ Owain Glyndŵr in den Bergen von Snowdonia.
1415	Der englische König Heinrich IV. siegt mit Hilfe walisischer Bogenschützen auf dem Schlachtfeld von Azincourt im Hundertjährigen Krieg gegen Frankreich.
1485	Nach den Jahrzehnte andauernden ›Rosenkriegen‹ zwischen den verfeindeten Adelsfamilien York und Lancaster um die Nachfolge auf dem englischen Thron wird Henry Tudor, Spross der walisischen Twdwr-Sippe und entfernter Verwandter des ermordeten Königs Heinrich VI., als Heinrich VII. neuer König von England.
1536	Reformation: Heinrich VIII. bricht mit Rom und macht sich selbst zum Oberhaupt der Church of England. Zwei Gesetze *(Acts of Union)* vollziehen bis 1543 die Verschmelzung von England und Wales. Der walisische Landadel profitiert nach der Auflösung der Klöster durch Landgewinne. Justiz und öffentliches Leben werden anglisiert: Wer Walisisch spricht, bleibt von Ämtern ausgeschlossen.
1588	Bischof William Morgan übersetzt die Bibel ins Walisische.
1642–49	Der englische Bürgerkrieg *(Civil War)* endet mit der Abschaffung der Monarchie und Enthauptung von König Karl I. England wird Republik unter Oliver Cromwell. Seine Truppen bemühen sich, alle walisischen Burgen zu zerstören.
1660	Restauration der Stuart-Dynastie: Rückkehr Karls II. aus dem französischen Exil. England ist wieder Monarchie.
1738	John Wesley begründet die Bewegung der Methodisten. Sie und andere Nonkonformisten finden begeisterte Anhänger in Wales.
um 1750	Der Pfarrer Griffith Jones sorgt mit seinen Wanderschulen für den Erhalt bzw. die Verbreitung des Walisischen auch als Schriftsprache.
ca. 1770	Beginn der Industriellen Revolution in Wales. Kohle-, Eisen-, Kupferabbau; Merthyr Tydfil wird um die Jahrhundertwende zum größten britischen Standort der Eisenverarbeitung.

»Y Ddraig Goch ddyry Cychwyn« (Der Rote Drache geht voran) – so steht es auf dem Wappen an der City Hall in Cardiff

1839–44	*Rebecca Riots:* Aufstände gegen die Erhebung von Wege-Zöllen, die den Handel erschweren.
1890	Cardiff ist der weltgrößte Hafen.
1914–18	Erster Weltkrieg. Der englische ›Kriegspremier‹ ist David Lloyd George, der in Wales aufgewachsen ist. Viele walisische Soldaten sterben auf den Schlachtfeldern in Frankreich.
1925	Gründung von Plaid Cymru, der National Party of Wales (später Party for Wales).
1952	Einführung des Walisischen als Unterrichtssprache auch an weiterführenden Schulen.
1979	Bei einem Referendum entscheidet sich eine große Mehrheit der Waliser gegen ein eigenes Parlament.
1980/81	Durch Hungerstreik erzwingen Nationalisten die Einrichtung eines walisischsprachigen Fernsehkanals.
1984/85	Der fast ein Jahr lang andauernde Streik der Grubenarbeiter wird in Wales mit besonderer Härte und Konsequenz geführt. Grund: Die drastische Senkung der Kohlefördermengen durch die Nationale Kohlebehörde.
1989	Von einst über 50 existieren nur noch sieben Zechen; hohe Arbeitslosigkeit im Südosten.
1996	Neuordnung der Verwaltung in 22 *local authorities* statt wie bisher *Counties* (Grafschaften).
1999	Wahlen zum ersten Nationalparlament, *Welsh Assembly*. Bei nur 46 % Wahlbeteiligung ergeben sich eine knappe Mehrheit für Labour und starke Zuwächse für Plaid Cymru.
2000	Der National Botanic Garden of Wales öffnet seine Tore.

Politik: Der Rote Drache wird munter

Radikale und Sozialisten – so die gängige Einschätzung des Standorts der Waliser im politischen Spektrum. Noch heute haben die Tories keinen einzigen Unterhaussitz in Wales. Als junger liberaler Politiker des radikalen Flügels kämpfte im späten 19. Jh. David Lloyd George, der auf der Halbinsel Llŷn aufwuchs, für die Sache des *Home Rule,* eines von London unabhängig regierten Wales. Er bezeichnete sich selbst als ›Apostel des walisischen Nationalismus‹ und gewann damit viele Stimmen für die ohnehin in Wales besonders populären Liberalen.

Im frühen 20. Jh. wählte der industrialisierte Südosten mehrheitlich sozialistisch. Viele berühmte Labour-Politiker kamen aus Wales. Aneurin Bevan (1897–1960), der Architekt des heute so oft gescholtenen, aber für die 1940er Jahre revolutionären britischen Gesundheitssystems National Health Service, war Bergarbeiter in Tredegar, Gewerkschafter und schließlich Labour-Politiker. Dabei ließ ihr internationalistischer Ansatz die Labour-Politiker zu schlechten Anwälten für eine walisische Unabhängigkeit werden. Sie fürchteten um einen Verlust der Solidarität zwischen walisischen und englischen Arbeitern. Und hatten es im Südosten durchaus mit einer multikulturellen heterogenen Bevölkerung zu tun: Neben Walisern und Engländern arbeiteten in den Kohlegruben Iren, Italiener und Spanier. Zuletzt wandte sich noch der Waliser Neil Kinnock, bis 1992 Labour-Vorsitzender, vehement gegen eine eigene Volksvertretung für Wales. Die Devolution (Ablösung der Regionen von der Londoner Zentralregierung) durchzusetzen überließ er einem seiner Nachfolger, dem heutigen Premier Tony Blair.

Seit 1999 besitzt Wales ebenso wie Schottland als Folge der von Tony Blairs Labour-Regierung betriebenen Devolutionspolitik ein eigenes **Parlament.** Als demokratisch gewählte Volksvertretung ist es einmalig in der Geschichte des Landes, denn anders als das vielzitierte Parlament aus Adligen, das Owain Glyndŵr 1404 zusammenrief, ist die *Welsh Assembly* (1999) durch die Stimmen der Bürger legitimiert.

Das allerdings mit erstaunlich wenig Begeisterung: Nur 46 % der Wähler gingen an die Urnen. Vielleicht lag das an dem für britische Verhältnisse ungewohnten System mit Erst- und Zweit-Stimmen: Von den 60 Abgeordneten werden nur 40 nach dem in Großbritannien üblichen Mehrheitswahlrecht gewählt – wer von den Kandidaten die meisten Stimmen hat, hat den Sitz. Die übrigen 20 ziehen auf der Grundlage von Listen ins Parlament ein, die von den Parteien aufgestellt werden. Mit diesem repräsentativen Wahlrecht kommen auch kleinere Parteien zum Zuge. Und so hat Labour in der künftigen Regierung von Wales sich mit den Social Democrats zu arrangieren. Keine Regierungsbeteiligung gab es für Plaid Cymru, obwohl die ›Partei für Wales‹ ihre Stimmenzahl im Vergleich zur letzten Unterhauswahl 1994 verdreifachen konnte. Aber die Party for Wales sitzt mit in der *Welsh Assembly* und holte sogar viele Direktmandate.

Bevölkerung

Statistisch gesehen liegt die Bevölkerungsdichte in Wales (139 Ew./km^2) etwa in der Mitte zwischen dem etwa dreimal so dicht besiedelten England und dem halb so dünn besiedelten Schottland (im Vergleich Deutschland: 229 Ew./km^2).

Dabei ist die Verteilung sehr ungleichmäßig: Zwei Drittel leben im industrialisierten Südosten des Landes, im einstigen Kohlerevier nördlich von Cardiff. Dennoch konnten gerade besonders dünn besiedelte Regionen wie Powys (Mittelwales) und Ceredigion zwischen 1981 und 1994 einen Zuwachs verzeichnen: Immer mehr ›Zivilisationsflüchtlinge‹ zieht es aufs Land, Aussteiger und Ruheständler gleichermaßen, und viele davon kommen aus England. Der überproportional hohe Anteil von Bürgern im Rentenalter liegt nur noch im Südwesten Englands höher.

Anfängliche Konflikte zwischen einer traditionell konservativ geprägten ländlichen Bevölkerung und den Zuzüglern aus der Stadt blieben zwar nicht aus, aber sogar die zahlreich vertretene Alternativkultur hat in einigen Regionen gut

Auf dem Viehmarkt in Abergavenny

Nationalismus in Wales

Mehr als 1000 Jahre konnten sich die kämpferischen Waliser – wenn auch untereinander mehr oder weniger zerstritten – ihre Unabhängigkeit von den aus Osten einsickernden Angelsachsen und Normannen bewahren. Bis unter einem Spross aus walisischem Adel auf dem englischen Thron, Heinrich VIII., 1536 bis 1543 Gesetze verabschiedet wurden, die die Einheit von England und Wales festschrieben.

Aber trotz des übermächtigen Einflusses der englischen Sprache und Kultur, trotz der massiven Versuche der Obrigkeit, die walisische Kultur auszulöschen, bewahrten die Menschen im Westen der Britischen Insel ihre Identität. Wie war das möglich? Gleichzeitig mit der verwaltungstechnischen Verschmelzung von England und Wales hatte Heinrich VIII. auch die Reformation durchgesetzt, die Unabhängigkeit von Papst und römischer Kirche. Die erste Übersetzung der Bibel ins Walisische kam wenig später, im Jahre 1588. In evangelischen Bibellesungen und auf der Kanzel überlebte die walisische Sprache. Und mit der von den Nonkonformisten ausgehenden Alphabetisierungskampagne im 18. Jh. wurde sie auch als Schriftsprache gefestigt.

In den Kirchen hatte das Walisische seine Nische gefunden, der einzige Bereich außer dem häuslichen, in dem die Benutzung der Sprache möglich war. In der Schule allerdings hieß es »Welsh not«! Und wer Arbeit finden wollte, musste Englisch beherrschen. Die größte Diskriminierung erlebte das Walisische im viktorianischen England. Aber schon als Folge romantischer Schwärmerei kam die Wiederbelebung nationaler Traditionen wie des Eisteddfod. Und in der Folge auch in Wales wie in Irland der Ruf nach *Home Rule* – nach mehr politischer Eigenständigkeit. Dazu gehörte auch *Disestablishment,* die Loslösung von der anglikanischen Kirche, die heute in Wales durch die ›Church in Wales‹ repräsentiert wird und weniger Mitglieder hat als die Nonkonformisten.

Aber selbst der ›Apostel des walisischen Nationalismus‹, David Lloyd George, vergaß, einmal an der Regierung, den Einsatz für *Home Rule.* Das rief radikalere Gemüter auf den Plan. Unter dem Eindruck der Ereig-

Fuß gefasst. Hervorzuheben ist das Centre for Alternative Technology bei Machynlleth, das Ausstellungen und Kurse zu praktischen Fragen ökologischer Energieerzeugung, Niedrigenergiehausbau oder organischem Gartenbau organisierte. Und besonders in Pembrokeshire und

nisse in Irland, wo es in Dublin Straßenkämpfe für die Freiheit von englischer Oberherrschaft gab, schlossen sich 1925 am Rand des National
Eisteddfod in Pwllheli eine Reihe walisischer Intellektueller zur ›Partei
von Wales‹, Plaid Cymru, zusammen. Ihr Ziel: Engländer raus aus Wales.
Sie forderten Walisisch als alleinige Landessprache.

Im Zweiten Weltkrieg verweigerten viele Mitglieder konsequent den
Kriegsdienst, da sie als Waliser ja einer anderen Nation als der kriegfüh-
renden angehörten. Bereits 1936 – genau 400 Jahre nach Heinrichs VIII.
Act of Union – hatten prominente Nationalisten einen Brandanschlag
auf eine im Bau befindliche Bomberschule der Britischen Luftwaffe auf
der Llŷn-Halbinsel verübt. Dezentralisierung, Antimilitarismus, Pazifis-
mus und Nationalismus gehörten für Plaid-Cymru-Anhänger zusammen.
Intellektuelle wie der gefeierte Dichter und Universitätsdozent Waldo
Williams (1904–71) weigerten sich, Steuern zu zahlen, und gingen dafür
ins Gefängnis. Ihr ziviler Ungehorsam und der Mut einzelner Waliser
brachten Schritt für Schritt weitere Zugeständnisse aus London.

Heute sind Straßenschilder und Behördenformulare zweisprachig, ler-
nen die Kinder in den ersten vier Schuljahren Walisisch und sendet ein
öffentlicher Fernsehsender ein breites Programm in walisischer Sprache.
Dieses Zugeständnis mussten Plaid-Cymru-Aktivisten der Regierung
Thatcher noch in den 1980er Jahren abringen, die u. a. dieses Wahl-
kampfversprechen nicht einzulösen gedachte. Erst der Hungerstreik des
prominenten Politikers Gwynfor Evans brachte die Regierung zum Einlenken. Drei Jahre nach dem Wahlsieg der Konservativen (1982) ging der
öffentliche Fernsehsender in walisischer Sprache, Sianel Pedwar Cymru
(S4C), auf Sendung, der nicht nur Nachrichten, sondern auch Unterhal-
tungsserien und Spielfilme produziert – ein wichtiges Stimulans für die
walisische Kulturszene.

Obwohl oft totgesagt, ist Plaid Cymru heute wichtiger denn je. Vier
Sitze hat die Partei im Londoner Unterhaus. Eine Oppositionsrolle in der
Politik von Wales spielt die Partei in der 1999 erstmalig zusammengetre-
tenen *Welsh Assembly*. Anstelle der einstigen Radikalität verfolgt Plaid
Cymru heute eine gemäßigte zukunftsorientierte Linie: Es geht darum, im
Rahmen von einem Europa der Regionen walisische Interessen zu vertre-
ten.

Ceredigion wirtschaften zahlreiche Farmen professionell und erfolg-
reich nach Prinzipien des organi-schen Landbaus, von Molkereien über Gemüsebauern bis zu Rinder-
züchtern.

Ohnehin gilt Wales als Dorado für ›Alternative‹ – schon früh waren

die Waliser besonders sensibel, wenn es um den Erhalt einer intakten Umwelt ging, und die Aktivisten von Plaid Cymru verknüpften das Thema mit der Wahrung der walisischen Identität, Konservatismus im besten Sinn. Einige ihrer prominenten Parteimitglieder boykottierten in den 1930er Jahren die Fertigstellung einer Schule für Bomberpiloten, und 1958 verhinderten Proteste den Bau eines Kernkraftwerks auf der Llŷn-Halbinsel (es wurde dann in Snowdonia gebaut).

Sprache: Das keltische Erbe

Etwa ein Fünftel der Bevölkerung des Landes spricht Walisisch (Kymrisch) – Tendenz steigend. Denn die Bildungspolitik trägt Früchte, nach der nicht nur jedes Kind in der Grundschule Unterricht in Walisisch erhält, sondern auch auf weiterführenden Schulen die Option auf Fächer in dieser Unterrichtssprache besteht. Dabei spielt es keine Rolle, ob man Einwanderer aus England oder anderswo ist: Walisisch gehört inzwischen als Sprache des öffentlichen Lebens dazu. Wer im Land arbeiten möchte, muss in der Regel Sprachkenntnisse mitbringen. Das war nicht immer so (s. S. 34f.).

Das Postschild über der Telefonzelle mit walisischem Schriftzug

Das Kymrische ist eine alte Sprache – Rest der einflussreichen Kultur der Kelten in Mitteleuropa. Zu den Erbstücken aus Mitteleuropa gehört beispielsweise das Wort *halen* (Salz) – wie in dem Namen der österreichischen Stadt Hallein, wo schon früh Salz gewonnen wurde. Der Begriff *Cymry* für die Waliser ist erst seit dem 5./6. Jh. verbürgt als Abgrenzung gegen die Angelsachsen. Das Wort bedeutet soviel wie ›Landsleute, Kameraden‹. Die Angelsachsen wiederum bezeichneten ihre Nachbarn in gut germanischer Manier als *wealh* bzw. *Welsh,* also als ›Fremde‹ – man vergleiche das deutsche ›Welsch‹ für Grenznachbarn, die einem nicht geheuer sind.

Unter den vier noch gesprochenen keltischen Sprachen steht das Kymrische dem Bretonischen am nächsten, das nur noch einige tausend Sprecher in der Bretagne beherrschen. Mit dem Bretonischen zusammen bildet das Kymrische den britannischen Zweig der keltischen Sprachen. Das in Irland gesprochene Gälisch bildet den goidelischen Zweig. Das schottische Gälisch sprechen noch einige zehntausend Menschen in den Highlands und auf den Inseln im Norden.

Doch von allen überlebenden keltischen Sprachen ist Walisisch mit rund 500 000 Sprechern die vitalste und am meisten im Alltag benutzte, trotz aller Wiederbelebungsversuche für das Gälische in Irland. Ob am Tresen, im Pub oder an der Kasse im Supermarkt, für Besucher von Wales bleibt die Begegnung mit dieser Sprache nicht aus. Vor allem im Westen, in Ceredigion, Carmarthenshire und Anglesey sowie im Norden sprechen bis zu sieben von zehn Bewohnern Walisisch.

Es lohnt sich also durchaus, vor der Reise ein paar Floskeln Kymrisch einzuüben oder sogar tiefer in die Sprache einzusteigen. Die Grammatik des Walisischen ist einfach. Verwirrend für den Anfänger erweisen sich dagegen ungewohnte Mutationen von Anfangskonsonanten, die aus *melin* (Mühle) und *mawr* (groß) in bestimmten Kontexten *felin* und *fawr* machen oder aus *tre* (Stadt) *dre*. Aber es fehlt dem Walisischen die Divergenz zwischen Schreibung und Aussprache, die vielen Gälisch-Lernenden Schwierigkeiten bereitet, einen Zusammenhang zwischen dem Geschriebenen und dem Gesprochenen herzustellen. Walisisch ist dank einiger Rechtschreibreformen eine phonetische Sprache.

Literatur:
Das Land der Barden

Bis heute gibt es eine lebendige walisische Literatur, die auf jahrtausendealten Traditionen aufbauen kann, eine Rarität in Europa. Die auffallend hohe Dichte an Antiquariaten und Buchhandlungen in Wales spricht für sich. Alljährlich gibt es etliche Neuerscheinungen auf dem Buchmarkt, auch dank öffentlicher

Förderung. In Wales gilt der Poet etwas im eigenen Land.

Schon englische Besucher des 19. Jh. wunderten sich über die Fähigkeit einfacher Leute, komplizierte Gedichte berühmter Künstler deklamieren zu können, und über die umfassende Bildung der Waliser. Die alte keltische Bardentradition, die das Dichten als hochgeschätztes Handwerk ansah, ließ über die Jahrhunderte auch die einfachen Menschen auf dem Land ohne Hemmung das Verseschmieden üben. Vorgetragen wurde bei Festen oder beim Eisteddfod, dem Wettstreit der Sänger und Dichter. Das System der Eisteddfodau ließ bereits im Mittelalter eine reiche Kulturszene entstehen. Die Dichtung der Frühzeit von Barden des 6. Jh. wie **Taliesin** und **Aneurin** wurde nur mündlich überliefert. Ihren ersten schriftlichen Niederschlag fand sie in Manuskripten des 13.–15. Jh. Das älteste ist das ›Schwarze Buch von Carmarthen‹. Das ›Buch von Taliesin‹ enthält Preisgedichte und Elegien des berühmten Dichters, das ›Buch von Aneurin‹ seine Beschreibung der entscheidenden Schlacht von Catraeth zwischen Briten und Angelsachsen. Im ›Weißen Buch von Rhydderch‹ (1300–25) sind die Texte des **Mabinogion** erstmals komplett zusammengetragen. Das im 19. Jh. wiederentdeckte ›Mabinogion‹ ist so etwas wie das Buch der walisischen Mythen. Streng genommen bezieht sich der Name nur auf die vier Zweige des Mabinogi, d. h. vier Geschichten um legendäre vorhistorische Gestalten wie Pwll, der Fürst von Dyfed (Südwales), Branwen, Tochter von König Llyr aus Irland, oder Manawyddan, seinen Sohn, sowie Math, den Sohn Mathonwys. In weiteren, später anderen Manuskripten beigefügten Texten kommt auch König Artus vor. Magische und sagenhafte Elemente durchziehen die Handlungen dieser Sammlung von Geschichten, die wohl im 11. Jh. entstand.

Bis ins 18. Jh. hinein wurde die walisische Bardentradition an den Höfen der Gentry, des Kleinadels, weitergeführt, und brachte namhafte Dichter hervor wie **Dafydd ap Gwilym** im 14. Jh. Die Oberschicht war mindestens zweisprachig und **Geoffrey of Monmouth** und **Giraldus Cambrensis** schrieben ihre Werke in lateinischer Sprache.

Aus Wales stammt auch eine Reihe bekannter Autoren englischer Sprache. Als einer der ›Metaphysical Poets‹ ging der mit dem Familiensitz Tretower Court verbundene **Henry Vaughan** (1621–95) in die Geschichte der englischen Literatur ein. Er nannte sich ›the Silurist‹ nach der römischen Bezeichnung für den im Südosten siedelnden Stamm Silures. Wie alle Metaphysical Poets schrieb er komplizierte religiöse Lyrik. 300 Jahre später machte der junge **Dylan Thomas** (1914–53) aus Swansea mit seinen ›dunklen‹ sprachgewaltigen Gedichten Furore in der Londoner Literaturszene und lebte ein kurzes, intensives Bohemien-Leben (s. S. 103 ff.). Er sprach kein Walisisch. Mindestens genauso

viele Leser fanden die populären Romane des in St. David's geborenen **Richard Llewellyn** (1907–83). Sie zeichnen ein Bild vom Leben der Arbeiter im industrialisierten Südostwales. Einer seiner milde sozialkritischen Romane, ›So grün war mein Tal‹ (1939), wurde verfilmt.

In der walisischsprachigen Literaturszene des 20. Jh. sind engagierte Nationalisten nicht selten: **John Saunders Lewis** (geb. 1893) gehörte zu den Attentätern von 1936, und **Waldo Williams** (1904–74) zahlte aus Protest gegen den Krieg keine Steuern.

Streifzug durch die Architekturgeschichte

Die frühesten erhaltenen menschlichen Bauwerke in Wales sind 6000 Jahre alt: **Dolmengräber** *(Cromlechs)* aus der Jungsteinzeit. Man findet sie im ganzen Land – meist gut erhalten und manchmal sogar mit der Abdeckung durch einen Erdhügel. Besonders Anglesey mit seiner Fülle neolithischer Relikte ist ein aufregendes Terrain für Vorzeitfans. Die berühmtesten Stätten auf der ›Insel der Druiden‹ sind die Gräber von Barclodiad y Gawres, wo Steinritzungen in Spiral- und Zickzackmuster auf Beziehungen nach Irland (Newgrange, Boyne Valley) weisen, und Bryn Celli Ddu.

Die Waliser der Eisenzeit lebten vor ca. 2500 Jahren offenbar weniger friedlich als ihre Steinzeitvorfahren. Wegen anderer klimatischer Verhältnisse lag die Siedlungsgrenze damals viel höher als heute. Die zahlreichen **befestigten Dörfer** auf den Kuppen des walisischen Berglands weisen auf Zeiten, in denen man sich gegen unliebsamen Besuch mit Mauern umgeben musste. Die größte derart befestigte Siedlung liegt nahe dem Gipfel des Yr Eifl auf der Halbinsel Llŷn, Tre'r Ceiri. Auch

Hochkreuz in Carew

in den Preseli Mountains gab es Hillforts. Eine solche Siedlung wurde mit Hilfe von archäologischen Funden an ihrem ursprünglichen Ort nachgebaut. Das Eisenzeitdorf Castell Henllys gibt einen guten Eindruck vom Alltagsleben zur Zeit, als sich keltische Einflüsse in Britannien bemerkbar machten.

Nach der römischen Eroberung entstanden neben Legionärskastellen und Stadtbefestigungen wie in Caerwent und Segontium (bei Caernarfon) auch ansehnliche Amphitheater und Bäder, wie sie in Caerleon zu besichtigen sind. Vom Fortbestand der britisch-römischen Zivilisation auch nach Abzug der Truppen im 4. Jh. zeugen zahlreiche Inschriftensteine. Manche tragen neben lateinischen Lettern auch Texte in der in Irland üblichen Ogham-Schrift. Aus dem 8.–10. Jh. stammen die Hochkreuze nach irischem Vorbild, von denen sich in Wales vergleichsweise wenige erhalten haben. Zwei der schönsten stehen in Carew und in Nevern.

Wales ist unbestritten das Land der **Burgen** – mehr als 400 Festungen zählte es im Mittelalter. Die meisten davon bauten die normannischen Eroberer ab ca. 1067 in einfacher Holzbauweise auf einem schnell aufgeworfenen Erdhügel. Solche typischen *motte-and-bailey castles* wurden keineswegs alle später in Stein ausgebaut.

Besonders dicht stehen die Burgen im Südosten, wo die normannische Eroberungswelle nach der Schlacht bei Hastings 1066 zuerst über die englisch-walisische Grenze schwappte. Bereits ein Jahr danach baute William Fitz Osbern, Graf von Hereford, in Chepstow die erste feste Burg in Stein. Nachdem unter dem Fürsten von Gwynedd, Llywelyn I. (der Große), ab 1218 eine relative Einigung der walisischen Kleinstaaten gelungen war, rüsteten die englischen Marcher Lords nervös auf. Im Grenzgebiet bildeten sie Verteidigungslinien wie das Burgendreieck Grosmont, Skenfrith und White Castle bei Monmouth. Rundtürme traten an die Stelle der traditionellen normannischen Viereck-türme, komplette Mauerringe mit integrierten Türmen umgaben die Anlage, wie beim White Castle. Ein konzentrisch aufgebauter Grundplan umfasste mehrere Verteidigungsringe um einen inneren Zirkel, der seinerseits eine in sich geschlossene Verteidigungseinheit bildete, wie etwa in Caerphilly – eine uneinnehmbare Festung.

Die meisten der großen Burgen, die heute als romantische Ruinen die walisische Hügellandschaft zieren, entstanden in der Zeit von 1170 bis 1348. Man übertrumpfte sich gegenseitig im Burgenbau. Die Burgen Llywelyns I. und seines Enkels Llywelyn II. beherzigten ebenfalls neuste militärtechnische Erkenntnisse. Criccieth und Dolbadarn gehören zu den schönsten erhaltenen Beispielen. Doch die meisten Burgen wurden nach dem Sieg von Eduard I. zerstört oder zu eigenen Zwecken umgebaut. Denn nachdem Llywelyn II. Anstalten machte, Anspruch

auf ganz Wales zu erheben, reagierte Burgenkönig Eduard mit seinen grandiosen Festungen: u. a. Caernarfon, Harlech und schließlich die letzte und schönste, Beaumaris, sind steingewordener englischer Herrschaftsanspruch (s. S. 196).

Normannen und walisische Fürsten gefielen sich darin, **Klöster** zu gründen und zu fördern. Die Zisterzienser gehörten zu den von beiden Seiten gleichermaßen geförderten Orden. Strata Florida, die Grablege walisischer Fürstenfamilien, und Valle Crucis wurden von einheimischen Noblen gegründet, Tintern, Llanthony und Neath von anglonormannischen Lords. Geblieben sind nur romantische Ruinen, nachdem Heinrich VIII. nach der Reformation 1536 die Klöster aufgelöst und die Kirchengüter konfisziert hatte – zugunsten der Krone und des einheimischen Adels.

Große Kathedralen wie in England sucht man in Wales vergeblich. Eine Ausnahme ist die ab 1181 errichtete St. David's Cathedral. Weil das Geld fehlte für den Neu- oder Umbau der Kirchen, stehen in vielen walisischen Dörfern noch urtümliche, trutzige mittelalterliche Kirchen. Ihre Ursprünge reichen oft noch bis ins 6. oder 7. Jh. zurück, in die legendäre Zeit der Heiligen der ›keltischen Kirche‹. Fast immer findet man eine heilkräftige Quelle in der Nähe, was auf die Umwidmung vorchristlicher Kultstätten deutet, wie bei der St. Govan's Chapel an der Steilküste von Pembrokeshire oder Penmon Priory auf Anglesey.

Plas Mawr in Conwy: Stuckwerk
im flämischen Renaissancestil

Auch beim Hausbau dominiert
Stein als Baustoff, doch findet man
im mittelwalisischen Grenzland
auch viel **Fachwerk** *(black and white)* z. B. im Stadtbild von Markt-
städten wie Ruthin oder Llanidloes,
aber auch im von Engländern erbau-
ten Beaumaris auf Anglesey. Ins
16./17. Jh. fällt in manchen Regionen ein regelrechter Renovierungs-
schub. Auch reiche Bauern konnten
sich nun die zuvor dem Landadel
vorbehaltenen Hall Houses leisten,
große Einraumhäuser mit einer zentralen Feuerstelle und offenem Dach-
stuhl. Nur durch bewegliche hölzer-
ne Schranken wurden die Bereiche

Wohnen, Schlafen und Wirtschaften
voneinander getrennt. Ein gutes Beispiel für diesen mittelalterlichen
Haustyp ist Pennarth Fawr auf der
Llŷn Halbinsel. Im reichen Südwesten, im Pembrokeshire, bekamen
die Häuser massige eckige oder runde ›flämische‹ Kamine, wie man
noch in Tenby am Tudor Merchant's
House und dem benachbarten Plantagenet Inn bewundern kann.

Die höheren Stände bauten sich
prächtige **Herrenhäuser:** Den Übergang vom Mittelalter zum Wohn-
komfort der Renaissance illustrieren
Tretower Court bei Crickhowell oder
Plas Mawr in Conwy mit seinen üppigen Stuckverzierungen im flämischen Stil. Nach der Rückkehr
Karls II. aus dem französischen Exil
1660 hielt die Eleganz Einzug auf
der Insel: Damals entstand Tredegar
House bei Newport mit seinem Ba-
rockgarten. Ein schönes Beispiel für
den Spätbarock ist das Eisengitter
des Eingangsportals von Chirk Castle aus dem 18. Jh.

Bescheidener präsentierten sich
wenig später die Kirchenbauten. Mit
dem Siegeszug der *Dissenters,* der
puritanischen Sekten wie Methodisten oder Baptisten, wuchs der Bedarf an **Chapels,** wie ihre Kirchen
genannt werden, enorm an. Üppige
Bauwerke lagen den Puritanern allerdings fern: Die Gottesdienste fanden in schlichten Hallen statt, oft
umgebaute Privathäuser. Ihre Fülle
ist allerdings erstaunlich: Statistisch
gesehen, hätten Anfang des 19. Jh.
50 % der Bevölkerung in Chapels
Platz gefunden.

Der Zulauf zu den Protestanten hing eng zusammen mit dem ersten Industrialisierungsschub. Nicht nur die Landschaft ist bis heute geprägt von den Abraumhalden des Bergbaus und der Eisenschmelzen. Bedeutende Zeugnisse der **Industriearchitektur** jener Zeit sind die Eisenwerke in Blaenavon und, vielleicht interessanter, die typischen Wohnhäuser der Arbeiter: Reihe um Reihe ziehen sie sich parallel zu den Hängen. In den Städten des Südostens wie Merthyr Tydfil, Swansea oder Caerphilly sind sie noch zu sehen. Dabei entsprangen die Häuser mit immerhin 2–4 Zimmern und ›Handtuchgarten‹ schon einem sozialen Gewissen der Industriemagnaten und stellten eine Verbesserung der Zustände zu Beginn der Industrialisierung dar. Im Freilichtmuseum St. Fagan's bei Cardiff kann man die standardisierten Arbeiter-Reihenhäuser auch von innen besichtigen.

Zur gleichen Zeit schwelgten die Eisen- und Kohlebarone in Luxus und **viktorianischem Historismus:** Cyfarthfa House thront als gotische Burg über den Schlackehalden von Merthyr Tydfil, die massiven Profite aus dem Geschäft mit dem Schiefer stecken in Penrhyn Castle bei Bangor, und den immensen Gewinnen des Bute-Clans, dem nicht nur die Kohlebergwerke, sondern auch die Docks in Cardiff gehörten, entsprangen märchenhafte Fantasie-Schlösser wie Castell Coch und Cardiff Castle. Selbst Zweckbauten kamen nicht undekoriert davon: Der rote Backsteinbau des Pierhead Building am Hafen von Cardiff hält sich im Stil an die französische Gotik, während der italienische Barock des Coal Exchange ein paar Straßen weiter klassischen Vorläufern nacheifert.

Im Industriezeitalter kam Ingenieurleistungen ebenso viel Bedeutung zu wie Fantasie-Architektur. Thomas Telfords 1826 eröffnete Brücke über die Menai Strait war derzeit die am weitesten gespannte Hängebrücke der Welt. Er war auch federführend beteiligt am Bau der mittelenglischen Kanäle, und bereits 1805 hatte er das 40 m hohe Pontcysyllte Aquädukt vollendet. Der Erholungsbedarf der arbeitenden Bevölkerung und wachsenden Mittelschicht ließ es Mitte des 19. Jh. lohnend erscheinen, in den Tourismus an der nordwalisischen Küste zu investieren. Die Resorts schossen nur so aus dem Boden: Aberystwyth, Bangor, Llandudno haben alle ihr viktorianisches Pier, Symbol des Seebads schlechthin. Am meisten von Erfolg gekrönt waren die ehrgeizigen Projekte im Fall von Llandudno. Der Baron von Mostyn ließ 1849 auf seinem Gelände zwischen den Klippen Great und Little Orme eine Feriensiedlung errichten, die bereits 1856 eine Bettenkapazität für rund 8000 Besucher bot und sich mit ihren noblen Fassaden heute noch sehen lassen kann.

Der repräsentative Ausbau von Cardiff nahm seinen Anfang schon Jahrzehnte bevor es zur Hauptstadt von Wales wurde: Durch die groß-

Auf dem 40 m hohen Aquädukt Pontcysyllte quert der Shropshire Union Canal die Schlucht des River Dee. Kleine Boote befahren die schmale Wasserstraße

zügige Stiftung der Bute-Familie kam das weitläufige Gelände von Cathays Park Anfang des 20. Jh. in öffentliche Hand. Die drachengekrönten, mit symbolschwerem Zierat verschönerten und dennoch nicht überladen, sondern ehrfurchtgebietend wirkenden Gebäude der ersten Jahrzehnte des 20. Jh. umfassen öffentliche Einrichtungen wie Universität, City Hall, Law Courts und National Museum and Gallery, eingebettet in ausgedehnte Parkanlagen.

Am Ende des Jahrhunderts gestalten eine Reihe Großprojekte die walisische Hauptstadt neu: Rechtzeitig zur Jahrtausendwende entstand ein über 70 000 Zuschauer fassendes Stadion und das gesamte Hafengebiet der Cardiff Bay wurde modernisiert, mit blinkenden Stahl-und-Glas-Bauten und weiträumigen Uferpromenaden. Ein Plenarsaal für die Volksversammlung und ein neues Haus für die Welsh National Opera fehlen noch: Eines der ersten Projekte im 3. Jahrtausend wird der Neubau der Welsh Assembly sein.

Malerei: Wales als Wiege der Landschafts-malerei

Die wilde Szenerie und die schroffen Gegensätze, kurz die Grandeur und ›das Sublime‹ der walisischen Landschaft begeisterten vor allem die Romantiker und ihre Wegbereiter. Der ›Vater der englischen Landschaftsmalerei‹ im 18. Jh. stammte aus Wales: **Richard Wilson** (1714–82) aus Penegoes bei Machynlleth machte nach mehrjährigem Studienaufenthalt in Italien Karriere in London als Porträtist. Sein eigentlicher Verdienst aber war die Weiterentwicklung der Landschaftsmalerei. Geschult an den idealen Landschaften von Poussin und Lorrain und an den Niederländern des 17. Jh. entwickelte er eine eigene Konzeption. 1766–74 entstanden dramatische und atmosphärische Landschaftsgemälde, die auf Naturstudien beruhten: Grandiose walisi-

sche Bergszenerien, z. B. Mount Snowdon oder der Bergsee Llyn-cau am Cadair Idris, die heute in London oder Liverpool hängen, oder Ansichten von Burgen, heute im National Museum and Gallery in Cardiff.

Zu Lebzeiten mit seinen Landschaften nicht sehr erfolgreich, wurde Wilson zum Vorbild der folgenden, romantischen Malergeneration. Besonders **William Turner** (1775–1851) gehörte zu seinen Bewunderern. Er bereiste Wales 1792–95 ausgiebig, um seinen Skizzenblock mit den Ansichten romantischer Burgen und verfallener Abteiruinen zu füllen. Dass man damals vor allem die ›sublimen‹ Landschaften der Britischen Insel aufsuchte, war nicht zuletzt eine Folge der Französischen Revolution. Reisen auf dem Kontinent waren nicht empfehlenswert in den Wirren jener Zeit. Das Interesse der romantischen Reisenden am Tywi- und Dee-Tal, an Snowdonias Gipfeln und einsamen Höhen nahm mit dem Ende der napoleonischen Gefahr auf dem Kontinent ab 1815 rapide ab.

Doch auch nach Turner verfehlt die suggestive Kraft der walisischen Landschaft ihre Wirkung auf englische Maler nicht. Der durch seine aufrüttelnden surrealistischen Gemälde bekannte Londoner Maler **Graham Sutherland** (1903–80) machte Pembrokeshire zu seiner Wahlheimat. Hier, so sagte er selbst, habe er erst malen gelernt. Eine Sammlung seiner Werke befindet sich in der Obhut des National Museum and Gallery, Cardiff.

Film

Grüne Hügel und Silhouetten mittelalterlicher Burgen eignen sich bestens als Filmkulisse. ›The Englishman who went up a hill and came down a mountain‹ (1995) wurde zwar zum Teil im angrenzenden Severn Valley gedreht, aber die herrliche Landschaft um Llanrhaeadr-ym-Mochnant ist Schauplatz der Geschichte ›des Mannes, der einen Hügel hinaufging und einen Berg herabstieg‹. Sie ist auch inhaltlich im ländlichen Wales des Jahres 1916 angesiedelt und erzählt von den Ambitionen der Dorfbewohner, ihren Hausberg auf der Landkarte wiederzufinden – wenn er nur nicht 5 m zu niedrig wäre. Wie sie das Problem lösen, erfährt man im Film. Der Legende nach schläft König Artus in einer Höhle in den Bergen Snowdonias, bis der Tag seiner Wiederkehr gekommen ist – Thema der 1994 mit der Starbesetzung Sean Connery und Richard Gere entstandenen Hollywood-Variante des Artus-Mythos ›Der erste Ritter‹, gedreht vor der grandiosen See-und-Berge-Kulisse von Llyn Trawsfynydd.

Noch surrealistischer, aber richtig walisisch wird es in der Verfilmung von Dylan Thomas' ›Under Milk Wood‹ (1971), das im Hafenstädtchen Fishguard gedreht wurde. Im Ship Inn, Lower Town, Fishguard, erinnert man sich noch an die durstige Crew, darunter Richard Burton und Elizabeth Taylor.

Szenenwechsel von der ländlichen Idylle in die Welt der Nachtschwärmer: Als Außenseiterfilm sorgte ›Human Traffic‹ auf den Filmfestspielen von Cannes im Jahre 1999 für Aufsehen. Der Low-Budget-Film des 25-jährigen Justin Kerrigan schildert die muntere Clubszene von Cardiff. Kerrigans Debütfilm wurde mit dem Kultfilm der Techno-Szene der 1990er, ›Trainspotting‹, verglichen.

Übrigens: Nicht wenige berühmte Schauspieler stammen aus Wales: Richard Burton wurde 1925 in Pontrhydyfen geboren, und seine Kollegin Catherine Zeta-Jones stammt aus Swansea.

Musik:
›Alle Waliser singen‹

Vorurteile enthalten manchmal ein Körnchen Wahrheit, tatsächlich stammen viele internationale Sänger-Stars aus Wales: die Opernsänger Gwyneth Jones und Sir Geraint Evans sowie in der populären Musik die aus Cardiff gebürtige Shirley Bassey. Die lebende Pop-Legende, der aus Pontypridd stammende Tom Jones, begann seine Sängerkarriere wie viele andere im Bergmannschor.

Denn Musik und Literatur sind wichtige Elemente der walisischen Alltagskultur. Besonders in den Kohlebezirken bildeten sich Ende des 19. Jh. die berühmten **male voice choirs,** reine Männerchöre. In trau-

Eisteddfodau

800 Jahre Festivalkultur

Das große Royal National Eisteddfod ist eine ernste und traditionsbe-
wusste Angelegenheit. Der erste in den Chroniken verbürgte Dichter-
wettstreit fand 1176 auf Cardigan Castle statt, eine Veranstaltung des mittelalterlichen Fürstenhofs. Aber die Tradition geht mit Sicherheit weiter
zurück. Dichter und Musiker bewarben sich auf diese Weise um die
Gunst des Fürsten. Der Gewinner des Bardenthrons – noch heute darf jeder Gewinner den handgearbeiteten Holzsessel als Trophäe behalten –
wurde ein Jahr lang von seinem adligen Gönner gesponsert, er arbeitete
in seinem Auftrag.

In seiner heutigen Form geht das Royal National Eisteddfod allerdings
auf das Jahr 1880 zurück, ein Produkt romantischer Schwärmerei. Um
deren Auswüchsen entgegenzuwirken, legt seitdem ein offizielles Gre-
mium den ritualisierten Ablauf der Zeremonie fest, bei der Druiden in
phantasievollen weißen Gewändern agieren. In jedem der Orte, die ein-

mal Schauplatz dieser Veranstaltung waren, findet man einen *Gorsedd* (Thron), in Form eines Steinkreises im Stil der Vorzeit. Bereichert wurden die Eisteddfodau durch dieses Detail in den 1780er Jahren, als der selbsternannte Druide Iolo Morganwg, von Beruf Steinmetz, die Idee mit den Steinen hatte. Bis heute wird der beste Barde inmitten dieses Steinkreises ausgerufen.

Die Veranstaltung des Eisteddfod eine Woche lang jeden August, bei der ausschließlich Walisisch gesprochen wird, ist für Nichtwaliser nicht leicht nachzuvollziehen, aber für Anhänger des Neo-Druidentums in ihrer Einmaligkeit in Europa sehenswert – nichtwalisischsprachige Besucher können das Geschehen auf Englisch über Kopfhörer mitverfolgen. Lockerer als beim Royal Eisteddfod geht es beim Urdd National Eisteddfod im Juni zu, eines der größten Jugendkulturfestivals in Europa. Rund 40 000 Teilnehmer messen sich. Jedes Jahr werden Sieger in ihrer Disziplin gekürt, und davon gibt es ungefähr 350. So gibt es viele Sieger und alle sind glücklich.

Das alljährlich an jeweils einem anderen Ort stattfindende Festival, bei dem junge Künstler aller Sparten vom Harfenspieler bis zum Chor ihre Fähigkeiten vergleichen, fördert noch heute die Kulturszene im Land. Aus denjenigen, die vielleicht vor zehn Jahren einmal beim Jugend-Eisteddfod mitgemacht haben, werden oft genug berühmte Popstars oder gute Schauspieler. Theatergruppen führen selbst entwickelte Stücke auf, Chöre singen – der Vergleichbarkeit wegen – immer das gleiche Lied, Ensembles und Solisten tanzen den Holzschuhtanz *(clog dancing)*, eine uralte Steptanzvariante, für die es spezieller Holzschuhe bedarf.

Eine Bereicherung der walisischen Festivalszene brachte das 1947 ins Leben gerufene International Eisteddfod, das in Llangollen stattfindet und bei dem Folkloremusik- und Tanzgruppen aus aller Welt auftreten. Es wurde nach dem Zweiten Weltkrieg als völkerverbindende Einrichtung initiiert und zieht jedes Jahr zehntausende Besucher nach Llangollen.

ter Runde widmeten sich die Bergleute nach Schichtende dem Gesang. Diese Einrichtungen wurden von den Grubenbesitzern stark gefördert, glaubten sie doch so die Arbeiter von politischer Betätigung ablenken zu können. Nach dem Ende der Kohle-Ära sind die getragenen Weisen des traditionellen Chorgesangs nicht mehr so häufig zu hören. Dennoch ist er eine wichtige Disziplin, sowohl beim Jugend-Eisteddfod als auch beim großen National Eisteddfod. Mancherorts kann man in Turnhallen oder Gemeindezentren dabei sein und zuhören, wenn die Chöre üben. Informationen erteilt das jeweilige TIC (Tourist Information Centre).

Ihr Stimmtraining erhielten viele Waliser auch in der nonkonformistischen Chapel. Denn ob Methodisten oder Baptisten, die Nonkonformisten pflegen ganz besonders den Hymnengesang. Das färbte auch auf die Bergmannschöre ab. Neben der reinen Vokalmusik gilt das **Harfenspiel** als klassisch walisische Kunst. Schon auf mittelalterlichen Darstellungen trägt der Barde als Attribut stets eine Harfe bei sich. Klassische Konzerte mit Harfensolisten kann man beispielsweise in der St. David's Hall in Cardiff hören. Im dortigen New Theatre ist die renommierte Welsh National Opera zu Hause.

Neben dem klassischen Musikfestival St. David's Cathedral Festival im Juni ziehen das internationale Jazz-Festival in Brecon und das Llangollen International Eisteddfod mit Volksmusik aus aller Welt jedes Jahr Zehntausende Musikliebhaber nach Wales. Und langsam entwickelt sich auch eine spezifisch walisische **Popmusik.** Die zweisprachig, walisisch und englisch, singende Gruppe Catatonia hat sich auch in der gesamtbritischen Pop-Musikszene einen Namen gemacht. Andere bekannte Gruppen aus Wales sind The Stereophonics und Manic Street Preachers. Von einer Folkmusikszene wie in Irland kann man allerdings leider (noch) nicht sprechen, auch wenn sich in einigen Pubs im Land engagierte und kreative Leute treffen, um zusammen zu spielen.

Sport: Rugby über alles

Rugby ist in Wales Nationalsport Nummer eins. Das Mannschaftsspiel, das dem Fußball ähnelt – die Spieler dürfen auch mit der Hand, aber nur nach hinten, spielen – wurde 1823 in der gleichnamigen mittelenglischen Stadt erfunden und begann schon in den 1870er Jahren von dort seinen Siegeszug in den Südosten von Wales. Bei der Industriearbeiterschaft stießen Mannschaftsspiele wie dieses auf Begeisterung, und den Arbeitgebern war diese Art der Freizeitgestaltung in der Rugby Union statt in der Trade Union (Gewerkschaft) natürlich sehr lieb. Sie taten sich vielfach als Sponsoren hervor. Noch heute sind die führenden Mannschaften in den Industriegebieten des Südostens beheimatet: Cardiff, Swansea, Pontypridd, Llanelli. Beim Rugby Union Football läuft der Kampf der Mannschaften aus jeweils 15 Spielern um den eiförmigen Ball nicht ganz so martialisch ab wie beim American Football, aber ein hartes Spiel ist es auch. Verdiente Rugbyspieler werden von einem begeisterten Publikum als Sporthelden gefeiert.

Die großen Stadien im Südosten sind regelmäßig gut gefüllt. Das 1999 für 114 Mio. Pfund gebaute neue Millennium Stadium im Zentrum der walisischen Hauptstadt fasst 72 500 Zuschauer. Es entstand an der Stelle des traditionsreichen Cardiff Arms Park in Windeseile, rechtzeitig zum Rugby World Cup-Finale.

Die walisische Küche: Von Lamm bis *laverbread*

Die traditionelle walisische Küche ist ganz stark im Kommen, nicht zuletzt dank der Bemühungen der Organisation ›Taste of Wales – Blas ar Gymru‹ setzen immer mehr Restaurants und Pubs althergebrachte Gerichte auf ihre Karte oder kreieren unter Verwendung kulinarischer Grundideen und lokaler Produkte ihre eigenen Versionen. Zwar findet man immer noch zahlreiche *Chip Shops,* wo alles – vom Fisch bis zum Ei – in Ausbackteig getaucht und fritiert wird, aber wie überall in Großbritannien haben die Küchenchefs dazugelernt und die qualitätvolle Gastronomie ist auf dem Vormarsch. Nicht immer muss man dafür Unsummen ausgeben – so manches Country Inn oder Pub führt eine gute Küche, wo keineswegs immer die obligatorischen Chips sogar zu Lasagne oder indischen Reisgerichten als Beilage serviert werden. Es lohnt sich, auf das Signet ›Taste of Wales‹ zu achten.

Die traditionelle walisische Küche verwendet frische Zutaten lokaler Herkunft. Zu den Grundzutaten gehören Lammfleisch und frisches Gemüse, je nach Jahreszeit unterschiedlich. Zum **Welsh spring lamb** im Frühjahr gehört junger Spitzkohl. Lauch gilt als ›Nationalgemüse‹ und macht dem Drachen als Nationalemblem Konkurrenz. Historiker haben das Zwiebelgemüse nämlich als Schlachtabzeichen der walisischen Soldaten im Hundertjährigen Krieg (14./15. Jh.) identifiziert. Diese beiden Grundzutaten findet man in dem schmackhaften Eintopfgericht **cawl** vereint, eine Fleischbrühe mit Lammfleisch und reichlich Wurzel- und Lauchgemüse als Einlage.

Auffallend ist die Vielzahl der Würste. Neben den englandtypischen *pork sausages* (Schweinswürstchen), die oft auf dem Frühstücksteller landen, gibt es in Wales viel *venison sausages* (aus Rehfleisch) und *lamb sausages* (aus Lammfleisch), die je nach Metzger fantasievoll gewürzt werden, beliebt ist Minze, aber auch Majoran oder Knoblauch finden Verwendung. Anders als der Name vermuten lässt, sind **Glamorgan sausages** für Vegetarier geeignete Würste, sie enthalten überhaupt kein Fleisch, sondern viel Käse in einer dicken Brotkrümelschicht versteckt.

Überhaupt finden Vegetarier in walisischen Restaurants ein besonders breites Angebot, nicht nur dank der vielen Wholefood Cafes. Besonders die Vielseitigkeit von Käse wird in der walisischen Küche bis an die Grenzen ausgetestet. Einen gehaltvollen Imbiss ergibt **Welsh Rarebit;** unter Zugabe von Bier wird in der Pfanne geschmolzener Käse über Toast gegeben. Ursprünglich hieß das Gericht ›Welsh rabbit‹ – eine Art falscher Hase, aber gänzlich ohne Fleisch! Eine der bekanntesten Käsesorten ist **Caerphilly,** ein sehr pikanter, krümeliger Käse, der überall im Land hergestellt wird. ›Hen Sir‹ (Old

Shire), mit festem Gouda-ähnlich aussehenden Laib, ist ebenfalls sehr würzig und kann nur in geringen Dosen konsumiert werden. Lokale Käsereien produzieren eigene, sehr gute Sorten. Es sind auch viele ökologisch wirtschaftende Betriebe darunter. Die manchmal noch von Hand gefertigten Käse sind nicht billig und haben ihren Weg in die Delikatessenläden in ganz Großbritannien gefunden. Neben Kuh- wird auch Schaf- und Ziegenmilch verarbeitet.

Ihre Herkunft aus der Arme-Leute-Küche können andere fleischlose Gerichte ebenfalls nicht verleugnen. **Laverbread** ersetzte in schlechten Zeiten den Küstenbewohnern das richtige Brot. Die von der Flut angeschwemmten Algen einer bestimmten Braunalgenart liefern die dunkelgrüne, nicht sehr appetitlich aussehende Masse, die in der Markthalle von Swansea noch lose ver-

kauft wird. Es gibt sie aber auch in Dosen. Zum Gourmeterlebnis wird *laverbread* in fritierter Form: grüne Reibekuchen mit einem leichten Geschmack nach Meer. An der Küste bekommt man auch reichlich anderes, weniger gewöhnungsbedürftiges **Seafood.** Neben Seefisch werden in den Häfen der Westküste, z. B. in Aberaeron oder New Quay, auch Krustentiere verkauft wie Hummer und Langusten. Die Herzmuscheln *(cockles),* die frisch aus Penclawdd in der Markthalle von Swansea verkauft werden, stammen von der Nordküste der Halbinsel Gower.

Ein Höhepunkt der walisischen Küche sind Kuchen und Gebäck: **Bara brith** heißt wörtlich ›geflecktes Brot‹. Es ist eine Art Früchtebrot, der braune Laib besteht fast ganz aus getrocknetem, in Hefeteig gebackenem Dörrobst. **Welsh cakes** sind eine andere Spezialität, die man gelegentlich zum Tee serviert bekommt. Die leckeren Rosinenplätzchen wurden ursprünglich direkt auf der eingefetteten gusseisernen Herdplatte gebacken.

Die Vielfalt der walisischen Käsesorten ist groß

UNTERWEGS
IN WALES

Der Südosten

Cardiff – Eine Stadt im Wandel

Ausflüge in die Vergangenheit – Cromlechs, römische Bäder und stillgelegte Zechen

Wye Valley und Grenzland – Idyllische Flusslandschaften und mittelalterliche Burgen

Die Brecon Beacons – Ideales Terrain zum Wandern, Reiten und Bergsteigen

Das Bücherdorf Hay-on-Wye

Cardiff und Umgebung

Zur Jahrtausendwende leistet sich die walisische Hauptstadt eine neue Waterfront – Cardiff Bay ist ein Symbol des Strukturwandels und präsentiert sich heute mit hypermoderner City-Architektur und einem breiten Kultur-, Freizeit- und Konsumangebot. Von Cardiff aus führen Ausflüge in alle Epochen der Geschichte von Wales, von den Cromlechs der Vorzeit über römische Bäder bis zu den Kohlegruben des Industriezeitalters.

Cardiff, die Hauptstadt von Wales

**Stadtplan Cardiff
s. hintere Umschlagklappe**

Auf den ersten Blick wirkt die Hauptstadt von Wales nur wenig anziehend: Bürotürme und vierspurige Straßenschneisen, düstere Hinterhöfe, Staubwolken und Presslufthämmer auf riesigen Baustellen – eine Großstadt wie jede andere auch, aber die einzige in Wales. Cardiff zur Jahrtausendwende ist eine Stadt im Umbruch und gerade dabei, das Image vom düsteren Kohlehafen endgültig abzulegen und eine blinkende Vorzeigemetropole zu werden.

Immer schon hatten die Stadtplaner in Cardiff einen Hang zum Megalomanen, wie das in den ersten Jahrzehnten des 20. Jh. angelegte Repräsentationsviertel Civic Centre beweist. Sehr viel ältere Bausubstanz hat die Stadt kaum zu bieten. Die meisten Gebäude sind viktorianisch oder jünger. Denn das Wachstum kam rasant mit der Industrialisierung: Im Großraum Cardiff wohnen heute über 300000 Menschen – um 1800 hatte das Fischerdorf an der Taff-Mündung noch weniger als 1000 Einwohner. Das Tempo der Veränderungen ist noch immer atemberaubend: Um die walisische Hauptstadt schießen die Glas- und Betonbauten nur so aus dem Boden. Und mitten im Zentrum ragen die Pfeiler des Millennium-Stadions auf, wo außer Sportveranstaltungen auch große Konzerte stattfinden.

Seit Cardiff 1955 zur Hauptstadt von Wales bestimmt wurde, bemüht es sich schon, den Ruf einer Provinzhauptstadt abzustreifen. Wie der gesamte Südosten ist es weit davon entfernt, Zentrum rein walisischer Kultur und Sprache zu sein.

Die stetige Bevölkerungsfluktuation einer Industriestadt, die Nationalitäten aus allen Ecken und Enden des britischen Commonwealth zusammengebracht hat, prägt Cardiff mehr als andere walisische Städte. So gibt es viele Gesichter dieser Stadt: Das kosmopolitische, geschichtsbewusste, repräsentative und innovative Cardiff gilt es zu entdecken.

Der eigentliche Innenstadtkern zwischen Cardiff Castle und Shopping Arcades ist die eine Seite von Cardiff, das nördlich daran anschließende weitläufige Repräsentationsviertel mit Universität, Museen, Verwaltungsgebäuden und dem vielen Grün der ausgedehnten Parks eine andere. Dazu kommen das Künstler- und Intellektuellen-Viertel Canton

und die dörflichen Straßen von Llandaff mit seiner Kathedrale westlich des River Taff.

Und dann ist da noch die neu erstandene Cardiff Bay Area, das einstige Hafenviertel mit vielen Reminiszenzen an die Zeit, als Cardiff Ende des 19. Jh. gemessen an der Tonnage der größte Hafen der Welt war. Die schmuddeligen Straßenzüge der einst verrufenen ›Tiger Bay‹ haben schicken Wohnvierteln und trendigen Szene-Kneipen Platz gemacht, während die ausgedehnten Schlickflächen in dem Mündungsgebiet der Flüsse Ely und Taff durch einen gigantischen Staudamm zu einem Yachthafen umgestaltet wurden. Naturschützer sehen darin eine Zerstörung der Rückzugsgebiete für Flora und Fauna, die Stadtplaner hoffen mit dem 2,4 Mrd. Pfund teuren Programm den Freizeitwert der Bay zu steigern.

Cardiff Castle

Historisch: Rundgang durch die Innenstadt

Der Stadtspaziergang beginnt vor dem Burgtor zu **Cardiff Castle** (Führungen: März–Okt. 9.30–17 Uhr, Nov.–Febr. 9.30–15.30 Uhr). Schon die Römer hatten sich am östlichen Ufer des River Taff niedergelassen. Reste der römischen Stadtmauer sind – auch von außen erkennbar – in die südöstliche Seite der Burgmauer integriert. Erst 1889 wurden die bis zu 3 m dicken Mauern unter der Erde entdeckt und sind heute auf 90 m Länge durch einen Tunnel erschlossen und zu besichtigen. Den Römern folgten später die Normannen: Der auf einem Wall errichtete Donjon der mittelalterlichen Burganlage aus den Zeiten von Robert Fitzhamon (gest. 1107), dem späteren Duke of Gloucester, ist neben dem im 19. Jh. umgebauten eigentlichen Palast noch erhalten.

Alles übrige ist weitgehend 19. Jh. und das Werk eines spleenigen Millionärs und seines Baumeisters. Seit Mitte des 18. Jh. beherrschten die Lords of Bute die Geschicke der Region um Cardiff. Sie waren nicht nur im Besitz der ergiebigen Kohle-Flöze in den Tälern nördlich der Stadt, sondern bauten auch die Hafenanlage, von denen aus das ›schwarze Gold‹ in den besten Zeiten des Kohlebooms verschifft wurde, Butetown und die Bute Docks. Der dritte Marquis von Bute (1847–1900) war einer der weltweit reichsten Männer seiner Zeit. Er hatte nichts Besseres zu tun, als das über die Jahrhunderte immer wieder umgebaute und inzwischen halb verfallene Cardiff Castle in sein Traumschloss zu verwandeln. Sein Freund, der Architekt William Burges (1827–81), konzipierte für ihn ein viktorianisches Neuschwanstein, dessen Extravaganz erst bei einer Innenbesichtigung in ihrem ganzen Ausmaß augenfällig wird: orientalische Träumereien und mittelalterliche Rittersäle, italienische Renaissance und Alice im Wunderland, ein eklektisches Fantasiegebilde, erbaut aus kostbarsten Materialien aus ganz Europa. Höhepunkt im wahrsten Wortsinn ist der 1869–73 gebaute Clock Tower.

Der Palast ist heute im Besitz der Stadt, denn nach der Verstaatlichung des Kohleabbaus 1947 trennten sich die über Nacht ›verarmten‹ Butes auch von ihrer kostspielig zu erhaltenden Residenz samt dem umliegenden Bute Park. Zur Straße wird das Schloss von einer hohen Mauer, der Animal Wall, umgeben, die mit Skulpturen von so fantastisch exotischen Tieren wie Ameisen- und Waschbären, Jaguaren und Geiern verziert ist.

Gleich gegenüber dem Schloss ermöglicht die hübsche Passage aus dem 19. Jh., **Castle Arcade,** bequemes Einkaufen auch bei Regenwetter. Sie führt zur verkehrsreichen High Street, von der man wiederum in die überdachten **Indoor Markets** der Stadt gelangt. Von der Empore der 1891 aus Gusseisen und Glas gebauten lichten Halle hat man den besten Blick auf die verzierten Ei-

Die High Street in Cardiff

senträger und das Treiben an den Marktständen.

Nach dem Bummel durch die Markthalle, am Ausgang zur Trinity Street, steht man vor dem kleinen Park um die **St. John's Church.** Die ab 1180 gebaute Kirche ist neben dem normannischen Donjon von Cardiff Castle das einzige aus dem Mittelalter erhaltene Gebäude in der Innenstadt. Ein paar Schritte weiter fällt der prächtige Bau der ehemaligen Bibliothek von 1882 auf. Die schön restaurierte Fassade erinnert an die Glanzzeit Cardiffs in der zweiten Hälfte des 19. Jh. Heute stellt hier das **Centre for Visual Arts** (Di, Mi 11–18, Do, Fr 11–21, Sa 11–18, So 11–17 Uhr) in viktorianischen Sälen moderne Kunst aus.

Der Schwerpunkt der Wechselausstellungen liegt auf zeitgenössischer walisischer Kunst. Aber auch Werke von Picasso und Warhol waren schon zu Gast. Die Dauerausstellung ›Fantasmic‹ macht mit ungewohnten Sehweisen vertraut und ist besonders bei Kindern populär. Vom Centre for Visual Arts ist es nicht mehr weit ins Café Quarter in der Mill Lane, wo die Tische bei schönem Wetter draußen stehen und man sich im Schatten des Marriott Hotels bei Espresso oder Rotwein entspannen kann.

Der Bahnhof ist Ausgangspunkt für Ausflüge in die Umgebung (s. S. 64f.). In der Nähe befindet sich auch das **Tourist Information Centre.** Folgt man von der Queen Street dagegen der ruhigen Gasse Park Place, taucht an der Ecke das innen wie außen opulente **New Theatre** auf, erste Spielstätte der Stadt und Haus der

Welsh National Opera. Dahinter erstreckt sich das großzügig angelegte Verwaltungs- und Museumsviertel Civic Centre.

Repräsentativ: Das Civic Centre

Als die Butes das ausgedehnte Areal von Cathays Park östlich des Taff 1898 an die Stadt Cardiff verkauften, entschied man sich, nicht zu kleckern, sondern zu klotzen. Ein Verwaltungsviertel aus einem Guss wurde geplant, mit breiten geraden Straßen und großzügigen Gebäuden in klassischer Grandeur. 1905 war das Prunkstück edwardianischer Architektur, die **City Hall,** fertig, mit ihrer von einem walisischen Drachen gezierten Kuppel und dem 59 m hohen Uhrenturm, der lange das Wahrzeichen der Stadt war. Flankiert wird sie vom Gericht (Law Courts) und dem **National Museum and Gallery.** Das 1927 gebaute Museum ist einen Besuch wert (Di–So 10–17 Uhr). Es zeigt Ausstellungen zur walisischen Geschichte von der Eiszeit bis heute, zur Geologie, Flora und Fauna des Landes, aber auch europäische Malerei, darunter neben Landschaften von Lorrain und Poussin einige Werke des walisischen ›Vaters der Landschaftsmalerei‹ Richard Wilson. Die ausgezeichnete Sammlung von Werken des französischen Impressionismus, u. a. von Renoir, Monet und Pissarro, lässt sich durchaus mit denen in Pariser Museen vergleichen. Sie ist den Schwestern Davies zu verdanken, die ihr Vermögen schon ab 1913 in – damals noch preiswerter – französischer Kunst anlegten und diesen Schatz, der neben Impressionisten auch Skulpturen von Rodin und Degas umfasst, dem Museum vermachten.

Hinter dem klassisch-gravitätischen Nationalmuseum liegt das Gebäude des **University of Wales College.** Es ist eines von acht Colleges der University of Wales und mit über 10 000 Studenten das größte. Weitere Colleges sind in Newport, Swansea, Aberystwyth, Bangor und Lampeter. Erst 1893 konstituierte sich eine eigene Hochschule für Wales. Vorher musste man zum Studieren nach England. All diese Gebäude gruppieren sich um den schön angelegten Cathays Park, Treffpunkt für Studenten und die Bewohner der Stadt. In der Mitte erinnert das **War Memorial,** ein eindrucksvolles Kriegerdenkmal im neoklassischen Stil der 1920er Jahre an die im Ersten Weltkrieg gefallenen Soldaten aus Wales.

Innovativ: Cardiff Bay

Mehr als 150 Jahre lang war Cardiff Bay das Herzstück des wirtschaftlichen Wohlergehens der Stadt, der weltgrößte Umschlagplatz für Kohle und Eisen. Ein Symbol der einstigen Wirtschaftsmacht findet man am Mount Stuart Square. Der 1884–88 im Stil des italienischen Barock gebaute prächtige Bau des **Coal Ex-**

Cardiff Bay: Mermaid Quay, dahinter Pierhead Building und NCM-Hochhaus

change beherbergte früher die Kohlebörse. Hier wurden bis in die 1950er Jahre millionenschwere Geschäftsabschlüsse getätigt.

Ein neues Machtzentrum entsteht auch heute in der ›Tiger Bay‹: Für das 1999 erstmals gewählte Parlament von Wales, die Welsh Assembly, wird ein völlig neues ›Regierungsviertel‹ gebaut. Noch ist aber der 1896 errichtete Backsteinbau des **Pierhead Building** der Haupt-Blickfang direkt an der Waterfront. Er entstand als Sitz der Bute Dock Co. und ist innen mit üppiger viktorianischer Pracht dekoriert. Der endgültige Sitz der Welsh Assembly soll neben dem glasblinkenden NCM-Hochhaus sein, hinter dem

sich die kleine schmucke **Norwegian Church** versteckt (10–16 Uhr, kostenlos). In dem heute als Arts Centre mit Café genutzten Bau wurde der Kinderbuchautor Roald Dahl getauft. Die 1867 für norwegische Seeleute errichtete Holzkirche erinnert an die engen Handelsbeziehungen nach Norden: Die norwegischen Holzlieferungen waren für den Stollenbau im Kohlebergbau unentbehrlich. Die gemütliche Kirche wirkt fast wie ein Spielzeug inmitten der geballten Modernität der Bay mit unterkühlten Neon-Restaurants und Einkaufsgalerien am Mermaid Quay sowie dem siebenstöckigen Turm des 15 Mio. Pfund teuren St. David's Fünf-Sterne-Hotels.

Was am Rand des Roath Dock aussieht wie ein UFO oder das Modell des Kanaltunnels, ist das **Cardiff Bay Visitor Centre**. In der Röhre verbirgt sich eine interessante Ausstellung über den millionenschweren Umbau der Cardiff Bay (Mai–Sept. Mo–Fr 9.30–19.30, Sa, So 10.30–19.30 Uhr, Okt.–Apr. nur bis 17 Uhr, kostenlos).

Die Millennium Waterfront bildet den Rahmen für eine Reihe von Skulpturen zeitgenössischer Künstler. Aber nicht nur Kulturgenuss erwartet den Besucher: Man kann auch im Atlantic Wharf Leisure Centre Hallensport betreiben, ins Kino gehen oder sich in einem der zahlreichen Restaurants und Pubs entlang der Bay stärken, z. B. im durchgestylten Fish-and-Chips-Restaurant Harry Ramsden's. In gediegener Atmosphäre, mit aufmerksamer Bedienung werden Kabeljau oder Scholle am Tisch serviert.

Gegenüber wartet **Techniquest** auf Entdecker (Mo–Fr 9.30–16.30, Sa, So 10.30–17 Uhr). Großbritanniens größtes Museum zum Thema Naturwissenschaft ist vor allem für Kinder im wissbegierigen Alter oder auch deren Eltern interessant.

Tourist Visitor Centre, 16 Wood Street (gegenüber dem Busbahnhof), Cardiff CF10 1ES, Tel. 029 20/22 72 81, Fax 23 91 62; vor Cardiff Castle fahren Doppeldeckerbusse zur Stadtrundfahrt ab (1 Std.).

Der internationale **Flughafen** Cardiff Rhoose liegt 16 km südwestlich, Shuttle-Busse in die Stadt; Bahnverbindungen nach London-Paddington, Hereford via Newport und Abergavenny sowie via Swansea nach Westwales bis Pembroke; National Express Busse nach London Victoria (3 Std.), Busse nach Abergavenny mit Luxury Stagecoach Express (Tel. 016 33/26 63 36), nach Swansea mit First Cymru (Tel. 017 92/58 05 80) und 1× tägl. mit Traws Cymru quer durchs Land über Aberystwyth nach Holyhead (Tel. 019 70/61 79 51).

Im Großraum Cardiff gute **S-Bahn**verbindungen: in die Valleys (u. a. Merthyr Tydfil, Rhymney via Caerphilly und Aberdare), an die Küste nach Barry und Penarth sowie vom S-Bahnhof Queen Street in die Cardiff Bay. Das **innerstädtische Busnetz** ist zwar dicht, aber die Frequenz lässt zu wünschen übrig. Einige Linien z. B. die nach St. Fagan's fahren nur im Stundentakt. Es gibt preiswerte Tagesnetzkarten beim Fahrer; die meisten Busse halten nahe dem Hauptbahnhof am Busbahnhof Wood Street.

Park Thistle Hotel, Park Place, Cardiff CF10 3UD, Tel. 38 34 71, Fax 39 39 09, noble Herberge am Rand der Fußgängerzone und Cathays Park, £££; **Cardiff Bay Hotel,** Schooner Way, Atlantic Wharf, Cardiff Bay, CF10 5RT, Tel. 47 50 00, Fax 48 14 91, modernes Luxushotel in einem umgebauten viktorianischen Hafenspeicher, 156 Zimmer, gutes Restaurant, £££; **Angel Hotel,** Castle Street, CF10 2QZ, Tel. 23 26 33, Fax 39 62 12, 1883 gebautes Hotel in zentraler Lage gegenüber dem Schloss und dem Rugby-Stadion, gutes Restaurant, £££; **Churchills Hotel,** Cardiff Road, Cardiff CF5 2AD, Tel. 56 23 72, Fax. 56 83 47, ca. 2 km außerhalb in Llandaff, 22 Zimmer, ££. Entlang der (leider vielbefahrenen) Cathedral Road findet man zahlreiche **B&Bs** und Hotels aller Kategorien in schönen viktorianischen Häusern mit hübschen Vorgärten. Je höher die Hausnummer, desto weiter ist der Fußmarsch zum Stadtzentrum (zwischen 15 und 25 Min.): **The Briars,** 126–128 Cathedral Road, Cardiff CF11 9LQ, Tel. 34 08 81, Fax 23 01 22, £; **Georgian Hotel,** 179

Cathedral Road, CF11 9PL, Tel. und Fax 23 25 94, komfortable 6 Zimmer, fast in Pontcanna (25 Min. bis zur Innenstadt), ££; **Tŷ Gwyn,** 5–7 Dyfrig Street, Cardiff CF11 9LR, Tel. 23 97 85, liegt ruhig in einer Nebenstraße, £.

Buffs, 8 Mount Stuart Square, nahe Cardiff Bay, Tel. 46 46 28, abends geschl., Restaurant/*wine bar* mit frischer junger Küche, beliebt für Geschäftsessen und als Lunchtreff der Berufstätigen; **Le Gallois,** 6–8 Romilly Crescent, Canton, Tel. 34 12 64, ausgezeichnete, mediterran inspirierte Gourmetküche, nicht billig; **Armless Dragon,** 97 Wyeverne Street, Cathays, Tel. 38 23 57, das freundlich eingerichtete Restaurant bietet fantasievolle neue britische Küche, walisisch angehaucht; **Celtic Cauldron,** Castle Arcade, abends geschl., preiswert, in netter Atmosphäre genießt man *laverbread* oder *cawl,* vegetarische Küche und Kuchen; **Harry Ramsden's,** Cardiff Bay, seit Harry seine erste Fish'n'Chips-Bude 1928 bei Leeds eröffnete, hat das Konzept aus Mittelengland auch in Wales immer mehr Freunde gefunden. An dem neuen **Mermaid Quay** geben zahlreiche Restaurants – von türkisch über japanisch bis italienisch – der Bay internationales Flair.

Sam's Bar, Mill Lane, *live music* und *light food,* gut besucht, junges Publikum; **Jug & Platter,** West Bute Street, und **Eli Jenkins,** Bute Crescent, sind beliebte Kneipen in Butetown, wo man auch essen kann.

Queen Street ist die Haupteinkaufsmeile mit Kaufhäusern, Schuhläden und Boutiquen. Neben den modernen Einkaufsgalerien laden die **alten Arcades** abseits der St. Mary Street mit ihren kleinen Lädchen und originellem Angebot zum Bummel: Morgan Arcade, Royal Arcade, Wyndham Arcade; Bücher gibt es auf mehreren Etagen bei Waterstone's, 2a The Hayes; der älteste Plattenladen der Welt, **Spiller's** (1894 eröffnet), The Hayes/Mill Lane, verkauft heute auch CDs. Souvenirs in der **Lovespoon Gallery,** Castle Arcade, die **Galerie Craft in the Bay** verkauft anspruchsvolles Kunsthandwerk aus Wales wie Keramik, Glas, Schmuck, Textilien.

Das Fahrrad ist als Fortbewegungsmittel im Stadtgebiet und für Ausflüge in die Umgebung durchaus zu empfehlen. Ein schöner Radweg (Taff Trail) führt entlang dem River Taff bis fast zum Cardiff Castle: Info und **Fahrradverleih:** Taff Trail Cycle Hire, Sophia Gardens (am Campingplatz zwischen Cathedral Road und Fluss), Tel. 39 83 62.

Toucan Club, Womanby Street, erfolgreicher Salsa-Club, auch Funk und Acid Jazz; **Sandringham Jazz Café,** im gleichnamigen Hotel, St. Mary Street, guter Live Jazz; **Forum,** Queen Street, und **Zeus,** Greyfriars Road, sind Clubs für ein großes Publikum; **Clwb Ifor Bach,** Womanby Street, Treffpunkt der walisischsprachigen Musikszene; **Evolution,** Atlantic Wharf, (Cardiff Bay), größter Club in Cardiff. Das monatlich erscheinende Magazin ›Buzz!‹ listet die aktuellen Veranstaltungen und Adressen im ganzen Südosten auf (kostenlos im Musik- und Buchhandel).

Musik: St. David's Hall, Tel. 87 84 44, vor allem klassische Konzerte; **Theater:** New Theatre, Park Place, Opernhaus der Stadt; Chapter Arts Centre, Market Road, Canton, Tel. 39 96 66, Zentrum alternativer Kultur, reiches Programm vom Tanztheater bis zum Film; Sherman Theatre, Senghenydd Road, Tel. 23 04 51, freie Bühne mit Schauspiel, Musik und Kabarett.

Ausflüge von Cardiff

Nach Westen und zur Glamorgan Heritage Coast

(Karte S. 66/67) Bevor man Cardiff verlässt, lohnt ein Blick in die **Cathedral Road.** Hinter schmucken Vorgärten sind die viktorianischen Fassaden dieses großbürgerlichen Wohnviertels aus den Glanztagen der Stadt eine Augenweide. In vielen der Häuser sind heute Hotels oder Pensionen.

Die Cathedral Road führt hinaus nach **Llandaff.** Dieser Ortsteil von Cardiff strahlt mit seinen kleinen Geschäften und engen winkligen Gassen ländliche Ruhe aus. Neben einer idyllischen Gartenanlage mit

St. Fagan's Museum of Welsh Life

den Ruinen von Stadtmauer, Burg und Bischofspalast ragt am Hügelrand die Kathedrale über das Taff-Tal. Die Bischofskirche geht zwar bis aufs Mittelalter zurück, aber im frühen 19. Jh. lag Llandaff Cathedral verwahrlost in Trümmern. Nach dem Wiederaufbau wurde sie 1941 von einer deutschen Landmine erneut zerstört. Die Ruinen des Glockenturms aus dem 13. Jh. stehen noch als Mahnmal vor der Kirche. Im Innern des wiederaufgebauten Gotteshauses überrascht die überlebensgroße Aluminium-Christusfigur aus den 1960er Jahren, an der sich die Geister scheiden. Anziehender ist ein unscheinbares Triptychon gleich links vom Eingang. Der führende Kopf der Präraffaeliten, Dante Gabriel Rossetti (1828–82), hat darauf seine Dichter- und Malerfreunde porträtiert. Auch die Glasfenster der Kathedrale wurden von Künstlern aus ihrem Kreis gestaltet.

Im Ortsteil Llandaff ist man schon fast am Rand der Stadt. Als bester Einstieg in die walisische Alltagskultur empfiehlt sich ein Besuch in **St. Fagan's Museum of Welsh Life** am westlichen Stadtrand von Cardiff (10–17 Uhr, Juli–Sept. bis 18 Uhr). Schloss und Park von St. Fagan's wurden 1946 vom gräflichen Besitzer zur Anlage des Freilichtmuseums gestiftet. Die Idee hatte er schon in den 1920er Jahren aus Skandinavien mitgebracht, wo die ersten Museen dieser Art entstanden waren. In St. Fagan's wird das Alltagsleben in den verschiedenen Regionen von Wales vorgestellt. Man kann zusehen, wie in einer Wollspinnerei gearbeitet wurde, einen Blick in die bescheiden eingerichteten Arbeiter-Häuser aus Merthyr Tydfil oder in eine der Rundhütten des nachgebauten ›Keltendorfs‹ aus der Vorzeit werfen und die Bauweise schiefer- oder reetgedeckter Cottages und Farmhäuser studieren. Man kann Schmied oder Bäcker bei der Arbeit zusehen und im Gwalia Store ess- und trinkbare Landesprodukte kaufen. Ein moderner Museumsbau zeigt alle Aspekte walisischer Kultur, von Harfe und Trachten bis zum Lovespoon. Ein Rundgang durch das 1580 entstandene, aber im Stil des 19. Jh. möblierte Herrenhaus rundet den Besuch im Freilichtmuseum ab, der leicht zum Tagesausflug werden kann. Erst recht für Gartenenthusiasten, die den von Buchshecken eingefassten formalen Garten am Haus, die von hohen Steinmauern geschützten Beete des Arznei- und Rosengartens und den neuangelegten Garten im viktorianischen Stil inspirieren wollen.

Noch mehr Garten bieten die **Dyffryn Gardens** südwestlich von St. Nicholas (April–Okt. tägl. 10.30–20 Uhr). Auf 20 ha breiten sich eine ganze Vielfalt von Themen-Gärten aus, neben Rosen, Arznei- und Küchenkräutern zeigt ein Klostergarten Pflanzen der Shakespeare-Zeit und ein anderer mediterrane Gewächse. Der Theatergarten wurde eigens für Theater und Konzertaufführungen angelegt. Ein Großteil des heute präsentierten Inventars geht auf John Cory und seinen Sohn Reginald zurück, der zu Beginn des 20. Jh. Vizepräsident der Royal Horticultural Society war und ein eifriger Pflanzensammler auf allen Kontinenten. So versammelt der Park Bäume und Stäucher – speziell japanische Ahornarten und Magnolien – und die Gewächshäuser Orchideen, Kakteen und Sukkulenten aus aller Welt.

Nicht weit von Dyffryn Gardens entfernt liegt jenseits von Hecke und Wiese ein Großsteingrab der Superlative: Durch die Größe seines 40 t schweren Decksteins ist **Tinkinswood Burial Chamber** zwar sehr beeindruckend, aber aufgrund der Hochspannungsleitung in unmittelbarer Nähe wirkt der Platz leider völlig unmagisch. Nur ein paar Hecken-

Umgebung von Cardiff ▷

Penarth Pier

kreuzungen weiter befindet sich **St. Lythan's Burial Chamber.** Wie Tinkinswood aus dem grobkörnigen Konglomeratgestein errichtet, das lokal vorkommt, ist es zwar viel kleiner, aber die freie Lage ermöglicht einen schönen Blick über die Landschaft, deren schräggeblasene Bäume schon die nahe Küste anzeigen.

Nicht weit von der Küste, aber sichtgeschützt vor Piratenaugen liegt das verschlafene Nest **Llantwit Major.** Der Legende nach landete hier der hl. Illtud Ende des 5. Jh. aus der Bretagne und gründete ein Priesterseminar und Missionszentrum. Der Ort heißt eigentlich Llanilltud Fawr, englische Zungen machten daraus Llantwit Major. Die in der Kirche St. Illtud ausgestellten Hochkreuze sind bedeutende Zeugnisse des frühen Christentums in Wales. Heute legt sich um den Altstadtkern ein Ring aus Neubauten – die Luftwaffe ist größter Arbeitgeber.

Glamorgan Heritage Coast heißt der Küstenstreifen zwischen Aberthaw und Porthcawl, den man knapp 2 km von Llantwit Major erreicht. Dünen, Sandstrände und schroffe, aus waagerecht liegenden Sandstein- und Kalkschichten aufgetürmte Klippen bestimmen das Bild. Zum Klippenspaziergang startet man am besten in Southerndown, wo sich auch ein Informationszentrum zur Naturgeschichte befindet. Westlich davon, bei Merthyr Mawr,

erreichen die Dünen 61 m Höhe, die höchsten in Großbritannien.

Der Weg zurück nach Cardiff entlang der Küste führt über **Barry.** Der ehemals bedeutende Kohleverschiffungshafen ist zum Synonym für quirliges Urlaubsvergnügen im Stil ›moderner‹ englischer Seebäder geworden. Manchmal kann man die Museumsbahn Barry Island Railway mit ihrer Dampflok in Aktion sehen. An der Strandpromenade entlang erstrecken sich die Amusement Arca-

des und lockt Barry Island Pleasure Park, ein riesiger Erlebnispark, der besonders Kinder begeistern soll – das ganze Jahr über Kirmes.

Im **Cosmeston Medieval Village** kann man voll einsteigen ins mehr oder weniger vergnügliche Leben des Mittelalters (Führungen: April–Okt. 10.30–16 Uhr, Nov.–März 10.30–15 Uhr), besonders an den Themenwochenenden, wenn Feste abgehalten, Schwertscharmützel oder Armbrustschießen geübt wer-

den. Eine freche Gänseschar, neugierige Hühner und zeitgenössisch gewandete ›Einwohner‹ beleben das mittelalterliche Dorf aus reetgedeckten Häusern. Es wurde auf den Fundamenten einer tatsächlich hier entdeckten Siedlung aus dem Jahr 1320 errichtet und ist damit recht authentisch.

Cardiffs nächstgelegenes Seebad – und eines der gemütlichsten – ist **Penarth.** Die Promenade mit schöner Aussicht aufs Meer, die Parks mit

Blumen und die Vogelinseln Flat Holm und Steep Holm sowie der bunt restaurierte viktorianische Pier, wo historische Dampfer zu Ausflügen über die Severn-Mündung nach Weston-super-Mare oder entlang der Glamorgan Heritage Coast ablegen, geben dem kleinen Küstenort ein nostalgisches Flair. In die Sparte klein und fein gehört auch die Turner Art Gallery, die wechselnde Ausstellungen mit Kunst aus den Beständen des Nationalmuseums zeigt (Di–Sa 10–17, So 14–17 Uhr).

Im Taff-Tal nach Norden

(Karte S. 66/77) Entlang dem Tal des River Taff führt die autobahnähnliche A 470 über die ehemalige Bergarbeiterstadt Merthyr Tydfil in die Berge, Richtung Brecon Beacons. Zu Fuß oder mit dem Rad lässt sich das Tal mit seinen vielen Sehenswürdigkeiten auf dem Taff Trail erkunden. Dabei passiert man ca. 8 km nördlich der Stadt ein beliebtes Ausflugsziel: das wunderhübsche **Castell Coch** (April, Mai und Okt. 9.30–17 Uhr, Juni–Sept. 9.30–18 Uhr, übrige Zeit Mo–Sa 9.30–16, So 11–16 Uhr, Cadw). Das ›Rote Schloss‹, anstelle der realen und ruinösen Burg des ›Roten Gilbert‹ de Clare aus dem 13. Jh. ab 1875 neu entstanden, diente dem dritten Marquis of Bute als Sommerresidenz. Wie Cardiff Castle zuvor ließ er es von seinem Architekten Burges gestalten, und so entspricht Castell Coch weniger mittelalterlichem

Geist als den Fantasien des 19. Jh. Aber gerade das macht es so spannend, eine Burg wie aus dem Märchenbuch, komplett mit Zugbrücke, Fallgitter und spitzen Türmchen. Höhepunkt der prachtvoll ausgestatteten sechs Räume im Innern ist das Sternengewölbe des Salons (Drawing Room), dekoriert mit Blumen, Vögeln und Schmetterlingen.

Ein Abzweig von der A 470 führt nach Caerphilly und mitten ins echte Mittelalter. 12 ha umfasst die Burganlage von **Caerphilly Castle** (Öffnungszeiten s. Castell Coch, Cadw). Es ist nach Windsor die zweitgrößte Burg Britanniens. Nachdem seine erste Festung von den Walisern unter Llywelyn II. 1270 fast dem Erdboden gleichgemacht wurde, fühlte sich der ›Rote Gilbert‹ de Clare veranlasst, eine perfekte Burganlage zu errichten. Caerphilly besteht aus mustergültig konzentrisch um den inneren Burgkern angelegten Verteidigungsringen, mit breiten Wassergräben und Zugbrücken gesichert. Uneinnehmbar war die Burg dennoch nicht, denn Owain Glyndŵrs walisischen Truppen gelang es Anfang des 15. Jh., Caerphilly einzunehmen. Der schiefe Turm ist allerdings nicht ihr Werk: Cromwells Truppen brachten den Turm so in die Schieflage, aber die starken Mauern nicht zum Einsturz. Caerphilly ist bis heute eine ungemein eindrucksvolle Ruine.

Dem Alltagsleben zur Zeit Cromwells im 17. Jh. lässt sich auf dem Sitz des Bürgerkriegs-Colonel Pritchard in **Llancaiach Fawr** nachspü-

Caerphilly Castle

ren (Mo–Fr 10–17, Sa 10–18, So 12–18 Uhr). Das Herrenhaus in Nelson bei Treharris, in dem es selbstverständlich spukt – bis zu acht Geister treiben ihr Unwesen – wird von Hauspersonal in zeittypischen Kostümen belebt, das dem Gast einen erlebnisreichen Besuch verspricht.

Einen Ausflug in die Industriegeschichte der Valleys bietet **Cyfarthfa House** (Apr.–Sept. 10–17.30 Uhr, Okt.–März Di–Fr 10–16, Sa, So 12–16 Uhr) in **Merthyr Tydfil.** Die Residenz des Eisenmagnaten thront mit ihren gotischen Türmchen und Zinnenkranz hoch über dem Tal, wo sich die Schlackenhalden langsam begrünen und die Arbeiterhäuser in Reih und Glied die Straßen entlangziehen – augenfälliger können die gesellschaftlichen Verhältnisse der frühen Industriellen Revolution im 19. Jh. nicht dokumentiert werden. 1824/25 ließ sich William Crawshay II., Besitzer der Cyfarthfa Ironworks in der dritten Generation, seinen Privatpalast mit 72 Räumen und 365 Fenstern bauen. Die Kosten: 30 000 Pfund, ungefähr sechsmal so viel, wie er der gesamten Werksarbeiterschaft im Jahr zahlte. In den ausgedehnten Kellerräumen des Hauses informiert eine Ausstellung über die Geschichte Merthyr Tydfils von der Steinzeit bis heute. In den Boomtown-Jahren 1802–41 stieg die Bevölkerung um das Fünffache:

›So grün war mein Tal‹

Die Valleys und ihre industrielle Vergangenheit

Rhondda Heritage Park

Um 1862 beschrieb George Borrow in seinem Reisebericht ›Wild Wales‹ seinen ersten Eindruck des Taff-Tals bei Nacht: »Als ich oben auf dem Hügel um die Ecke bog, sah ich da und dort Feuer und etwas, das aussah wie ein glühender Berg. (…) Es war eine riesige Menge einer erhitzten Masse wie Lava.« Auf Befragen erfährt er, dass es sich bei dem ›Glühenden Berg‹, der die Nacht erhellt, um Schlacke aus den Eisenschmieden handelt. Über diesen unheimlichen Ort, wo ›alle Hügel (…) ein versengtes und geschwärztes Aussehen‹ haben, hatte noch 150 Jahre zuvor ein anderer Reisender im Taff-Tal, Daniel Defoe, einen völlig anderen Eindruck in sein Reisetagebuch notiert: » (…) ein höchst angenehmes, nach Süden offenes Tal, durch das ein lieblicher Fluß, genannt der Taafe, fließt.« Das war noch vor Erfindung der Dampfmaschine Mitte des 18. Jh. Der Hunger der Maschine nach Kohle machte Boomtowns aus unbedeutenden Dörfern wie Merthyr Tydfil. Kaum irgendwo sonst ließ sich das ›Schwarze Gold‹ in dieser Qualität auf so einfache Weise gewinnen wie in den South Wales Valleys, wo die Schichten des fossilen Brennstoffs ganz nahe an der Erdoberfläche liegen. Und wo so viel Energie leicht zu haben war und noch dazu Eisenerz, kam bald die lukrative Eisenindustrie dazu.

Merthyr Tydfil war die am schnellsten wachsende Stadt ihrer Zeit. Im Jahr 1801 lebten dort 7700 Menschen, nur 40 Jahre später waren es fast 35 000. Schließlich zählte die ›Capital of the Iron and the Coal‹, die Hauptstadt des Eisens und der Kohle, 81 000 Menschen. Sie kamen, aus

England, Irland, Italien oder Spanien, um in den Kohlegruben und Eisenhütten zu arbeiten. Aus rein landwirtschaftlich orientierten Gemeinden wurden Industriegebiete mit multikultureller Bevölkerung. 7500 Häuser für 20 000 Arbeiter wurden um 1840 in Dowlais und Merthyr gebaut. Sie boten zwar Obdach, aber keine sanitären Einrichtungen, weder Trinkwasser noch Kanalisation; die Menschen wohnten dutzendweise in den winzigen Steinhäusern, die Reihe um Reihe die Hügel hinauf und hinab gebaut wurden. Eine solche Reihenhaussiedlung für Arbeiter kann man heute im Museum of Welsh Life in St. Fagan's besichtigen – und den erst mit den Jahrzehnten wachsenden Komfort daran ablesen. Erst ab 1925 gab es fließend Wasser, ab 1955 Elektrizität in diesen ebenerdigen 2-Zimmer-Häusern. Wer es sich leisten konnte, hatte hinterm Haus einen ›Handtuchgarten‹ zur Gemüseversorgung, aber auch Schuppen und Plumpsklo mussten auf den winzigen Parzellen noch Platz finden.

Unter solchen Bedingungen grassierten Typhus und Cholera, Mitte des 19. Jh. erreichten ein Drittel der Kinder nicht das 5. Lebensjahr. Die Lebenserwartung eines Grubenarbeiters lag bei 42 Jahren: die walisischen Kohlebergwerke waren gefährlicher als die meisten englischen Gruben. Aber nicht nur unter der Erde lebte man in den Valleys gefährlich: Noch 1966 kamen 144 Menschen ums Leben, darunter 111 Kinder, als sich in Aberfan im Taff-Tal eine Schlackehalde in Bewegung setzte und eine Schule unter sich begrub. Und es kam oft genug zu blutigen Arbeitskämpfen. Bereits 1831 zog die Armee gegen streikende Arbeiter zu Felde.

Die vier großen Eisenhütten in Merthyr Tydfil gehörten zu den Waffenschmieden der Nation: Besonders zu Zeiten Napoleons heizten die Kriege auf dem Kontinent die Nachfrage nach Kanonen kräftig an. Später spezialisierte man sich auf Eisenbahnschienen. Und mit dem Eisenbahnbau überall in Europa und Übersee flatterten die Aufträge nur so in die Kontore: Sie kamen aus Berlin und Leipzig ebenso wie aus St. Petersburg oder New Orleans.

Für den Transport von Kohle und Eisen zu den Häfen entlang der Südküste war den Industriemagnaten kein Aufwand zu hoch. Schon in der ersten Hälfte des 19. Jh. hatte der zweite Marquis of Bute die Taff-Mündung bei Cardiff eindeichen und die mit Schleusen untereinander verbundenen Docks bauen lassen. Über ein Kanal- und Schienensystem wurde die zuvor auf Eselskarren transportierte kostbare Fracht aus den Valleys herangeschafft. Über 49 Schleusen führte der Glamorganshire Canal das Taff-Tal aufwärts bis auf 181 m Höhe Kohle und Eisen wurden in alle Welt verschifft: nach Amerika, Russland, Frankreich, Australien.

1844 waren es 642 000 t Kohle und über 200 000 t Eisen, die weltweit die Industrielle Revolution anheizten. 1905 lieferte Cardiff 13 Mio. t Steinkohle und Koks aus. Damals hatten die Bute Docks fünf Bassins mit insgesamt 63 ha Wasserfläche, die bei Flut selbst Ozeanriesen zugänglich waren. Der Höhepunkt war im Jahr 1913 erreicht, als von Cardiff und den benachbarten Docks in Penarth und Barry insgesamt 34 Mio. t Kohle in alle Welt gingen. Doch in den 1930er Jahren verloren Städte wie Merthyr jedes Jahr Tausende von Einwohnern. Und noch in den 1990er Jahren fiel die Einwohnerzahl stark. Seit den Streiks der 1980er Jahre erlebten Cardiff und der gesamte Südosten, mit ihrer einseitig auf Kohle, Eisen und Stahl konzentrierten Wirtschaft den Niedergang und die damit verbundenen sozialen Auswirkungen in aller Härte. Heute scheint das Schlimmste überwunden. Ein Teil der Bevölkerung ist abgewandert, und durch staatliche Hilfen wird versucht, neue Industrien aufzubauen und Arbeitsplätze zu schaffen.

Bis heute sind die Valleys von South Wales von den Folgen der Industriellen Revolution gezeichnet. Die Schlackehalden begrünen sich zögernd, und die Wunden, die der Landschaft geschlagen wurden, verheilen nur langsam. Einen authentischen Eindruck von den Arbeitsbedingungen in einer Kohlegrube bekommt man im ›Big Pit‹ bei Blaenavon oder – modern simuliert – im Rhondda Heritage Park bei Pontypridd.

von fast 8000 auf 35 000 Einwohner. Insgesamt arbeiteten in der Eisen- und Kohleindustrie im Tal damals 20 000 Menschen, verteilt auf vier große Eisenhütten und zahlreiche Kohlegruben. Den vorläufigen Endpunkt einer Entwicklung markierte der Miners' Strike Mitte der 1980er Jahre, nachdem das National Coal Board Beschränkungen der Kohlefördermengen beschlossen hatte. Den Bergleuten gelang es nicht, ihre Arbeitsplätze zu retten. 1989 wurden die letzten Kohlengruben im Merthyr Vale geschlossen. Die Ausstellung klingt etwas prosaisch aus mit einer Aufreihung der Haushaltselektrogeräte, die heute hier gefertigt werden. In den oberen Etagen von Cyfarthfa House kann man sich die riesigen Kunst- und Kuriosasammlungen ansehen, die die Crawshays zusammentrugen – von ägyptischen Mumien und chinesischem Porzellan bis zu Musikinstrumenten. Die hochherrschaftlichen Räume sind authentisch im Stil der Zeit wiederhergestellt, mit Familienporträts und Mobiliar.

Ohne die reichen Kohlevorkommen nah an der Erdoberfläche wäre der Boom der Eisenindustrie im 18. und 19. Jh. undenkbar gewesen. Der Untertage-Kohleabbau in den Valleys konzentrierte sich im Rhymney, Taff und Rhondda Valley und endete definitiv in den 1980er Jahren. Für die Gruben und die Bergleute bedeutete das meistens das Aus. Mit wenigen Ausnahmen, darunter The Big Pit bei Blaenavon und Rhondda Heritage Park bei Pontypridd. Nach der Schließung Anfang der 1980er öffneten sie wieder ihre Tore – für Touristen.

Die Lewis Merthyr Colliery bei Pontypridd war eine von einst 53 Gruben im Rhondda Valley. Heute bringt man hier im **Rhondda Heritage Park** Besuchern Arbeits- und Lebensbedingungen in den Valleys der 1920er oder 1950er Jahre nahe (Führungen: tägl. 10–16.30 Uhr, im Winter Mo geschlossen). Live erläutert durch ehemalige ›Kumpels‹ wird die Reise in den Untergrund simuliert, multimediamäßig untermalt ein echtes Erlebnis.

Wem das noch nicht reicht, und wer eine echte Fahrt unter die Erde mit einem Hauch von Abenteuer vorzieht, dem sei **The Big Pit** empfohlen. Profimäßig mit Helm und Lampe ausgestattet geht es unter sachkundiger Führung durch ehemalige Bergleute mit dem Förderkorb in die dunkle, tropfnasse, unheimliche Tiefe (Führungen: März–Ende Nov. tägl. 9.30–17 Uhr).

In der Nähe stehen die restaurierten Eisenwerke **Blaenavon Ironworks** Besuchern offen. Das am besten erhaltene Industriedenkmal dieser Art in Westeuropa besitzt noch einen Hochofen aus dem späten 18. Jh., Schmiedehallen und Arbeiterwohnungen (Ostern–Ende Okt. 9.30–16.30 Uhr, Cadw).

Nach Osten: Ausflug in die römische Vergangenheit

(Karte S. 66/77) Der Südosten bildete schon immer das Einfallstor für Eindringlinge nach Wales, allen voran die Römer. Warum sie sich für das wilde Bergland im Westen der britischen Insel so besonders interessierten, lag bestimmt nicht an der streitbaren Einwohnerschaft. Eher hatten es ihnen die reichen Bodenschätze angetan. Auf halbem Weg zwischen Chepstow und Cardiff liegt **Newport,** ein wichtiger Verkehrsknotenpunkt und einst bedeutender Industriestandort an der Mündung des Usk. Heute kündet in der 115 000-Einwohner-Stadt vieles vom Niedergang der ehemals bestimmenden Industriezweige. Trotzdem lohnen ein Bummel durch die quirlige Fußgängerzone und ein Blick in die gutsortierten Markthallen. In die Sparte Industriedenkmale gehört die 1906 gebaute Transporter Bridge über den Usk, eine Brücken-Fähre, auf der man unabhängig von Gezeiten und Schiffsverkehr den Fluss überqueren kann.

Etwas außerhalb der Stadt Newport, wenige Kilometer westlich, steht als stolzes Relikt einer blühenden Epoche **Tredegar House** (Ostern–Ende Sept. Mi–So 11.30–16 Uhr, Aug. tägl.). 500 Jahre lang war das Herrenhaus im Besitz der Familie Morgan, die so manche Exzentriker hervorbrachte. Das Haus selbst bietet neben Anekdoten aus der Familienchronik mit seiner kostbaren Einrichtung ein prächtiges Beispiel

Newport, Transporter Bridge über den Usk

für den aufwendigen Stil des späten 17. Jh. nach der Rückkehr des Stuart-Monarchen aus dem französischen Exil auf den englischen Thron. Es liegt inmitten von 40 ha (90 acres) Park und eleganten Gartenanlagen, die man auf Spaziergängen erkunden kann.

Isca hieß einer von drei Stützpunkten der kaiserlichen Legionärstruppen in Britannien. Er lag nörd-lich von Newport in **Caerleon** an den Ufern des Usk. Der Name ›Caer-Leon‹ bedeutet ›Festung der Legion‹. Geoffrey of Monmouth hielt Caerleon für das legendäre Camelot, wo König Artus Hof hielt, und bevor Ausgrabungen die Reste des römischen Amphitheaters zu Tage förderten, glaubte man in dem ovalen Erdwall Artus' Tafelrunde zu erkennen. Thuja-Hecken weisen heute überall in Caerleon den Weg zu Römischem: nicht nur das stattliche Amphitheater gegenüber dem Cricket Ground, das 6000 Zuschauern Platz bot (jederzeit zugänglich).

In der Nähe sind auch die Fundamente der Legionärsquartiere erhalten – die einzigen Reste römischer Kasernen in Europa, die zu besichtigen sind. Und wie überall, wo es römische Soldaten gab, bestand Gelegenheit zur Entspannung im Bad. Informativ und verständlich erläutert wird der antike Körperkult im Museum der Roman Baths, der um 75–220 entstandenen Römischen Bäder (Apr.– Ende Okt. 9.30–17.00 Uhr, übrige Zeit Mo–Sa 9.30–17, So 13–17 Uhr). In der von den Römern entwickelten Betonbauweise errichtet, überdauerten sie zwölf Jahrhunderte lang ohne viel Pflege, bis sie im Mittelalter abgerissen wurden. Bei Ausgrabungen in den 1970er Jahren entdeckten Archäologen im Abwasserkanal der Bäder elegante Haarnadeln und Edelsteine, Reste des kostbaren Schmucks, den die Damen der Garnisonsstadt im Bad zu tragen pflegten.

Auch im Dorf **Caerwent** erinnern beachtliche Reste einer römischen Stadtmauer aus dem 4. Jh. und die Fundamente eines römisch-keltischen Tempelbezirkes an die Mischkultur, die sich in diesem Teil Britanniens nach 200 Jahren Römerherrschaft etabliert hatte.

🛈 **TIC Caerphilly,** Lower Twyn Square, Caerphilly CF83 1JL, Tel. 02920/880011, Fax 860811; **TIC Merthyr Tydfil,** 14a Glebeland Street, Merthyr Tydfil CF 47 8AU, Tel. 01685/379884, Fax 350043; **TIC Newport,** Museum and Art Gallery, John Frost Square, Newport NP9 1HZ, Tel. 01633/842962, Fax 222615; **TIC Caerleon,** 5 High Street, Caerleon NP6 1AE, Tel. 01633/422656.

🚆🚌 Häufige **Zug**verbindungen (S-Bahn) ab Cardiff nach Penarth, Barry, Caerphilly, Merthyr Tydfil. Newport ist Halt an der Hauptstrecke nach London. **Bus**verbindungen Cardiff–Merthyr Tydfil und Cardiff–Newport mit Stagecoach Red and White (Tel. 01633/266336).

🛏️🍴 **Penarth:** Tomlins, 46 Plassey Street, Tel. 02920/706644, Küchenchef Tomlinson verwendet in seinem vorzüglichen vegetarischen Restaurant organische Produkte, Lunch ist dennoch erschwinglich. **Caerleon:** The Priory, High Street, Caerleon NP6 1XD, Tel. 421241, Fax 421271. Ein Hotel (££) und Restaurants verschiedener Preisklassen sind unter dem Dach des ehem. Zisterzienserklosters (12. Jh.) vereint, trotz des historischen Ambientes hell und freundlich, gutes frisches Angebot.

🛖 **Merthyr Tydfil:** Grawen Caravan & Camping Park, Grawen Farm, Cwm Taf, Cefn Coed, Tel. 723740, schöne Lage im Taff-Tal, 50 Stellplätze, davon 30 Zeltplätze.

🍺 **Caerleon:** Ye Old Bull Inn, altehrwürdiges Gasthaus aus dem 16. Jh., wie fast alles in Caerleon mit römischer Historie verknüpft.

🎁 **Bei Newport:** Tredegar House, Kunsthandwerk aus Glas, Keramik, Holz, Fertigung traditioneller Musikinstrumente; **Caerleon:** Ffwrwm Arts & Crafts Centre, High Street, eigenwillige Holzkunst, Keltisches.

🧗 **Hallenkletterzentrum** Taf Bargoed Centre, Trelewis bei Merthyr Tydfil, Tel. 01443/710149.

Wye Valley und Grenzland

Eine Fahrt durch das wunderschöne Wye Valley ist ein passender Auftakt für das ›grüne Wales‹. Schon die reisenden Romantiker des späten 18. Jh. waren begeistert von der lieblichen Flusslandschaft mit den zahlreichen Windungen und Schleifen. Hier im Grenzland ließen die Marcher Lords Burg um Burg errichten. Sie bieten heute ein volles Besichtigungsprogramm nicht nur für Fans mittelalterlicher Festungsarchitektur.

Grenzfluss Wye: Von Chepstow bis Monmouth

(Karte S. 80/81) Das ›Tor nach Wales‹ von Süden her bilden die zwei Straßenbrücken über den Severn. Erst 1966 wurde die erste Brücke über die breite Severn-Mündung fertiggestellt, eine über 1 km lange, elegant konstruierte Hängebrücke mit über 150 m hohen Pylonen. In den 1990er Jahren kam westlich eine Autobahnbrücke dazu. Bahnreisende queren den Bristol Channel dagegen unterirdisch.

Die alte Severn-Brücke führt geradewegs nach **Chepstow,** wo der Wye sich noch einmal windet, bevor er in den Severn mündet. Durch ein enges Stadttor gelangt man in das alte Marktstädtchen mit viel mittelalterlicher Atmosphäre. Der Name leitet sich vom altsächsischen *ceap-stow* (Kauf-Platz) ab. Die Normannen bauten ihr Castle bald nach der Invasion Englands 1067 in imposanter Lage direkt in der Wye-Schleife, denn von hier ließ sich hervorragend der Verkehr kontrollieren. Der viereckige Turm *(Keep)* von Chepstow Castle, in typisch normannischer Bauart errichtet, ist das älteste datierbare weltliche Gebäude in Großbritannien. Anstelle der sonst üblichen Holzkonstruktion entstand in Chepstow gleich ein Steinbau. Den besten Blick auf die trutzige Burg hat man vom gegenüberliegenden, englischen Ufer. Diese Ansicht wählte auch William Turner für sein Gemälde, das 1792 auf seiner ersten Walesreise entstand. Hinüber kommt man seit 1816 auf der hübschen filigranen Bogenbrücke aus Gusseisen, die von John Rennie entworfen wurde, eine der ersten ihrer Art. Bei einer Besichtigung von Chepstow Castle lässt sich die Entwicklung des Festungsbaus von den normannischen

Anfängen bis zu Bürgerkriegszeiten – die Burg wurde bis Ende des 17. Jh. genutzt – studieren (Apr., Mai, Okt. 9.30–17 Uhr, Juni–Sept. 9.30–18 Uhr, übrige Zeit Mo–Sa 9.30–16, So 11–16 Uhr, Cadw).

Vorbei am Racecourse – Chepstow ist berühmt für Pferderennen – folgt die Straße durch dichten Wald den Windungen des Wye, auf den sich nur ab und zu ein Blick ergibt, beispielsweise am Aussichtspunkt Lower Wyndcliff. Die dichten, nahezu naturbelassenen Laubwälder an den Hängen des unteren Wye-Tals sind hervorragende Wandergebiete. Der Wye Valley Walk führt von Chepstow bis Monmouth auf ruhigen Pfaden an den Hängen ent-

lang. Im Frühsommer ist der Waldboden des klimatisch günstig nach Süden liegenden Tals ein einziger Blütenteppich aus Bluebells (Hasenglöckchen) und weißblühendem und nach Knoblauch duftendem Bärenlauch. Die wunderschöne Laubfärbung im Herbst lockt ebenfalls viele Wanderer ins Tal.

Schon vor 200 Jahren zog es romantische Wandertouristen in diese Gegend. Der Maler William Turner war einer von ihnen. Gleich zweimal besuchte er **Tintern Abbey,** ebenso wie sein Zeitgenosse, der Dichter William Wordsworth. Berühmt als Ort der Romantik ist die Abtei in erster Linie durch sein Gedicht ›Lines Written a few miles above Tintern Abbey‹ (Zeilen, einige Meilen oberhalb Tintern Abbey geschrieben), in denen sich der Poet 159 Zeilen lang Gedanken

Die Ruine von Tintern Abbey

über Gott und die Welt macht, aber die Ruine kein einziges Mal erwähnt!

Wye-Tal, Grenzland, Brecon Beacons

Ende des 18. Jh. war Tintern Abbey noch idyllisch von Grün umwuchert, wie Turners Aquarelle zeigen. Neuzeitliche Denkmalschützer fanden dagegen, die Natur werde der Kultur zu gefährlich und ließen das

Efeu roden. Seit ihr grünes Kleid weg ist, wirkt die Abteiruine nicht einmal im Nebel geheimnisvoll; wer sie romantisch erleben will, sollte auf dem Offa's Dyke Path den Aussichtspunkt Devil's Pulpit einige Ki-

lometer östlich aufsuchen. Von dort aus, einem alten heidnischen Kultplatz, präsentiert sich die Ruine mitten in das Grün des Tals gebettet. Der Fernwanderweg Offa's Dyke Path folgt dem im 8. Jh. angelegten

Grenzwall, der mancherorts viele Meter hoch noch im Gelände erkennbar ist, bewachsen von mehrhundertjährigen Eiben und Laubbäumen.

Als erste normannische Abteigründung in Wales (1131) hatte Tintern Abbey eine wichtige politische und strategische Bedeutung. Ihr Gründer Walter de Clare, der normannische Herrscher von Chepstow, suchte auf diese Weise seine Stellung im Grenzland gegen die walisische Bevölkerung zu stärken. Denn die Besatzer saßen zwar fest auf ihren Burgen, hatten aber keinerlei Rückhalt. Die Loyalität der durchweg walisischen Bevölkerung gegenüber ihren ehemaligen Fürsten war unverändert, wenn sie auch ›im Untergrund‹ wirkte. Im 13. Jh. ließ einer seiner Nachfolger auf Chepstow Castle die Abteikirche der Zisterzienser zu einer der prächtigsten ihrer Zeit umbauen. Sie ist noch heute erstaunlich gut erhalten und beeindruckt mit ihrer gotischen Eleganz. Mit der Pracht hatte es 1536 ein Ende, als Heinrich VIII. das Kloster, noch immer eines der reichsten in seinem Reich, auflöste. Bei einer Besichtigung der Ruinen und des angeschlossenen Museums erhält man Einblick in das Leben der Mönche im Mittelalter (Apr., Mai, Okt. 9.30–17 Uhr, Juni–Sept. 9.30–18 Uhr, übrige Zeit Mo–Sa 9.30–16, So 11–16 Uhr, Cadw).

Die ländliche Marktstadt **Monmouth** am Zusammenfluss von Wye und Monnow sprudelt zur Geschäftszeit noch immer vor Aktivität.

Als Hauptstadt von Monmouthshire hatte sie einmal weit mehr Bedeutung als heute. Entlang der Monnow Street zieht sich eine Vielzahl kleiner Geschäfte. Die Autofahrer mögen vielleicht über das Nadelöhr am Ende der Brücke fluchen – sie sollten froh sein, keinen Brückenzoll zahlen zu müssen! Historiker betrachten das hübsche Brückenhaus aus dem 13. Jh., das die Fahrbahn verengt, ohnehin mit anderen Augen. Es ist eines von drei in Europa erhaltenen mittelalterlichen Bauwerken dieser Art.

Folgt man der Monnow Street vom Brückenhaus stadtaufwärts, steht man am Agincourt Square mit der klassisch eleganten Shire Hall (1724). Der vor der Markthalle plazierte Herr aus Bronze mit dem Flugzeugmodell in der Hand ist Charles Stewart Rolls (1877–1910), seinerzeit die eine Hälfte der Firma Rolls Royce. Er kam bei einem Flugzeugunglück ums Leben und ist nicht der einzige berühmte Sohn der Stadt. Einem anderen hat man – seiner Stellung gemäß – in etwas erhöhter Position ein Denkmal gesetzt: Harry of Monmouth, bekannter als König Heinrich V., blickt aus einer Nische der Shire Hall herab. An seinen Sieg – den er den gefürchteten Bogenschützen aus Wales zu verdanken hatte – bei Azincourt im Hundertjährigen Krieg gegen Frankreich erinnert der Name Agincourt Square (die englische Schreibung weicht von der französischen ab).

Eine Ausstellung zur Stadtgeschichte zeigt das Nelson and Local

Monmouth, Monnow Bridge und
Brückenhaus aus dem 13. Jh.

Museum (Priory Street, Mo–Sa
10–13 u. 14–17, So 14–17 Uhr).
Die umfassende Kollektion von Nel-
son-Memorabilia verdankt es der
Mutter des Rolls-Royce-Mitbegrün-
ders, Lady Llangattock. Diese ver-
machte dem Lokalmuseum ihre
Sammlung aus über 100 Briefen und
geschichtsträchtigen Stücken wie
dem Säbel, den Nelson in Trafalgar
bei sich trug. 1802 stattete der See-
held Monmouth einen Besuch ab
und übernachtete in Begleitung von
Lord und Lady Hamilton im Gasthaus Beaufort Arms, nach wie vor
eine stattliche Herberge am Agincourt Square.
   Ein Stück weiter die Priory Street
aufwärts liegen neben der Kirche die
bescheidenen Gebäude des ehemaligen Priorats, wo der dritte berühmte Sohn der Stadt und Schöpfer der
Artuslegende (s. S. 27f.), Geoffrey of
Monmouth, seine Ausbildung begann. Das schön gemeißelte Sand-
steinfenster mit Blick auf den Fluss
gehörte wohl zur Abtswohnung und
entstand erst um 1500, lange nach
Geoffreys Zeit.
   Eine Erkundung des Wye Valley
wäre nicht komplett ohne eine
Stippvisite über die Grenze nach
Herefordshire zu einer der schönsten Stellen des River Wye: der engen, nur 400 m breiten Flussschleife
bei **Symonds Yat.** In Symonds Yat
East lohnt der schmale Weg hinab
an das idyllische Flussufer (Parkgebühr vor 18 Uhr) mit einigen netten
Pubs. Den besten Überblick über
das englisch-walisische Grenzland
verschafft man sich vom 152 m hohen Yat Rock. Mit etwas Glück und

einem Fernglas erhascht man vielleicht auch einen Blick auf einen der Wanderfalken, die in den Kalksteinfelsen über der Flussschleife nisten.

TIC Chepstow, Castle Car Park, Bridge Street, Chepstow NP6 5EY, Tel. 0 12 91/62 37 72, Fax 62 80 04, gleich gegenüber der Burg; **Tintern:** Old Railway Station, April–Okt. (in alten Eisenbahnwaggons ca. 2 km Fußweg von der Abbey); **TIC Monmouth,** Shire Hall, Agincourt Square, Monmouth NP5 3DY, Tel. 0 16 00/71 38 99, Fax 77 27 94.

Bahnverbindung Chepstow– Gloucester; **Bus**verbindungen Chepstow–Tintern–Monmouth und Newport–Raglan–Monmouth mit Stagecoach Red and White, Tel. 0 16 33/ 26 63 36.

Tintern: The Parva Farmhouse, Tel. 0 12 91/68 94 11, schöne Zimmer im blumenumrankten Cottage, gutes Restaurant, ££; Honeyfields Farm, Brockweir, Tel. 68 98 59, etwas hügelan auf der englischen Flussseite, ideale Basis für Wanderer auf Offa's Dyke Path und nach Tintern, £; **Monmouth:** Steeples, Church Street, Tel. 71 26 00, über einem (nur tags geöffneten) Fish & Chips-Restaurant, ruhige, zentrale Lage, £.

The Crown at Whitebrook, Whitebrook (zwischen Tintern u. Monmouth), Tel. 0 16 00/86 02 54, Fax 86 06 07, preisgekröntes Gourmetrestaurant mit einigen Gästezimmern (££).

Tintern: The Moon and Sixpence, gemütliche Atmosphäre schafft eine hauseigene Quelle gegenüber dem Tresen, empfehlenswert zum Aufwärmen ist ein Becherchen *half moon* oder *three quarter moon* (Pharisäer), gutes Essen; **Monmouth:** Green Dragon, Drybridge Street, gegenüber der Monnow Bridge, gelegentlich live Jazz; Robin Hood: historisches Pub am ehem. Viehmarkt; **Symonds Yat:** Saracen's Head Inn, an lauen Abenden sitzt es sich schön an Tischen draußen am Fluss, gute Kuche.

Kanutouren auf dem Wye: Monmouth Canoe & Activity Centre, Castle Yard, Old Dixton Road, Tel. 71 34 61; Wye Valley Canoe Centre, Dolphin House, Glasbury-on-Wye, Tel. 0 14 97/84 72 13; **Wandern** auf dem Offa's Dyke Path oder Wye Valley Walk, Infos beim TIC Monmouth.

Eine Burgentour im Grenzland

(Karte S. 80/81) Von Monmouth aus bietet sich eine Tour durch die sanft geschwungenen Hügel zwischen Wye und Usk an. Die Grenzregion der *marches* (Marken) ist mit Burgruinen förmlich ›gespickt‹. Der ausgeschilderte Wanderpfad Three Castle Walk (29 km) verbindet drei besonders schöne Exemplare zu einer Rundtour: Skenfrith, Grosmont und White Castle.

Von Monmouth in nördlicher Richtung erreicht man das Dorf **Skenfrith.** In idyllischer Lage oberhalb eines rauschenden Wehrs am River Monnow stehen die Ruinen der Burg, die den Marcher Lord und Justitiar des Königs, Hubert de Burgh, 1201 errichten ließ. Sie ersetzte einen im 11. Jh. von den normannischen Invasoren schnell zurechtgezimmerten Holzbau. Der Rundturm trug ursprünglich eine Holzbrüstung mit Galerie für die Bogenschützen, aber die Burg diente auch schon zum Wohnen. Auf denselben Bauherrn geht die Burg in dem hübschen Dorf **Grosmont** (auf dem Wanderweg ca. 10 km) zurück. Der Kamin aus dem 14. Jh. steht noch, beeindruckend sind auch die Rundtürme und der Wallgraben (beide Ruinen nicht zugänglich).

Das am besten erhaltene und imposanteste des Burgen-Dreigespanns aber ist **White Castle** (Mitte Apr.–Ende Sept. 10–17 Uhr, übrige Zeit frei zugänglich, Cadw). Der Name bezieht sich auf die ursprünglich weiß getünchten Wände der Burg. Der voll erhaltene Mauerring mit sechs Rundtürmen ist von einem Wassergraben umgeben. Die ›Weiße Burg‹ wurde wie die beiden anderen von Hubert de Burgh Anfang des 13. Jh. gebaut und nie erobert. Ob sie deswegen so gut erhalten ist oder wegen der abgeschiedenen Lage, ist fraglich. Sicher ist, dass viele der Häuser in den Dörfern Grosmont und Skenfrith in dem Maß wuchsen, in dem die Burgen schrumpften. Die einsame Lage mitten zwischen den grünen Hügeln war es vielleicht, die White Castle als Ausflugsziel für einen Häftling der Nervenklinik von Abergavenny empfahl: Der dort nach seinem Flug gen England 1941 internierte Rudolf Heß durfte unter Aufsicht die Burgruinen von White Castle besuchen. Bei White Castle kreuzen sich zwei beliebte Wanderrouten: Der Three

Castles Walk trifft hier auf den Fernwanderweg Offa's Dyke Path, der Wanderer zurück nach Monmouth (ca. 18 km) führt.

Ergänzen lässt sich die Drei-Burgen-Tour durch einen Abstecher nach **Raglan Castle** (Apr., Mai, Okt. 9.30–17 Uhr, Juni–Sept. bis 18 Uhr, übrige Zeit Mo–Sa 9.30–16 u. So 11–16 Uhr, Cadw). Noch die Ruinen geben einen Eindruck von der Prachtentfaltung des Landadels, sobald die kriegerischen Zeiten mit den letzten großen walisischen Aufständen im frühen 15. Jh. vorbei waren. Für die Anlage des Großen Turms holte sich William ap Thomas Anregungen in Frankreich, wo er 1415 mit dem englischen König Heinrich V. in Azincourt gekämpft hatte. Sein Sohn William Herbert, Earl of Pembrokeshire, baute die Burg schließlich zu einer Residenz um. 1468 war er als erster Waliser in den erlauchten Kreis des englischen Adels aufgenommen worden. Als Günstling Eduards IV. herrschte er fast wie ein ›König von Wales‹ und häufte immense Reichtümer durch den Weinhandel mit der Gascogne an. Sein Vermögen steckte er in seinen Palast, ebenso wie seine Nachfolger, besonders William Somerset, der dritte Earl of Worcester, der Raglan zu einem Renaissancepalast umbaute, und sein Sohn Edward, Günstling von Queen Elisabeth I. Im Fountain Court sprudelte einmal ein Marmorbrunnen, und die Galerie war geschmückt mit Familienporträts. Ein heute noch erkennbares großes klassisches Figurenrelief gehörte zu einem Kaminaufsatz, die Bogenfenster bildeten Arkaden. Und die eleganten Pechnasen der beiden Eingangstürme wirken eher dekorativ als abschreckend. Dass man in Raglan in Friedenszeiten stets auch den Ernstfall vor Augen hatte, zeigen allerdings Details wie die Schießscharten für die Bogenschützen und darunter runde Öffnungen für die Kanonen – Zugeständnisse an den Fortschritt der Militärtechnik.

Wie begründet das war, bewies der englische Bürgerkrieg, als Raglan Castle als eine der letzten Festungen im königstreuen Wales an die Parlamentarier unter Oliver Cromwell fiel. Als die Parlamentstruppen im Juni 1646 anrückten, richtete der Burgherr Henry Somerset, der erste Marquis of Worcester, sich auf eine lange Belagerung ein. Fast drei Monate hielt er aus, ehe der Anblick der starken Mörserkanonen der Parlamentarier ihn überzeugte. Der Marquis wurde verhaftet, die Burg sollte geschleift werden, doch die 3 m dicken Wände des Großen Turms widerstanden weitgehend den Sprengversuchen der Parlamentstruppen Oliver Cromwells.

🚌 **Bus**verbindung Newport–Raglan–Monmouth mit Stagecoach Red and White, Tel. 016 33/26 69 36.

🍺 **Grosmont:** Angel Inn, gute Ale-Auswahl.

🏃 **Wandern** auf dem Three Castle Walk, Infos beim TIC Monmouth, Tel. 016 00/71 38 99, Fax 77 27 94.

Die Ruine von Raglan Castle

Die Brecon Beacons

Kahl und karg, belebt vom Schatten der vorüberziehenden Wolken, aber auch oft von Wolken verhüllt, erheben sich die Gipfel (›beacons‹) des uralten Sandsteinmassivs bis zu 900 m hoch. Nicht weit vom dichtbesiedelten Industriegebiet im Großraum Cardiff herrscht im Brecon Beacons National Park tiefste Bergeseinsamkeit – ein ideales Terrain für Erholungssuchende und Naturfans, zum Wandern, Reiten und Bergsteigen.

Rundtour über die Black Mountains nach Hay-on-Wye

(Karte S. 80/81) Auf drei Seiten von Bergen umgeben liegt **Abergavenny** am Fuß der Brecon Beacons. Es war schon zu Römerzeiten eines der ›Eingangstore nach Wales‹ und in die Berge – von fast jeder Straße der 14 000-Einwohner-Stadt bietet sich ein Blick auf die charakteristischen Silhouetten des Sugar Loaf Mountain, des Skirrid (Ysgyryd Fawr) und anderer 400–600 m hoher Gipfel. Wo sich das enge Usk-Tal am Zusammenfluss mit dem Gavenny nach Osten weitet, am Treffpunkt zweier Römerstraßen, lag bereits das römische Gobannium. Wegen seiner Lage ist Abergavenny (Y Fenni) ein idealer Ausgangspunkt für Wandertouren. Der Ort ist Einkaufszentrum für die ländliche Umgebung mit guten Fachgeschäften.

Im malerischen Tal des Usk geht es auf der alten Römerstraße, heute die A 40, geradewegs hinein in den Brecon Beacons National Park, vorbei an den Südhängen des Sugar Loaf (Zuckerhut; 596 m), die von dem gleichnamigen Weingut genutzt werden. Die Kleinstadt **Crickhowell** hat einen hübschen Ortskern, und die schöne alte Steinbrücke über den Usk ist ein guter Platz für Forellen-Angler. Als geruhsame Einkehr bietet sich das historische Bridge End Inn aus dem 16. Jh. an. Tische und Bänke stehen dicht am idyllischen Flussufer.

Auf der Weiterfahrt Richtung Brecon passiert man ein anderes historisches Gasthaus, das White Hart Inn. Das ehemalige Zollhaus des Duke of Beaufort, der hier jeden abkassierte, der vorbeikam, blieb vom Schicksal anderer Tollhouses verschont. Viele gingen in den Rebecca Riots der 1830er und 1840er Jahre in Flammen auf, als die Bevölkerung

gegen diese Raubritter-Allüren re-
bellierte. Ein Stück weiter sind direkt
neben der A 40 halb in den Boden
versunken die Steine des 6000 Jahre
alten **Gwernvale Burial Chamber** zu
erkennen – das idyllische Usk-Tal ist
uraltes Siedlungsgebiet.

Das beweisen auch die Funde im
Llangorse Lake. Der See liegt malerisch vor dem Panorama der Black
Mountains, mit Bootsverleih und
Campingplatz am Ufer. Auf einer
künstlichen Insel in der Art der irischen Crannogs vermutet man die
Residenz eines Fürsten. Lokale Legenden berichten gar von einer ver-
sunkenen Stadt im See. Immerhin ist
im Brecknock Museum in Brecon
ein Kanu aus der Zeit um 800 ausgestellt, das auf dem Grund des Sees
gefunden wurde.

Alternativ zur Fahrt über schmale
Landstraßen via Llangorse führt die
A 479 Richtung Talgarth. Bald nach
dem Abzweig von der A 40 lohnt
das spätmittelalterliche Herrenhaus
Tretower Court einen Besuch
(Juni–Anf. Sept. 10–18 Uhr, Apr.,
Mai, Sept., Okt. 10–17 Uhr, März
10–16 Uhr, Cadw). Der Rundturm
einer normannischen Burg gleich
nebenan, gab dem Gebäude den
Namen: Tre-Tower heißt Turm-Ort.
Schon im frühen 14. Jh. richteten
sich die Burgherrn ein Stück entfernt
von der Burg einen komfortableren
Wohnsitz ein, der aber dennoch ihrem Sicherheitsbedürfnis entsprach:
Von außen wirkt die Hofanlage geschlossen; es gibt keine Fensteröff-
nungen. Hat man einmal das Tor
durchquert, steht man in einem In-

nenhof, um den sich die spätmittel-
alterlichen Gebäudeflügel gruppieren, die meisten aus der Mitte des
15. Jh., wie Untersuchungen der Ei-
chenbalken zeigten. Damals hatte
William Herbert, der erste walisische ›Aufsteiger-Adlige‹ im englischen Parlament (s. S. 32), Tretower
Court seinem Halbbruder Roger
Vaughan geschenkt. Gut 300 Jahre
blieb das Haus im Besitz der Familie. Im 17. Jh. wurde es im Renais-
sance-Stil umgebaut, der es heute
noch prägt. Ein kleines Gärtchen mit
Brunnen und symmetrisch angelegten Beeten fängt etwas von der Atmosphäre der Zeit ein, mehr als die
unmöblierten, auf die schlichte Bausubstanz reduzierten Gebäude, die
Besucher durch eine Audio-Tour-
Kassette erläutert bekommen. Die
berühmtesten Bewohner waren die
illustren Vaughan-Zwillinge Henry,
der Dichter (1621–95), und Thomas, der Alchimist (1621–66), der
bei einem seiner Experimente durch
Quecksilbervergiftung starb. Sein
Bruder nannte sich ›the Silurist‹
nach dem zur Römerzeit in Südostwales siedelnden Stamm der Silurer
und widmete sich der Dichtkunst,
bevor er aus Geldmangel Arzt wurde. Der Gedichtband ›Silex Scintil-
lans‹ (1655) enthält tiefreligiöse
Lyrik, die mit ungewöhnlichen,
überraschenden Bildern arbeitet –
wie die übrige ›Metaphysical Poetry‹
der Zeit nicht leicht zu verstehen.

Kurz hinter Talgarth wendet sich
die Route nach Nordosten. Entweder geht es auf schmalen Wegen
durch grüne Wiesen- und Weiden-

Bücherdorf Hay-on-Wye

In 30 Jahren von einer verschlafe-
nen Kleinstadt in der walisischen
Grenzregion zum globalen Bücherdorf – das ist die steile Karriere
von Hay-on-Wye. Dass in der
Marktstadt am River Wye heute
statt Rindern und Schafen Bücher
gehandelt werden und jedes Jahr
Zehntausende von Besuchern die
Regale nach verborgenen Schätzen durchwühlen, ist einer Idee
von Richard Booth zu verdanken.
Als der Oxford-Absolvent 1961
von der Universität kam, wusste
er eines: Ein Leben in der Großstadt kam für ihn nicht in Frage.
Was lag also näher, als eine Buchhandlung in der abgelegenen Pro-
vinzstadt, in deren Nähe er aufge-

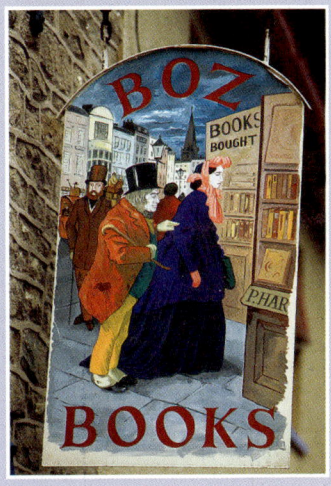

wachsen war, zu eröffnen? Inzwischen kauft er tonnenweise
Bibliotheken in Europa und den USA auf und erfreut sich des Rufes eines
Bücher-Millionärs. Die Stadt Hay-on-Wye, deren wirtschaftlicher Nie-
dergang kaum noch aufzuhalten schien, ist zum prosperierenden Ziel für
Touristen aus aller Welt geworden. Jedes Jahr trifft sich hier Londons Li-
teraturszene zum Hay Festival, ein Kultur-Event, der jeder Großstadt
würdig ist und bei dem sich illustre Gäste von Stephen Hawking bis zu
Van Morrison ein Stelldichein geben.

Wie das kam? Publicity ist alles. An einem regnerischen 1. April 1971
ließ sich Richard Booth unter großer Anteilnahme der internationalen
Presse in einem beispiellosen Plebiszit von den 1300 Einwohnern der
Stadt zum König wählen und konstatierte, Hay liege zwischen England
und Wales und sei folglich unabhängig. Die Regierungserklärung von
King Richards Aprilmonarchie richtete sich gegen zwei Dinge: ›Big Business‹ und ›Big Government‹. Frei nach dem Motto ›Small is beautiful‹
propagierte der König von Hay, der inzwischen standesgemäß im Castle
residiert, die Werte des Handwerks und der traditionellen Wirtschafts-

weise. Die lokalen Behörden nahmen die Sache ernst und King Richard amüsierte sich königlich. Der Erfolg gab ihm recht. Hay war plötzlich in aller Munde. 36 Antiquariate drängeln sich heute in den Gassen um die Burg. Die meisten davon wurden von ehemaligen Booth-Mitarbeitern eröffnet. Viele sind spezialisiert: auf teure Erstausgaben, auf Kinderbücher oder Krimis bis hin zu Indianerliteratur, andere bieten eine breite Palette querbeet. Doch King Richard ist nach wie vor der größte in seinem Reich. Außer im zugigen Antiquariat im Castle türmen sich die verstaubten Bänden hinter der voll verglasten Fassade seiner Dependance in der Lion Street.

Das Beispiel Hay-on-Wye hat Schule gemacht. Bücherdörfer gibt es mittlerweile überall auf der Welt: in den USA, Malaysia, Frankreich, den Niederlanden und Belgien. Und in Deutschland: Waldstadt-Wünsdorf südlich von Berlin und Mühlbeck-Friedersdorf bei Bitterfeld. In manchen Fällen stand King Richard persönlich Pate.

Es ist jedenfalls sicher kein Zufall, dass das erste Bücherdorf ausgerechnet in Wales entstand. Denn die Liebe zur Literatur hat in diesem Land Tradition, und erstaunlich viele kleine Dörfer besitzen wenigstens einen, wenn nicht mehrere Secondhand Bookshops.

landschaft über Felindre, eine gute ruhige Strecke für Radfahrer, oder, auf besser ausgebauten Straßen (A 438 und B 4350) nach **Hay-on-Wye.** Das 1300-Einwohner-Städtchen inmitten der grünen Hügellandschaft im Tal des Wye kennt nur ein Thema: Bücher. Und zwar verstaubte, zerlesene, kostbare und weniger kostbare. Fast 40 Second-Hand-Bookshops reihen sich entlang der Straßen der alten Marktstadt, die zum Mekka der Bücherwürmer aus aller Welt geworden ist, seit 1961 das erste Antiquariat des selbsternannten ›King of Hay‹, Richard Booth, öffnete. In Hay jedenfalls ist immer etwas los, es ist alles andere als ein verträumter Marktflecken. Die Londoner Literaturszene hat hier längst ein Standbein mit dem alljährlich im Frühsommer stattfindenden Hay Festival of Literature, Treffpunkt für Literaten und Leser. Dass ausgerechnet Hay, das ›globale Bücherdorf‹, am Rand der zivilisierten Welt liegt, merkt man dann, wenn man dem schmalen Sträßchen mit dem Wegweiser Capel-y-Ffin folgt. Bald rattern die Räder über einen Vieh-Rost (Cattle Grid), und ein schmales Asphaltband zieht sich über windzerzauste Schafweiden bergauf. Etwas unterhalb des 677 m hohen **Hay Bluff** raubt einem wenn nicht der Wind, dann die Aussicht den Atem. Weit geht der Blick über den grünen Flickenteppich der fruchtbaren Heckenlandschaft im Wye-Tal, in die

In Hay-on-Wye

Ewyas trifft man auf die romantische Ruine von **Llanthony Priory** (Ruinen immer zugänglich). Um das Jahr 1100 gegründet, wurde die Augustinerpriorei unter der königlichen Patronage Heinrichs I. eine bedeutende Einrichtung. Die Gebäude, deren imposante Reste heute in merkwürdigem Kontrast zu der einsamen, urtümlich wirkenden Landschaft ringsum wirken, entstanden vom 12. bis zum 14. Jh. In der urigen Bar unter den mittelalterlichen Gewölben des Abbey Inn kommen Einheimische und Touristen zusammen, Schafzüchter, die sich auf Walisisch unterhalten, und nach langem Marsch durstige Wanderer. Hier hängen noch die Porträts von Victoria und Albert an der Wand, und man fühlt sich in die Zeit zurückversetzt, als die ersten Reisenden das einsame Tal und seinen idyllischen Reiz entdeckten. William Turner malte die romantische Ansicht vor fast 200 Jahren.

Ein Stückchen weiter talabwärts gibt es im Vale of Ewyas eine geologische Besonderheit, die sich in einigen Merkwürdigkeiten äußert. In der Eiszeit wurde der River Honddu durch eine Moräne blockiert und floss dann Richtung Wye, statt wie zuvor in Abergavenny in den Usk zu münden. Die Gesteinsschichten gerieten so durcheinander, dass der rote Sandstein über dem tonigen Mergel zu ›schwimmen‹ begann, was sich durch häufige Erdrutsche bemerkbar machte. So ist der ›drunken tower‹, der ›betrunkene Turm‹ der alten Dorfkirche von **Cwmvoy**

fliegende Wolken Schatten und Sonnenreflexe Licht zaubern. An einem Regentag befindet man sich dagegen schon mitten in den Wolken, rundum Wattenebel und graue Regenschleier – in jedem Fall ist die Fahrt also ein Erlebnis. Am Hay Bluff kreuzt der Fernwanderweg Offa's Dyke Path, der auf dem Kamm laufend reichlich gute Ausblicke verspricht.

Nach diesem Höhepunkt taucht die Straße wieder ein in lichten Wald aus bemoosten Bäumen, dessen Boden im Mai blau vor Bluebells ist. Im abgeschiedenen Vale of

Die romantische
Ruine von
Llanthony Priory

zu erklären. Innen wird man fast
schwindlig beim Anblick der schie-
fen Linien. Dass das Gebäude trotzdem schon Jahrhunderte hält, ist eigentlich ein Wunder.

In **Llanfihangel Crucorny** mündet
das Bergsträßchen auf die A 465
nach Abergavenny. Rechts sieht
man vor sich schon einen der Hausberge von Abergavenny, den Skirrid
Fawr mit seiner charakteristischen
Form, und gegenüber das Skirrid
Inn, das älteste Gasthaus von Wales.

Schon im Jahr 1100 soll ein Schaf-
dieb hier verurteilt und an einem
Balken gehenkt worden sein wie
nach ihm bis ins 17. Jh. weitere 180
Opfer drakonischer Strafjustiz. Das
Gebäude stammt tatsächlich wohl
eher aus dem 17. Jh., hatte aber vielleicht ältere Vorgänger. Die durch
viele Details genährte Atmosphäre
an diesem geschichtsträchtigen Ort
sollte man ruhig auf sich wirken lassen, wie z. B. die eichene Eingangs-
tür mit den vielen alten Eisennägeln

darin, die schwer hinter dem Besucher ins Schloss fällt. Dabei kann man geruhsam sein Bier zum Hangman's Lunch genießen und auf den Skirrid Fawr blicken. Dessen Gipfel soll durch einen Blitzschlag gespalten worden sein, als Christus gekreuzigt wurde. Weniger fromme Geschichten erklären den gigantischen Hangrutsch auf einer Seite des Berges mit einem Erdbeben.

TIC Abergavenny, Swan Meadow, Monmouth Road, Abergavenny NP7 5HH, Tel. 0 18 73/85 75 88, Fax 85 02 17; **TIC Crickhowell,** Beaufort Chambers, Beaufort Street, Crickhowell NP8 1AA, Tel. 0 18 73/81 21 05; **Hay-on-Wye Tourist Information Bureau,** Craft Centre, Oxford Road, Hay on Wye I IR3 5DG, Tel. 0 14 97/82 01 44.

Züge nach Abergavenny von Hereford und via Newport nach Cardiff; **Busse** entlang der Strecke Abergavenny–Crickhowell–Brecon, Busse nach Hay von Hereford oder Brecon mit Stagecoach Red and White (Tel. 0 16 33/26 63 36).

Abergavenny: Penyclawdd Court, Llanfihangel Crucorney, Abergavenny NP7 7LB, Tel. 89 07 19, Fax 89 08 48, liebevoll restauriertes Tudor-Herrenhaus ca. 10 km außerhalb, nur 3 Zimmer, ££; **Crickhowell:** Gliffaes Country House Hotel, Crickhowell Powys NP8 1RH, Tel. 0 18 74/73 03 71, Fax 73 04 63, Anglerherberge in schönem Park an der A 40, ca. 5 km westlich Crickhowell, ££; **Talgarth:** Upper Trewalkin Farm, Pengenfford nr. Talgarth, Brecon LD3 0HA, Tel. 0 18 74/71 13 49, B&B in einer ehemaligen Farm, ruhig und ländlich, £; **Hay-on-Wye:** The Swan, Church Street, Tel. 82 11 88, 19 komfortable Zimmer, ££; **Llanthony:** Abbey Hotel, Tel. 0 18 73/89 04 87, ein Gefühl von ›Am Ende der Welt‹-Sein im Preis inbegriffen, guter Wanderstützpunkt, £.

Llangorse Lake: Lakeside Caravan & Camping Park, Tel. 0 18 74/65 82 26, direkt am See, Bootsverleih.

Abergavenny: The Walnut Inn, Llandewi Skerrid, Tel. 85 27 97, 5 km nördlich an der B 4521, das walisische Mekka für Gourmets, italienisch inspirierte Spitzenküche, keine Tischreservierung: wer zuerst kommt, speist zuerst; **Llyswen** (7 km nördlich Talgarth): Griffin Inn, Angler-Treff mit hervorragender Küche, nicht nur Fisch; **Hay-on-Wye:** Nino's, The Pavement, gute frische Küche, junge Atmosphäre, nicht zu teuer.

Abergavenny: Skirrid Inn (etwas außerhalb), historisches Pub mit alter Eicheneinrichtung, regionale Biersorten; **Crickhowell:** Bridge End Inn, am Fluss, gute Küche; White Hart Inn, ehemaliges Zollhaus an der A 40, lokale Spezialitäten; **Llangorse:** The Castle Inn, weithin beliebt bei den Einheimischen für gute herzhafte Küche; **Llanthony:** Abbey Inn, urige Kneipe im Gewölbe, keine Küche.

Crickhowell: Do und Sa ist Markt; **Hay-on-Wye:** Bücherdorf mit 36 Antiquariaten, genug Zeit zum Stöbern einkalkulieren!

Kanu- und Fahrradverleih: Paddles & Pedals, 15 Castle Street, Hay-on-Wye, Tel. 82 06 04; **Ponytrekking:** Grange Trekking Centre, Capel-y-ffin, Tel. 0 18 73/89 02 15; Court Farm, Llanthony Abbey, Tel. 89 03 59; **Wassersport**möglichkeiten auf dem Llangorse Lake; **Angeln** im River Wye und Usk.

Brecon und die westlichen Beacons

(Karte S. 80/81) Der schnellste Weg von Cardiff in die Brecon Beacons ist die A 470. Die Kohlehalden von Merthyr Tydfil hinter sich lassend, geht es stetig aufwärts in die Berge. Bei einem Halt am **Garwnant Forest Centre** lässt sich die vielfältige Natur der Beacons erkunden. Auf der windgeschützten Seite des oberen Taff-Tals am Stausee konnten sich ausgedehnte Laubwälder entwickeln. Mehrstündige Wanderungen auf ausgeschilderten Wegen führen vom Garwnant Forest Centre zu Aussichtspunkten und Wasserfällen (Parkgebühr).

Für die Alternativstrecke vorbei an Stauseen und weiteren Wasserfällen muss man mehr Zeit einkalkulieren. Sie führt über Trefechan nach Pontcistill unter dem Pontsarn-Viadukt der ehemaligen Eisenbahnstrecke Brecon–Merthyr Tydfil hindurch und vorbei an einer Kette von kleinen Stauseen. Sie versorgen den Großraum Cardiff. Parallel dazu verläuft der Taff Trail (36 km), eine ideale Strecke für Radfahrer und Wanderer. Kurz hinter dem Abzweig nach **Talybont** führt ein Waldweg von einem (kostenlosen) Parkplatz zu schönen Wasserfällen. Auf der Straße passiert man das von dichtem Wald umgebene Talybont Reservoir und findet sich in Talybont am Monmouthshire and Brecon Canal wieder. Im **Water Folk Canal Centre** informiert eine Ausstellung über das Leben am Kanal in früheren Zeiten (Ostern–Okt. Sa–Do 10–17.30 Uhr), und Ausflugsboote, z. T. von Pferden gezogen, befahren die Wasserstraße (Mi, Sa, So). Am Wasser entlang geht es weiter nach Brecon.

In der Marktstadt **Brecon** haben sich viele schöne georgianische Häuser erhalten, von denen man eines, Hamilton House, besichtigen kann. Auf Walisisch heißt die Stadt an der Mündung des Honddu in den Usk folgerichtig Aberhonddu (Mündung des Honddu). ›Brecon‹ nannten sie die Normannen, nach dem Iren Brychan, Herrscher über das Reich Brycheiniog im Süden von Wales. Eingeenglischt wurde aus Brycheiniog dann Brecknock oder kurz Brecon. An den Markttagen Dienstag und Freitag herrscht mächtig Betrieb in der 7000-Einwohner-Stadt und natürlich erst recht beim Brecon Jazz Festival im August, wenn sich internationale Jazz-Größen in Brecon treffen.

Einen Blick in Geschichte und Kultur der Region gewährt das **Brecknock Museum** (Mo–Fr 10–17, Sa 10–13 u. 14–17 Uhr, Apr.–Sept. auch So 12–17 Uhr). In der mit klassisch-dorischem Portal verzierten Shire Hall tagte in Queen Victorias Tagen das Gericht. Ausgestellt sind eine umfangreiche *Lovespoon*-Sammlung und historische Funde aus der Region, wie das 1925 aus dem Llangorse Lake geborgene frühmittelalterliche Kanu. Im Originalgerichtssaal kann man heute einer Gerichtsverhandlung wie im späten 19. Jh. beiwohnen. Die

Wachspuppen-Inszenierung läuft zweisprachig walisisch-englisch vom Band. Ansonsten hört man im Südosten von Wales eher selten walisische Töne.

Jenseits des Honddu auf der Nordseite der Stadt erhebt sich die im 11. Jh. gegründete Kirche St. John, die erst seit etwa 60 Jahren als Brecon Cathedral Bischofskirche ist. Das Heritage Centre im Benediktinerpriorat nebenan informiert über die 900 Jahre alte Geschichte des Gotteshauses, wo einst Giraldus Cambrensis wirkte.

Brecon ist ein idealer Ausgangspunkt für Ausflüge in die Brecon Beacons, z. B. nach Südwesten in den Fforest Fawr und das Gebiet um den Black Mountain. Unterwegs kommt man vorbei an interessanten Steinen. In **Defynnog** steht im Eingang der Dorfkirche ein bemerkenswertes Relikt der Verknüpfung römischer und frühchristlicher Geschichte in Wales: Ein Stein mit lateinischer Inschrift aus dem 5. Jh. und darüber ein keltisches Ringkreuz aus dem 7.–9. Jh. In südlicher Richtung geht es auf schmaler Straße im Tal des Senni aufwärts, geradewegs zwischen den gelegentlich umwölkten 600–700er-Gipfeln hindurch. Zwei markante Menhire stehen einsam auf der moorigen Schafweide: Maen Llia und hinter dem Pass zwischen Fan Llia und Fan Nedd der Maen Madoc ragen mythisch aus den Nebeln und weisen in die Vorzeit.

Wo es viel regnet, gibt es auch viele Wasserfälle, heißt eine alte walisische Weisheit. So verwundert es nicht, dass man vom Waldparkplatz bei **Ystradfellte** (Gebühr 2,50 £/Tag) allein vier Wasserfälle auf markierten Pfaden erkunden kann; mindestens 90 Min., am besten 3 – 4 Std. Wanderzeit muss man rechnen. Unterwegs sieht man Wasseramseln und andere scheue Vögel und kann Ausblicke auf die Berge genießen. Durch zauberhafte Waldschluchten gelangt man nach ca. 2,5 km zum Sgwd yr Eira, der berühmt dafür ist, dass man hinter dem Wasserschleier hergehen kann.

Die höchsten Wasserfälle in Südwales sind die **Henrhyd Falls** in der engen Schlucht Nant Llech bei Coelbren, einem ehemaligen Kohleabbaugebiet. Sie können auf einem 6 km langen Rundweg besichtigt werden.

Auf der Südseite der Brecon Beacons findet man Kalkstein, der von zahlreichen Höhlen durchlöchert ist, ein Mekka für Höhlenkletterer. Die Tropfsteinhöhlen **Dan-yr-Ogof** mit Dinosaurierausstellung und nachgebautem Vorzeitdorf sind nur zum Teil Besuchern zugänglich gemacht. Der größere Teil des Labyrinths bleibt Höhlenenthusiasten vorbehalten, die in Profiausrüstung mit einem Führer in die Tiefe gehen (Apr.–Okt. 10–17 Uhr).

In luftige Höhen führt dagegen die A 4069, die in Brynaman nach Norden abzweigt. Diese ›Straße der guten Aussichten‹ schraubt sich über steinige Schafweiden vorbei an aufgegebenen Kalksteinbrüchen bis auf 493 m. Ein Parkplatz mit Panoramablick ermöglicht auch den ob der

Blick auf die Ruine von Carreg
Cennen Castle

Serpentinen gestressten Autofahrern
herrliche Ausblicke über den Black
Mountain (Mynydd Ddu) mit dem
802 m hohen Fan Brycheiniog.

Mitten in dieser ›Mondland-
schaft‹ geht ein Abzweig auf
schmalster Straße zu der wohl
schönsten Ruine im Südosten: nach
Carreg Cennen Castle bei Llandeilo
(Apr.–Okt. 9.30–19.30 Uhr, Cadw),
das durch seine spektakuläre Lage
besticht. Die Burg thront malerisch
in 90 m Höhe auf einem Kalkfelsen,
der an einer Seite schroff in die Tiefe
abfällt, eine Folge der besonderen
Geologie der Region. Nach einem
steilen Aufstieg steht man vor den
Ruinen der Burg, die die neuen,
englischen Herren im 13. und
14. Jh. nach dem Zerfall des südwalisischen Reiches Deheubarth errichtet hatten. Aber schon während
der Rosenkriege im 15. Jh. wurde
Carreg Cennen Castle zerstört und
nicht wiederaufgebaut. Zu den Attraktionen der Burg gehören eine
natürliche Höhle und der weite
Blick bis zu den Gipfeln und Bergseen des Black Mountain.

TIC Brecon, Cattle Market Car
Park, Brecon LD3, 9DA, Tel.
01874/622485 u. 625692, Fax
625256; **Libanus Mountain Centre,**
8 km südwestl. von Brecon, Parkgebühr,
Informationen über den National Park,
Verkauf von Karten, geführte Wanderungen, Tearoom mit kleinen Gerichten.

Bahn: Llandeilo ist Station
der Heart of Wales Line; **Busse** nach Brecon von Swansea, Cardiff,
Newport und Hereford mit Stagecoach
Red and White, Tel. 01633/266336.

Brecon: Cantre Selyf, 5 Lion Street, Brecon LD3 7AU, Tel. 622904,
Fax 622315, 3 Zimmer in einem noblen
georgianischen Stadthaus, sehr gute Küche, ££; Nant Ddu Lodge Hotel, Cwm
Taf, CF48 2HY, Tel. 01685/379111, Fax
377088, schöne Lage im Taff-Tal 10 km
südlich von Brecon, 16 Zimmer, ££.

Brecon: Brynich Caravan Park, Tel. 62 33 25, sehr großer Platz (130 Stellplätze) an der Kreuzung A470/A40 östlich von Brecon, gute Ausstattung.

Brecon: Beacons Crafts, Bethel Square, Künstlerkooperative mit Kunsthandwerk aus der Region, Glas, Keramik, Holz, Schmuck, gegenüber TIC.

Radfahren und Wandern auf dem Taff Trail zwischen Merthyr Tydfil und Brecon; Fahrradverleih: Bikes & Hikes, 10 The Street, Brecon, Tel. 61 00 71; **Bootsfahrten** auf dem Monmouthshire and Brecon Canal: Dragonfly Cruises, The Stables, Chapel Street, Brecon, Tel. 61 17 22; Brecon Beacons Boats, Talybont-on-Usk, Tel. 67 64 01, Motorbootverleih; Water Folk Canal Centre, Old Storehouse, Llanfrynach, Brecon, Tel. 66 53 82, mit Ausstellung über die Geschichte des Kanals; **Dampf-Schmalspurbahn** Brecon Mountain Railway, von Dowlais 3 km nördlich Merthyr Tydfil bis Pontcistill Reservoir, Tel. 0 16 85/72 29 88.

Der Westen

**Swansea, Gower und das südli-
che Carmarthenshire – Kunst
und Literatur, Sandstrände und
Dünen**

**Pembrokeshire – Steile Felsküs-
ten und malerische Buchten,
Mythen und Heilige**

Im Hafen von Swansea

Swansea, Gower und das südliche Carmarthenshire

Im Hinterland der Hafen- und Industriestadt Swansea mit ihren Kneipen und Markthallen, Theatern und Museen, gibt die herbe Schönheit der Halbinsel Gower schon einen Vorgeschmack auf die Reize des Westens. Entlang einladender Buchten und meilenweiter Sandstrände oder durch die sanfte Flusslandschaft des Tywi im Landesinnern führen die schönsten Routen Richtung Westen, nach Pembrokeshire.

Swansea

Die Wurzeln der bis zum 18. Jh. größten walisischen Hafenstadt und mit 171 000 Einwohnern heute zweitgrößten Stadt des Landes reichen bis in die Wikingerzeit zurück. Ihr Name bedeutet mitnichten ›Schwanensee‹, sondern nimmt ganz prosaisch Bezug auf altnordische Besitzverhältnisse: ›Svens Insel‹ (Swein's ey). Der dänische König Sven Gabelbart (987–1014) erhob seinerzeit Anspruch auf das Gebiet an der Mündung des Tawe – walisisch heißt Swansea ›Abertawe‹ (Mündung des Tawe). Die Stadt am Bristol Channel wurde dank der Nähe zu den Bodenschätzen der westlichen Valleys schon früh als Industriestandort entdeckt. Ab Mitte des 19. Jh. brachte der Ausbau der Docks der Hafenstadt einen weite-

ren Wachstumsschub. Ausfuhrgüter waren neben der begehrten anthrazitreichen Kohle vor allem Kupfer und Zinnbleche, aber auch hochgeschätztes Porzellan aus lokaler Fertigung. Die ausgedehnten Industrieanlagen und Ölraffinerien wurden von den Deutschen 1941 bombardiert.

Davon hat sich das Zentrum nicht erholt, es wirkt seltsam gesichtslos, mit breiten Straßenschneisen mitten durch die Innenstadt. Dagegen bestechen Viertel wie Uplands und Skerry mit viktorianischen Häuserzeilen und den Reihenhäusern der Kleinbürger und Arbeiter, die sich Giebelchen für Giebelchen, stets gleich und doch ein bisschen verschieden, die Hänge hinaufziehen.

Der Dichter Dylan Thomas (1914–53) nannte Swansea ›ugly lovely town‹ (häßlich schöne Stadt). Die Stadt, die bei ihrem berühmtesten Sohn so zwiespältige Gefühle weckte, kann man auf den Spuren des Dichters erkunden. Viele seiner Werke sind von bestimmten Orten in Swansea inspiriert, die er als Lokalreporter kennenlernte (s. S. 103).

Aber auch sonst gibt es zwischen Cwmdonkin Park und Maritime Quarter einiges zu entdecken: Ein hervorragendes Museum zum The-

ma Seefahrt und Industriegeschichte, die größte Markthalle von Wales mit einem überbordenden Angebot frischer Waren und eine gut bestückte Shoppingmeile.

Stadtbesichtigung

Eine Hafenstadt wie Swansea vom Wasser her zu erkunden, bietet sich an, zumal das South Dock zum ansehnlichen Maritime Quarter umge-

Swansea

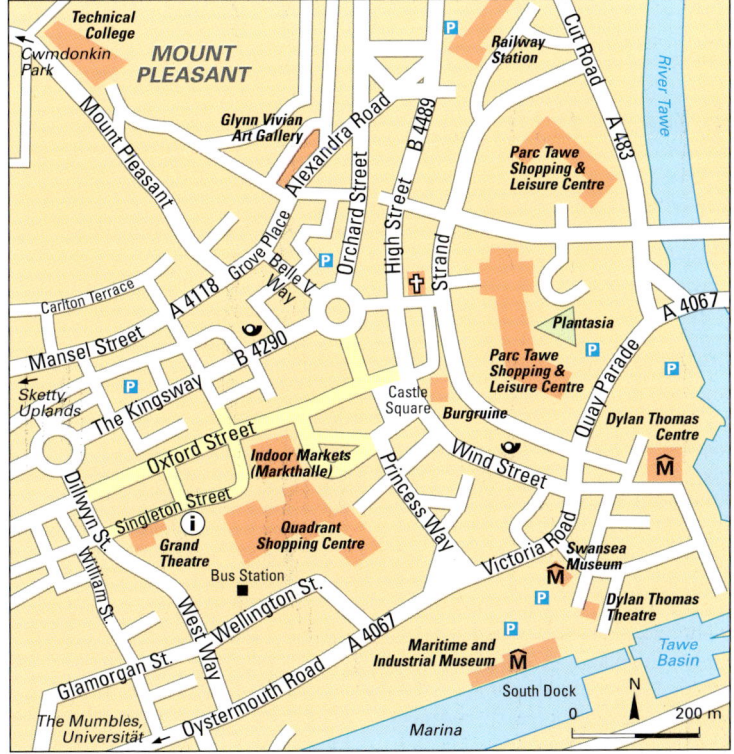

baut wurde. In der Marina finden 600 Yachten Platz. Die schlicht-noble moderne Backsteinarchitektur des Maritime Quarter um das Hafenbecken knüpft an die alten Speicherhäuser an. In einem davon ist das **Maritime and Industrial Museum** (Di–So 10–17 Uhr, Eintritt frei) untergebracht. Das Museum zur Schifffahrts- und Industriegeschichte zeigt u. a. eine noch funktionierende Wollweberei. Im Hafenbecken davor liegen Schiffe von musealem Alter vertäut, Dampfer und ein Feuerschiff. In der Tram Shed daneben lassen sich die betagten Straßenbahnwagen der Oystermouth Railway begutachten, die auf der seinerzeit ersten Passagierstrecke der Welt fuhren: Ab 1807 ratterte sie von Swansea zum Vorort Mumbles.

Eine eiserne Drehbrücke führt hinüber zur schrägen Skulptur des Captain Cat aus Dylan Thomas' ›Under Milk Wood‹. Der Dichter selbst ist auch präsent: Als Bronzestatue sitzt er in aller Ruhe vor dem nach ihm benannten Theater und erwartet den Besucher noch einmal als Wandmalerei auf der Fassade des **Dylan Thomas Theatre** mit neckisch-verschmitzter Miene zur Vorstellung.

Die Erinnerung an den berühmten Sohn der Stadt ist in Swansea allgegenwärtig, nicht nur beim alljährlichen Literaturfestival. Die 1995 zum **Dylan Thomas Centre** umgebaute ehemalige Guildhall am Somerset Place nahe dem Ufer des River Tawe ist Anlaufpunkt Nummer Eins für alle Verehrer des Dichters

(Di–So 10.30–17 Uhr, Eintritt frei). Sie beherbergt eine Ausstellung über das Leben von Dylan Thomas, und man kann einer eindrucksvoll im Film dokumentierten Lesung von Passagen seines Hörspiels ›Under Milk Wood‹ lauschen und zusehen. Eine Buchhandlung hält eine umfangreiche Sammlung von Dylan-Thomas-Ausgaben und Literatur zum Thema bereit.

Von Dylan Thomas stammt die Bemerkung, das **Swansea Museum** gehöre selbst ins Museum. Das älteste Museum von Wales wurde bereits 1841 eröffnet und zählt noch immer zu den spannendsten, weil vielfältigsten Sammlungen des Landes (Di–So 10–17 Uhr, Eintritt frei). Das viktorianische Gebäude vereint Gewächshausarchitektur mit klassisch inspirierten Elementen und zeigt eine bunte Sammlung: ein Ichthyosaurus-Skelett und eine Porzellangalerie, Exponate zur Naturgeschichte neben Kunstgegenständen. Eine Ausstellung informiert über den Antarktisforscher Edgar Evans (1876–1912), der seinen Forscherdrang zuvor schon auf der Halbinsel Gower erprobt hatte.

Jenseits der vierspurigen Victoria Road (A 4067) liegt die Fußgängerzone mit dem Einkaufszentrum der Stadt. Die Kneipenmeile Wind Street führt direkt zum Castle Square. Auf dem Platz steht einsam die normannische **Burgruine,** die schon zu Beginn des 15. Jh. bei einem Überfall durch Owain Glyndŵrs Truppen zerstört wurde. Der Castle Square ist umgeben von modernen Gebäuden,

Dylan Thomas

Ein Dichter und sein Leben

Wandgemälde am Dylan Thomas Theatre in Swansea

Es gibt wohl keinen bekannteren Dichter aus Wales als Dylan Thomas. Dabei ist nicht immer ganz klar, worauf sich seine immense Popularität gründet: auf sein Leben oder auf seine Werke selbst. Sein früher Tod und seine Selbststilisierung als Bohemien und Trunkenbold ebenso wie seine magische Sprachkunst haben ihn zur Ikone der frühen Pop-Generation werden lassen. Immerhin legte sich einer seiner Fans, ein gewisser Robert Zimmerman Jr. aus Minnesota den – inzwischen noch berühmteren – Künstlernamen ›Bob Dylan‹ zu.

Am 27. Oktober 1914 kam Dylan Marlais Thomas in Swansea zur Welt. Das Geburtshaus, 5 Cwmdonkin Drive im Vorort Sketty, steht noch, ist aber nur von außen zu besichtigen. Die Eltern waren aus dem ländlichen Carmarthenshire in die große Stadt gezogen und lebten in gutbürgerlichen Verhältnissen in der prosperierenden Hafen- und Industriestadt. Auch wenn Dylan und seine Schwester nicht zweisprachig aufwuchsen, war für sie die ›wing-gonging Welsh sing-songing world‹ der

103

Verwandtschaft auf dem Lande allgegenwärtig. Dylans Vater, Englisch-lehrer mit Dichter-Ambitionen deklamierte lieber Verse von Shakes-peare. Kein Wunder, dass Dylan bereits in zartem Alter Gedichte zu schreiben begann. Die ersten veröffentlichte er in der Schülerzeitung und in der Lokalpresse. Als 17-jähriger begann er bei der South Wales Eve-ning Post als Lokalreporter. Hier lernte er seine Stadt kennen, jenseits von Cwmdonkin Park und den gutbürgerlichen Wohnvierteln, Armut und Ar-beitslosigkeit, die Tristesse der Docks und die Pubs. Mit Kollegen und Freunden, darunter viele Künstler, zechte er die Nächte durch. Und er sammelte Erfahrungen im Theater, wobei er sein Schauspieltalent be-wies.

Doch seit frühster Jugend wollte Dylan Thomas eigentlich nur eines werden: Dichter. Seine sprachgewaltigen Gedichte fanden als originelle Stimme der Provinz schließlich Gehör im gelangweilten literarischen London. Man bewundert ihre Klangkraft und Symbolschwere. Kritiker fanden sie unklar und ›dunkel‹, obskur. 1934 zog es den Nachwuchs-poeten ganz in die Hauptstadt. Aber die Tantiemen aus seinen ersten beiden Gedichtbänden 1934 und 1936 reichten nicht aus, um das finan-ziell anstrengende Leben eines Vollzeitdichters zu finanzieren. Um zu Geld zu kommen, arbeitete Dylan Thomas schließlich für den Rundfunk: Er schrieb Features und las eigene und die Werke anderer Autoren für die BBC.

Nach seiner Heirat mit der Irin Caitlin McNamara begann sich die Schuldenkrise zuzuspitzen. Man wohnte abwechselnd bei Freunden und bei Caitlins Mutter, bis ein preiswertes Haus gefunden war: im Hafen-städtchen Laugharne südlich von Carmarthen. Laugharne wurde zum Wohnsitz der wachsenden Familie – drei Kinder – und Ruhepunkt in Thomas' unstetem Leben. Dorthin kehrte er immer wieder zurück, von dort flüchtete er aber auch immer wieder und öfter vor Schulden und häuslichen Verpflichtungen. Der Krieg, insbesondere die Bombardierung von Swansea 1941, deprimierte den Dichter zunehmend – er bildete sich voller Angst ein, zwangsverpflichtet zu werden.

Das Heil suchte Dylan Thomas in einer festen Anstellung: Er fand Ar-beit beim Film in London, verfasste Texte für Propaganda- und Doku-

zwischen denen sich die Burgruine etwas deplatziert ausnimmt, eine Folge des deutschen Bombenan-griffs von 1941, dem auch die alten Markthallen zum Opfer fielen. In ei-nem modernen Bau steckt die größ-te überdachte Markthalle von Wa-les: **Swansea Indoor Markets** mit über 100 Ständen und einem brei-ten Angebot an Lebensmitteln. Es

mentarfilme. Und fühlte sich als Verräter an seiner Berufung zum Dichter. Zurück im Schuppen bei seinem Boat House in Laugharne mit dem wunderschönen Blick über die Sandbänke der Flussmündung setzte eine lähmende Schaffenspause ein. Wenn Dylan Thomas neue Gedichte schrieb, erschienen sie vorzugsweise auf dem lukrativeren US-amerikanischen Markt. 1950 startete Dylan Thomas zu seiner ersten Tournee durch die Vereinigten Staaten. Er hielt Dichterlesungen und glänzte auf Dinner Parties in der Rolle des ›wild poet‹, schockierte die Damen, stieg volltrunken aufs Podium und gab Schlüpfrigkeiten zum besten. Doch sobald er begann, seine Gedichte zu rezitieren, entfaltete sich die ganze Zauberkraft seiner Poesie, die Magie der Worte war eng verknüpft mit seiner Stimme. Er selbst sagte, er wolle seine Gedichte lieber gehört als gelesen wissen.

So gewinnträchtig die USA-Touren für ihn waren, das Geld zerrann ihm zwischen den Fingern. Die Reisen nach Amerika wurden wie zu einer Sucht, Flucht vor den Gläubigern und vor der schwindenden Kreativität. Bei seiner vorletzten Reise im April 1953 hatte er das Manuskript eines unvollendeten Hörspieles dabei, eines Stücks über die Bewohner einer walisischen Kleinstadt, zugleich komisch und karikaturenhaft überzeichnet. Das ›Stück für (50!) Stimmen‹ sollte seine Erstaufführung in New York erleben, und er arbeitete in den Pausen zwischen Vorträgen und Lesungen wie ein Besessener daran. Bei der Erstaufführung von ›Under Milk Wood‹ saß der Dichter selbst mit auf der Bühne und las die wichtigsten Partien. Das Stück, in England posthum veröffentlicht, wurde ein voller Erfolg.

Bereits im Oktober desselben Jahres begann Thomas seine vierte, letzte Reise über den Atlantik. Seine Gesundheit war miserabel, er litt an Gastritis, Gicht und hatte Atemprobleme. Und er trank immer wieder zu viel, statt Bier immer öfter harte Whiskies. Die letzten Stationen: Zusammenbruch in einem New Yorker Hotelzimmer, Einlieferung in die Klinik am 5. November, nach einigen Tagen im Koma Tod am 9. November. Dylan Thomas' bescheidenes Grab auf dem St. Michael's Churchyard in Laugharne wurde zur Pilgerstätte seiner Fan-Gemeinde, die vor allem in den USA groß ist.

reicht von regionalen Spezialitäten wie Muscheln *(cockles)* aus dem Sand von Penclawdd, *laverbread* und Fisch bis zu frischem Gemüse von der Halbinsel Gower sowie walisischem Käse. Auch das benachbarte Quadrant Shopping Centre zieht Kauflustige in Scharen an, gilt doch Swansea bei den Walisern als Shopping-Paradies schlechthin.

Aberdulais Falls

Aber es ist auch eine Stadt der Kunst und der Galerien. Dem Swansea College of Art in der Alexandra Road gleich gegenüber zeigt die **Glynn Vivian Art Gallery** Porzellan- und Gemäldesammlungen sowie interessante Wechselausstellungen zeitgenössischer Kunst (Di–So 10–17 Uhr, Eintritt frei). Das **Taliesin Centre** auf dem Universitätsgelände stellt die ägyptische Sammlung der University of Wales Swansea aus, u.a. Mumien und Kunstwerke aus der Zeit der Pharaonen (Mi–Sa 10–16 Uhr).

Swansea Tourist Information, Plymouth Street (hinter dem Grand Theatre), Swansea SA1 3OG, Tel. 01792/468321, Fax 464602.

Stdl. **Züge** nach Cardiff, an der Hauptstrecke London–Paddington nach Fishguard, Endpunkt der Heart of Wales Line (Wales & West); **Stadtbusse** vom Busbahnhof am Quadrant Shopping Centre (1,5 km vom Bahnhof) in die umliegenden Stadtteile und nach Gower, First Cymru Tel. 580580; **Fähre** nach Cork/Irland.

Forte Posthouse, 39 Kingsway, Tel. 651074, Fax 456044, ££. Die **B&Bs** reihen sich entlang der vielbefahrenen Oystermouth Road, ruhiger ist es im Stadtteil Uplands, z.B. **Cefn-Bryn Hotel,** 6 Uplands Crescent, Tel. 466687, £, oder **Uplands Court Guesthouse,** 134, Eton Crescent, Uplands, Swansea SA1 4QR, Tel. 473046, kleines Guest House

in ruhiger Lage, Busverbindung zum Zentrum, £.

Swanseas **Markthalle** und **Quadrant Shopping Centre** lassen kaum Einkaufswünsche offen, viele Geschäfte sind auch So geöffnet.

Annie's, 56 St. Helen's Road, preisgekrönte französische Küche, gehobene Preisklasse; **Hwyrnos,** Green Dragon Lane, in der Nähe der Wind Street, walisische Spezialitäten und Folkmusikabende; **Eleos,** 33 Kingsway, spanische Küche, tagsüber preiswertes *bar food.*

Pump House, Marina, bei Bier oder Kaffee sitzt man in den großzügigen Räumen der ehemaligen Pumpenstation oder am Wasser der Marina; **The Old Cross Keys,** Princess

Abstecher ins Vale of Neath

(Karte S. 108) In strikter Nordost-Südwest-Richtung verläuft das Tal des Neath vom Südrand der Brecon Beacons Richtung Bristol Channel und mündet bei Swansea. Wegen der reichlich vorhandenen Energiequellen Wasserkraft und Kohle entwickelte sich in dem Tal schon früh Metallindustrie, besonders die Kupferverarbeitung. Nach der Auflösung der Klöster durch Heinrich VIII. im 16. Jh. richtete man sogar in den Mauern der Zisterzienserabtei **Neath Abbey** aus dem 12. Jh. eine Kupferschmiede ein.

Die Wasserfälle **Aberdulais Falls** dienen seit 500 Jahren der Energiegewinnung; nach Restaurierung durch den National Trust ist wieder ein Wasserrad in Aktion – das größte Europas – und speist eine Turbine zur Stromerzeugung (Apr.–Okt. Mo–Fr 10–17, Sa, So 11–18 Uhr, NT). Folgt man dem Tal aufwärts, kommt man zu weiteren schönen natürlichen Wasserfällen und in die Brecon Beacons (s. S. 87ff.).

Way, angeblich nach dem Castle das zweitälteste Gebäude der Stadt (16. Jh.), Pub seit dem 17. Jh.; **Wind Street** bietet reichlich Auswahl zum Einkehren, z. B. Goose and Granite oder Rat & Carrot, mit jungem Publikum. Live-Music z. B. im Cafe Deveraux (u. a. Blues, Rock'n'Roll) und Indigo (Jazz), auf der Rückseite von No. 6 Wind Street.

Theater: Grand Theatre, Singleton Street, Tel. 47 57 15, wichtigste, historische Bühne der Stadt aus viktorianischer Zeit; **Taliesin Arts Centre,** Singleton Park, Mumbles Road, Tel. 29 68 83, etwas außerhalb auf dem Universitätsgelände, Modernes und Klassisches, Tanztheater, Film; **Dylan Thomas Theatre,** Gloucester Place, Marina, Tel. 47 32 38, kleines Theater, das häufig Werke des Dichters spielt; **Brangwen Hall,** Tel. 63 54 89, Konzerte.

The Mumbles und The Gower

(Karte S. 108) Von der dicht bevölkerten Industriestadt Swansea ist es nicht weit in die Wildnis und Einsamkeit der Halbinsel Gower. Auch sonntags fahren die Stadtbusse im Sommer bis zu den Sandstränden und Buchten im Süden der Halbinsel, quer durch das moorige, bis auf 186 m ansteigende Hügelland im Innern, wo Ponys, urwüchsige Rinder und Schafe frei grasen. Oder man nimmt den Weg über **The Mumbles.** An die hohen baumbestandenen Klippen geschmiegt, liegt die Sommerfrische aus viktorianischer Zeit knapp 10 km von Swansea entfernt. Promenade, Pier und Bootshaus, eine Reihe Pubs und Ferienpensionen machen den Ort aus. Darüber

thront **Oystermouth Castle,** die Ruine einer normannischen Burg (Ostern–Sept., 10–17 Uhr).

Hinter Mumbles Head beginnt die zerklüftete Felsküste von Süd-Gower. Die von Klippen eingerahmte sandige **Three Cliffs Bay** ist besonders malerisch und einsam. Oberhalb der benachbarten Oxwich Bay steht **Oxwich Castle,** weniger eine Burg als ein Herrenhaus aus der Tudorzeit (16. Jh.), als die Zeiten schon friedlicher wurden (Mai–Sept. 10–17 Uhr, Cadw). Immerhin wirkt das Eingangsportal noch martialisch genug, und der Südostturm beeindruckt mit sechs Stockwerken.

Ganz im Westen von Gower ragen wie ein Wurmfortsatz senkrecht

Swansea und das südliche
Carmarthenshire

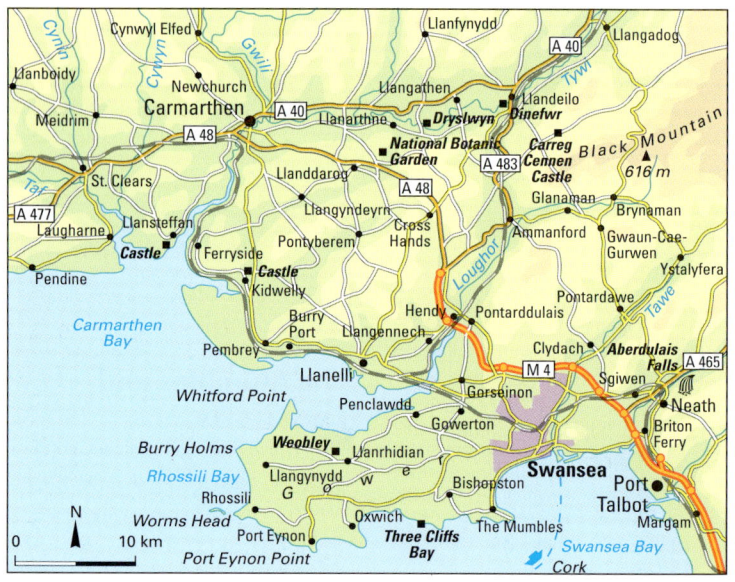

aufgefaltete Gesteinsschichten gut 1 km hinaus ins Meer. Dem Riff, das bei Nebel wie das walisische Pendant zum Loch-Ness-Ungeheuer aussieht, gaben die Wikinger den treffenden Namen **Worm's Head.** Bei Ebbe sind die Kalkklippen zugänglich, aber Achtung: Bei Dylan Thomas kann man nachlesen, wie unheimlich ein unfreiwilliger nächtlicher Aufenthalt auf Worm's Head sein kann. Nur zwei Stunden vor und nach dem Tiefststand ist die Landzunge mit dem Festland verbunden. Wer die Zeit zur Rückkehr verpasst, dem schneidet die Flut den Rückweg ab. Der Gezeitenplan hängt im ehemaligen Coast Guard-Haus aus, wo auch eine kleine Ausstellung die vielfältige Natur der Region vorstellt. Gelegentlich kann man Delfine und Robben beobachten.

Hier am westlichen Ende von Gower findet man nur die wenigen Häuser des Dorfes Rhossili. Von dort geht es steil hinab in die atemberaubend schöne **Rhossili Beach,** wo ein 1880 gestrandetes Wrack langsam im Sand verschwindet. Die drei Meilen weite Bucht ist gut zum Baden geeignet.

Auf dem Rückweg von Gower lohnt **Weobley Castle** im Norden der Halbinsel einen Halt (Apr.–Okt. 9.30–18 Uhr, übrige Zeit 9.30–17 Uhr, Cadw). Das guterhaltene Herrenhaus aus dem 13./14. Jh. gibt einen Einblick in die Wohnkultur jener Zeiten und schöne Ausblicke auf die Salzmarschen und Schlickflächen der Nordküste von Gower,

ein Refugium vor allem für Watvögel und Revier für die Sammler der von Kennern geschätzten *Penclawdd cockles* (Muscheln).

ℹ️ **TIC Mumbles**, Oystermouth Square, SA3 4DQ, Tel. 01792/361302, nur Ostern–Okt.

🛏️ **Mumbles:** Glenview Guesthouse, 140 Langland Road, Tel. 367933, schöne ruhige Lage etwas oberhalb eines Parks, £; **Gower:** Worm's Head Hotel, Rhossili, Gower SA3 1PP, Tel. 01792/390512, Fax 391115. Unterkunft mit ›Land's End‹-Gefühl, beliebt sind die Sonnenuntergänge, ££.

🏠 **Gower:** Jugendherberge Port Eynon, Tel. 390706, in der ehemaligen Life Boat Station stehen 30 Betten zur Verfügung.

⛺ **Oxwich Camping Park,** Tel. 01792/390777, keine Caravans, ruhige Lage in Strandnähe, 180 Plätze.

🍴 **Mumbles:** Norton House, Norton Road, Restaurant der Nobelklasse, moderne britische Küche, das georgianische Herrenhaus bietet auch 15 Hotelzimmer, ££.

☕ **Mumbles:** Antelope, hier trank schon Dylan Thomas sein Pint. Knab Rock Cafe Bar, Live-Musik; The George Beefeater Pub, gemütlich, mit Restaurant.

🏖️ **Strände:** Oxwich Bay, sandig, zum Schwimmen gut geeignet; Port Eynon, ebenfalls reichlich Sand, leicht zugänglich und beliebt bei Familien, beide mit sommerlicher Infrastruktur aus Strandcafés und Kiosken; Rhossili Beach, schön, bei Ebbe viel Sand, Baden mög-

Rhossili Beach

lich. **Surfen:** Llangennith an der Westspitze von Gower bietet ideale Bedingungen, Oxwich und Port Eynon sind ebenfalls beliebt bei Windsurfern.

Von Swansea nach Carmarthen

(**Karte S. 108**) Die schnellste Strecke von Swansea in die ›heimliche Hauptstadt‹ des Westens, Carmarthen, führt über die Autobahn M4 und ihre vierspurige Fortsetzung A48. Wer aber unterwegs noch ein bisschen mehr sehen möchte, fährt parallel zur Zugstrecke über **Llanelli** auf der A484. Die kleine Industriestadt war ein bedeutendes Zentrum der Zinnverarbeitung und Blechfertigung. Als Hochburg des Rugby ist Llanelli heute wegen seines Vereins ›Scarlets‹ berühmt-berüchtigt und wegen des Felinfoel-Biers, das den zweifelhaften Ruhm besitzt, als erstes in Großbritannien bereits 1934 in Dosen verkauft worden zu sein. Das Parc Howard Mansion, die Kunstgalerie der Stadt, zeigt eine Sammlung lokalen Porzellans und Wechselausstellungen zeitgenössischer Künstler (Mai–Aug. Mo–Fr 11–18, Sa, So 14–18 Uhr, übrige Zeit bis 16 Uhr).

Die Salzmarschen und Schlickflächen östlich der Stadt stehen als Feuchtgebiete unter Naturschutz und sind für Besucher zugänglich;

der Blick vom **Wildfowl & Wetlands Trust** (9.30–17 Uhr) reicht bis hinüber zur Halbinsel Gower. Auch von der Straße, die vorbei an Burry Port parallel zur Bahnlinie am Meer entlang führt, bieten sich schöne Blicke über das Wasser bzw. bei Ebbe den Sand und auf die Silhouette von Gower gegenüber.

Wo der River Gwendraeth mündet, erhebt sich auf einer Anhöhe

eine der am besten erhaltenen Burgen von Wales. **Kidwelly Castle** gehörte wie Laugharne (s. S. 114f.) und Llansteffan Castle zu der Kette normannischer Burgen, die seit dem frühen 12. Jh. die große flache Flussmündung bewachen. Das von zwei Türmen flankierte Torhaus der Burg und die von Rundtürmen in den Ecken akzentuierten konzentrisch angelegten Burgringe sind beeindruckende Beispiele anglonormannischer Festungsbaukunst des 13. und 14. Jh. Die Burg widerstand sogar einer Belagerung durch Owain Glyndŵr im Jahr 1403. Das Schönste an Kidwelly Castle ist aber vielleicht seine herausragende Lage inmitten der flachen Marschen. Der Anblick reizte auch William Turner, der hier auf seiner Reise durch Südwales 1795 Station machte (Apr., Mai,

Okt. 9.30–17 Uhr, Juni–Sept. 9.30–18 Uhr, übrige Zeit Mo–Sa 9.30–16, So 11–16 Uhr, Cadw).

Die ehemaligen Weißblechwerke in der Nähe des Ortes Kidwelly ein Stück Gwendraeth-aufwärts beherbergen das **Kidwelly Industrial Museum.** Es zeigt die alten Maschinen und andere Erinnerungen an die einst blühende Metallindustrie (Ende Mai–Aug. Mo–Fr 10–17, Sa, So 14–17 Uhr).

Bei der Weiterfahrt per Zug erkennt man in malerischer Lage auf der anderen Seite des breiten River Tywi, dem die Bahntrasse aufwärts Richtung Carmarthen folgt, eine weitere Burg: Die Ruine von **Llansteffan Castle** steht einsam auf einer Klippe im Sand, ebenfalls eine normannische Festung zur Sicherung der breiten Flussmündung mit ihren weiten Sandflächen (frei zugänglich, Fußweg vom Ort Llansteffan, 15 km südlich von Carmarthen).

Im Tywi-Tal vom Black Mountain nach Carmarthen Bay

(Karte S. 108) Das malerische Tal des River Tywi (Towy) schätzten schon die romantischen Reisenden des späten 18. Jh. wie der Maler William Turner. Der Dichter John Dyer widmete dem ›woody valley warm and low‹ gar eines der ersten topografischen Gedichte der englischen Literatur, ›Grongar Hill‹ (1726).

Von seiner Quelle in den Brecon Beacons fließt der Tywi von Llandeilo an strikt in westlicher Richtung, bis er bei Carmarthen nach Süden biegt und sich das Tal zu einer gigantischen Trichtermündung weitet.

Ausgesprochen pittoresk schmiegen sich die Häuserreihen des Marktstädtchens **Llandeilo** an den Hügel über dem Tywi-Tal am Fuß des Black Mountain. 6 km südöstlich lohnt die malerische Burgruine Carreg Cennen Castle einen Abstecher (s. S. 96). Eine beeindruckende Steinbrücke führt über den Fluss. In seinem Tal – im 12. Jh. die ungefähre Grenzlinie zwischen dem südwalisischen Reich Deheubarth und dem von Engländern eroberten Land – liegen eine Reihe von Burgen.

Auf **Dinefwr Castle,** das auf einer Klippe über dem Flusstal einige Kilometer südwestlich thront, residierten damals die Herrscher von Deheubarth. Als William Turner das Tywi-Tal 1795 besuchte und eine romantische, in diffuses Licht getauchte Ansicht mit Brücke und Burg malte, war diese schon reichlich ruinös. Im 18. Jh. waren romantische Ruinen für Landschaftsgärten groß in Mode und so ließen die Besitzer die Burg absichtlich verfallen. In dem ausgedehnten, von Capability Brown angelegten Landschaftspark um das neue Herrenhaus, Newton House, war die Burg eine willkommene Zutat. Den Park besiedeln heute Rotwild und eine seltene einheimische weiße Rinderrasse. Das Haus kann man zum Teil besichtigen (Apr.–Okt. Do–Mo 11–17 Uhr, NT).

Die Burg von Laugharne

Auf der B 4300 geht es weiter im Tywi-Tal, vorbei an einer weiteren malerischen Ruine: **Dryslwyn Castle** auf einer Anhöhe jenseits des Flusses war ebenfalls walisisch, bis Eduard I. die Burg 1277 eroberte, durch Verrat kam sie 1403 an Owain Glyndŵr.

Nahe dem Ort Llanarthne auf dem Gelände des historischen Herrenhauses Middleton Hall ist zur Jahrtausendwende eine gigantische Glaskuppel entstanden, entworfen von Stararchitekt Sir Norman Foster: 44 Mio. Pfund kostete der Bau des **National Botanic Garden of Wales.** Das riesige Gewächshaus zeigt exotische Pflanzen, und die bis in die Tudor-Zeit zurückgehenden Gärten des Herrenhauses werden sorgfältig restauriert. Das Forschungszentrum widmet sich u.a. heilkräftigen Pflanzen, Fragen der Kompostierung und der Artenvielfalt (Mai–Aug. 10–19 Uhr, Apr., Sept., Okt. 10–17.30 Uhr, Nov.–März 10–16.30 Uhr).

Carmarthen gilt als die Stadt Merlins, des Zauberers. Er heißt jedenfalls nach der Stadt: Myrddin. Hinter alldem stecken wieder einmal die Römer: Das walisische ›Caer-Myrddin‹ bedeutet ›Festung Moridunum‹, und die bauten die Römer hier um das Jahr 75. In Carmarthen entschließt sich der Tywi mit einem entschiedenen Knick nach Süden, endlich, ins Meer zu fließen. Noch heute ist die Stadt mit 13 800 Einwohnern wichtiger Verkehrsknotenpunkt. Alle Routen in den Südwesten laufen an der Brücke über den Tywi zusammen. Hoch über der

Pendine Sands

Brücke thronen die Reste von Carmarthen Castle, das als englische
Festung gegen die Waliser erbaut
wurde. Die belagerten es 1233 drei
Monate lang, ehe die Flotte aus Bristol den Engländern zu Hilfe kam.
Zweimal wurde Carmarthen von
Owain Glyndŵr eingenommen und
schließlich im Englischen Bürgerkrieg 1660 zerstört. Entsprechend
wenig ist geblieben: der Donjon, die
Festungsmauer und zwei Türme.

Daneben erstreckt sich ein Bau aus
dem frühen 19. Jh., der an ein Loire-
Schloss erinnert. Er diente seinerzeit
als Gefängnis. Die engen Gässchen
links vom Castle mit Antiquitäten
und Kunsthandwerk sowie die
Markthallen lohnen einen Einkaufs-
bummel.

Die autobahnähnlich ausgebaute
A 40 führt ab Carmarthen geradewegs gen Westen, leicht verpasst
man in St. Clears den Abzweig an
die Küste nach **Laugharne.** Die
meisten Touristen pilgern weniger
wegen der Burg dorthin, die sich
eindrucksvoll über den Salzmar-

schen erhebt (Mai–Sept. 10–17 Uhr, Cadw). Anziehungspunkt ist vielmehr ein kleines bescheidenes Häuschen auf Stelzen einige hundert Meter weiter am Cliff Walk fast direkt über dem Wasser: **Dylan Thomas' Boat House.** Fast noch wichtiger ist ein – wäre er nicht freundlich blau gestrichen, gar zu banaler – Holzschuppen einige Meter davor. Es handelt sich um die legendäre Versschmiede eines berühmten Dichters. In den Schuppen zog er sich zum Schreiben zurück. Die einsame Lage außer Sichtweite des Hauses hatte auch den Vorteil, dass der Dichter ungesehen nach Laugharne gelangen konnte, auf ein Bier ins Brown's Hotel. Im Boat House ist eine Ausstellung von Memorabilia über das kurze Leben des berühmten Autors zusammengestellt (Ostern–Okt. 10–17 Uhr). Aber allein der Blick über die Schlickflächen und Salzwiesen der Bucht ist schon den Besuch wert. Viele von Dylan Thomas' Gedichten sind tatsächlich von diesem Ausblick auf die ›heron-priested shore‹ (Reiher-gepriestertes Ufer) geprägt. Ornithologen haben wie der Dichter ebenfalls ihre Freude am Vogelleben auf dem Schlick.

Der Schwemmarbeit der in die Carmarthen Bay einmündenden Flüsse Taf, Cywyn und Tywi ist es zu verdanken, dass an dieser Küste kein Mangel an Sandstränden herrscht. Die berühmtesten, **Pendine Sands,** erstrecken sich sechs Meilen weit. Sie kamen zu eher zweifelhaftem Ruhm als Schauplatz von Versuchen der wilden 1920er Jahre, den Ge-schwindigkeitsrekord zu Lande (281 km/h) zu brechen: 1927 endete der Versuch für einen der Fahrer tödlich. Das Museum of Speed stellt u.a. den Unglückswagen ›Babs‹ und andere Rennautos aus (Juni–Sept. 10–17 Uhr).

ⓘ TIC Carmarthen, Lammas Street, Carmarthen SA31 3AQ, Tel. 012 67/23 15 57, Fax 22 19 01.

🚆🚌 **Zug:** Llandeilo ist Haltepunkt der Heart of Wales Line (ab Swansea), Carmarthen ist ein bedeutender Umsteigebahnhof, wo sich die Linien Richtung Südwesten aufteilen: nach Fishguard, Pembroke oder Milford Haven; **Bus**verbindung ab Carmarthen nach Laugharne.

🛏 **Llandeilo:** Tŷ Cefn Tregib, Ffairfach, Llandeilo, Carmarthen SA19 6TD, Tel. 01 55 8/82 39 42, nettes B&B in historischem, geschmackvoll restauriertem Gebäude, £.

✗ **Llanarthne:** Golden Grove Arms, gutbürgerliche Küche mit lokalen Zutaten, wie Welsh lamb; **Laugharne:** The Stable Door, Market Lane, frische experimentierfreudige Küche.

🍵 **Laugharne:** Brown's Hotel, hier kann man noch immer auf den einstigen Stammkunden Dylan Thomas anstoßen.

🎋 **Llandeilo:** Trapp Art & Crafts Gallery, Craft Shop mit gelegentlichen Vorführungen alter Handwerkskünste; **Carmarthen:** Großes Angebot lokaler Köstlichkeiten in der Markthalle; Oriel Myrddin Gallery, Church Lane, Craft Shop mit anspruchsvollem Kunsthandwerk.

Pembrokeshire

Steile Felsküsten, malerische Buchten: Die Küste von Pembrokeshire, dem südwestlichen Zipfel von Wales, gehört zu den schönsten, sonnigsten und wärmsten Ecken des Landes. Im Seebad Tenby mit seinem Riviera-Flair glaubt man das gern. Weiter nördlich wird es mythisch: Nahe der Hafenstadt Fishguard recken die geheimnisvollen Preseli Mountains ihre Gipfel in die Wolken, eine einsame Landschaft, die reich ist an Vorzeitmonumenten.

Klein-England in Wales: Südlich des Landsker

Auf die Frage, wo Wales am wenigsten walisisch sei, bekommt man meist die Antwort: In der Großstadt Cardiff und im südlichen Pembrokeshire. Das erste hat wirtschaftliche, das zweite historische Gründe. Der fruchtbare Landstrich des südlichen Pembrokeshire reizte schon früh die Eroberer. Erst kamen die Wikinger, die die gesamte walisische Küste des Bristol Channel heimsuchten und außer zahlreichen Ortsnamen nicht viel hinterließen, und später die Normannen. Sie bauten im 11. und 12. Jh. eine Kette von Burgen, entlang einer Linie etwa südlich der A 40 bzw. westlich der Linie Amroth – Narberth – Newgale. Hier verlief die Grenze, genannt Landsker (skandinavisch: Land-Teilen), zwischen Englishry im Süden und Welshry im Norden. Auch wenn sich die Gegensätze heute verwischt haben: Südlich des Landsker spricht man auch heute kaum walisisch, sind Kultur und Sprache englisch geprägt.

Bei Amroth Castle überquert man die (unmerkliche) Grenze zur Englishry. Dort stößt die Straße aus Pendine wieder ans Meer, nachdem sie den Marros Mountain mit einem Schlenker durchs Landesinnere umgangen hat. Von dem einstigen normannischen Castle ist nichts mehr zu sehen, statt dessen schart sich ein Bungalow- und Caravanpark um das Herrenhaus aus dem 18. Jh.

Von Amroth Castle führt ein Sträßchen hinauf nach **Colby Woodland Gardens,** rund 2 km durch ein wunderschönes Waldtal und vorbei an blumenübersäten Wegrändern – die richtige Einstimmung für den Besuch des Gartens, der vor allem zur Rhododendronblüte im Mai/Juni lohnt (Apr.–Okt. 10–17 Uhr, NT). Die industrielle Vergangenheit ist dem idyllischen, von großen Bäumen beschatteten Tal nicht mehr anzusehen. Bis Mitte des 19. Jh. wurde oberhalb von Amroth Anthrazitkohle abgebaut. Heute wachsen hier über 500 Azaleen- und Rhododendronarten sowie Kamelien, die das Tal im Frühsommer in ein exotisches Farballerlei tauchen.

Durch schmale, von Hecken und Wildblumen gesäumte Wege gelangt man in den ruhigen, familiären Badeort **Saundersfoot** mit seinem großen Yachthafen und der hübschen Lage in einer Sandbucht.

Die meisten Besucher zieht es aber nach **Tenby:** Die Burgruine auf dem Felssporn in der Bucht, unterhalb, am Quai, eine Reihe pastellfarben getünchter Kaufmannshäuser, ein paar Segelboote, rechts und

Pembrokeshire

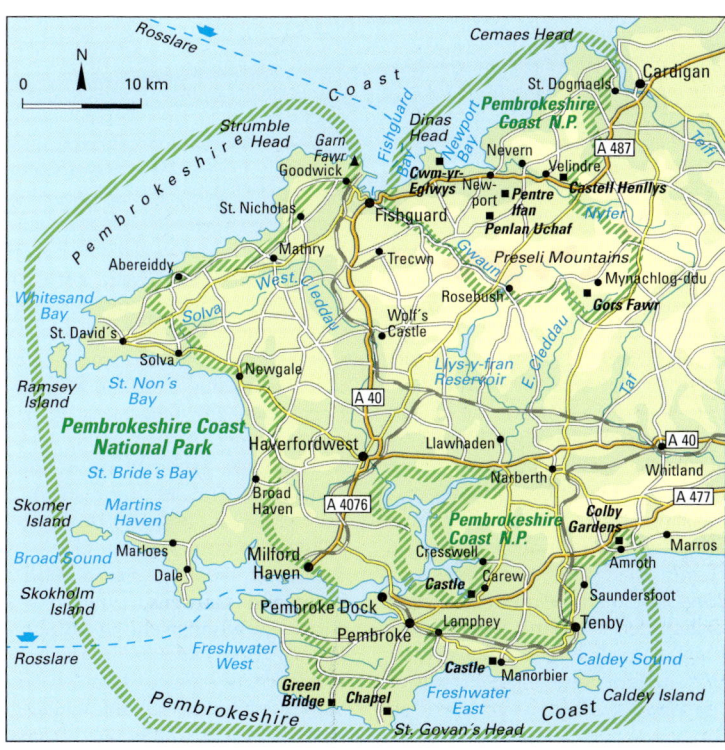

Der Hafen von Tenby

links davon Sandstrand – ein gewisses mediterranes Flair kann man ›fair and fashionable Tenby‹ nicht absprechen. In einem Teil der Burg ist ein kleines Regionalmuseum eingerichtet mit archäologischen Funden sowie Gemälden, die lokale Ansichten zeigen (Ostern–Okt. Mo–Sa 10–17 Uhr, Juli, August auch So, Nov.–Ostern nur Mo–Fr). Darunter sind auch Werke von Gwen John. Sie stammt wie ihr berühmter Bruder Augustus aus Tenby – eine jener Künstlerinnen, die trotz großer Begabung stets im Schatten der Männer bleiben. Als Schülerin von Whistler und Rodin lebte und arbeitete sie ab 1898 in Paris, wo sie 1939 starb.

Im 13. Jh. fürchtete man selbst im südlichen Pembrokeshire walisische Angriffe. Gründlich, wie die Normannen waren, hatten sie auch eine Stadtmauer nicht vergessen. Ein erstaunliches Detail ist der Barbican Tower (›Five Arches‹), ein geschickt im rechten Winkel angelegter Durchgang in den Stadtmauern, der den Eindringling in jedem Fall strategisch benachteiligte.

Vor seiner Karriere zum Erholungsort war Tenby in erster Linie Hafenstadt. Zur Zeit König Eduards III., 1327–77, segelten englische Schiffe von The Quay hinüber nach Bristol, in die Bretagne und nach Portugal. Man handelte mit Anthrazitkohle und Wolltuchen, im Austausch gegen Salz, Öl und Wein. Zwischen schmalen Gassen versteckt sich Tudor Merchant's House, eines der reichen Kaufmannshäuser des Spätmittelalters. Es wurde originalgetreu eingerichtet und besitzt Reste von Freskenmalerei (Apr.–Sept. Do–Di 10–17, So 13–17 Uhr, Okt. Mo, Di, Do, Fr 10–15, So 12–15 Uhr, NT).

Tenby ist rundum von Stränden umgeben. Man hat die Wahl zwischen **North Beach** mit dem Sandsteinfelsen Goscar Rock und South Beach. Die meisten entscheiden sich für den größeren Strand **South Beach,** hinter dessen hohen steilen Klippen sich in Seebadmanier die Nobelhotels aufreihen. Bester Seeblick ist garantiert: Herrlich leuchtet der Strand beim Sonnenuntergang, dahinter liegt in der Bucht St. Catherine's Island mit einem Fort aus der Zeit Napoleons, das bei Ebbe erreichbar, aber in Privatbesitz und nicht zu besichtigen ist.

Von der South Beach geht der Blick bis **Caldey Island.** 20 Min. dauert die Überfahrt mit dem Boot zur Insel der Vögel, Robben und Zisterzienser. Die Mönche führen zwar ein beschauliches Klosterleben auf der Insel. Die St. Illtud's Church mit ihrem schrägen Turm und einem Stein aus dem 6. Jh. mit Ogham-Inschrift sowie natürlich der Andenken-Shop mit Devotionalien, Ginsterparfüm und anderen Produkten der Abtei stehen aber auch Besuchern offen.

Knapp 10 km westlich von Tenby im Landesinnern erreicht man Carew, das gleich drei Attraktionen vereint: Gegenüber dem Inn erinnert oberhalb der Straße das über 3 m hohe Hochkreuz **Carew Cross** an Maredydd, den 1035 erschlagenen Herrscher von Deheubarth. Man begegnet dem Kreuz auf einer Wales-Reise übrigens unbewusst noch viele Male: Das Hochkreuz von Carew wurde von der Denkmalschutzorganisation Cadw zum offiziellen Logo erkoren.

Wenige Schritte weiter steht man vor den Mauern von **Carew Castle** (Apr.–Okt. 10–17 Uhr). Es breitet sich eindrucksvoll über dem breit und träge dahinfließenden Fluss aus. Sir Rhys ap Thomas machte aus der ursprünglich normannischen Burg eine Prachtresidenz, wo denkwürdige gesellschaftliche Ereignisse wie das große Turnier von 1507 stattfanden. Fünf Tage lang trafen sich Hunderte von Rittern und Edelleuten zum Jagen, Prassen und Kräftemessen mit der Lanze. Sir Rhys' Erhebung zum Knight of the Garter, Ritter des Hosenbandordens, die hier gefeiert wurde, war seinem Entschluss zu verdanken, Heinrich Tudor 1485 doch noch bei der entscheidenden Schlacht von Bosworth zu Hilfe zu eilen.

Ein Spaziergang an der Burg vorbei führt zu einem Denkmal der Technikgeschichte: **Carew Tidal Mill** ist eines der drei restaurierten frühen Gezeitenkraftwerke in ganz Großbritannien. Ein begehbarer Damm überspannt den River Carew, der bis an diese Stelle den Wirkungen von Ebbe und Flut unterworfen ist. Die starken Strömungen nutzt die Tidal Mill zur Energiegewinnung (Apr.–Okt. 10–17 Uhr). Sie steht an der letzten Verästelung der ausgedehnten, weit ins Landesinnere reichenden Cleddau-Mündung, deren zwei Arme das Daugleddau-Wasserwegenetz bilden.

In **Cresswell Quay** nutzte man einst die Verbindung zum Meer, um Frachtgüter wie die in Pembrokeshire geförderte Anthrazitkohle auf den Wasserweg zu bringen. Heute kann man hier die stille Flussszenerie genießen, in der sich zahlreiche Wasservögel wohl fühlen, oder sich in dem beliebten Pub Cresselly Arms entspannen, nicht ohne vor der Weiterfahrt vielleicht noch einen Blick auf die Burgruine am üppig bewaldeten Flussufer zu werfen. Eine weit größere liegt etwa 10 km westlich von Tenby an der Küste: Auf **Manorbier Castle** (Ostern–Ende Sept. 10.30–17.30 Uhr) wurde 1146 Giraldus Cambrensis, Gerald of Wales, geboren. Eine Wachsfiguren-Ausstellung in den Burgruinen, die majestätisch über einem hübschen Sandstrand thronen, erzählt von dem Kirchenmann, der sich vergeblich bemühte, eine unabhängige Kirche in Wales mit Sitz in St. David's zu schaffen – ein Erzbistum blieb den Walisern bis 1420 verwehrt. Direkt unterhalb der Burg liegt der schöne Strand der Manorbier Bay. Auf seiner Ostseite trifft man beim Spaziergang auf dem Coast Path am Kalksteinhang, in den das Wasser Rinnen und Höhlen gewaschen hat, auf das 5000–6000 Jahre alte Megalithgrab **King's Quoit.**

Grandios liegt **Pembroke Castle** beherrschend auf einem Kalkfelsen über dem Fluss, eine der wichtigsten und mächtigsten Burgen in Wales (Apr.–Sept. 9.30–18 Uhr, März, Okt. 10–17 Uhr, Nov.–Febr. 10.30–16.30 Uhr). Zu ihren Besonderheiten gehören außer dem 25 m hohen zentralen Turm eine natürliche Höhle im Kalkgestein: Wogan's Cave. Auf ihrem Eroberungszug durch den Süden setzten hier schon Ende des 11. Jh. die Normannen den Fuß in die Tür nach Wales und den Walisern ein Castle vor die Nase. Wie die Marcher Lords im Osten hielten die Earls of Pembroke dem englischen König im Südwesten die Stellung und wurden dafür mit zahlreichen Sonderrechten belohnt. Zu den berühmtesten Herren von Pembroke gehörten Gilbert de Clare und sein Sohn Richard (Strongbow), der durch geschickte Heirat König von Irland wurde. Der englische König nahm ihm den Machtzuwachs übel und konfiszierte Pembroke vorübergehend für die Krone. Für die Herrschaft der Engländer über den Süden von Wales hatte die Festung immer eine Schlüsselstellung. In den Rosenkriegen, 1453, ernannte König Heinrich VI. seinen Halbbruder Jasper Tudor (Twdwr) zum Grafen von Pembroke. Dessen Neffe Harry Twdwr wurde dort am 28. Januar 1457 geboren. Er begründete als Heinrich VII. die Tudor-Dynastie auf dem englischen Thron.

Außer seinem beherrschenden Castle besitzt Pembroke ein paar winklige Altstadtgassen mit Geschäften und 2 km weiter mit **Pembroke Dock** einen großen Hafen mit Fährverbindung nach Rosslare/Ir-

Pembroke Castle

land. Gegenüber liegen unübersehbar die Ölraffinerien von **Milford Haven.** Die gleichnamige Wasserstraße erlaubt auch Tankern mit Tiefgang die Fahrt weit hinein in die geschützte Bucht.

In enger Nachbarschaft zu Öltankern und Industrieanlagen finden an der wild zerklüfteten und (natur)geschützten Küste Robben und Seevögel einen Lebensraum. Der Pembrokeshire Coast Path umrundet die gesamte herrliche Küste der Halbinsel von Amroth im Südosten bis St. Dogmael's bei Cardigan auf fast 300 km. Freunde wilder Meeresszenerie sollten sich das Teilstück zwischen Stackpole und St. Govan's nicht entgehen lassen und das Fernglas mit-

nehmen. **Stackpole Head** ist bekannt für ein reiches Vogelleben, u. a. kann man mit etwas Glück Eissturmvögel und Alpenkrähen erspähen. Weitere Wege führen bis nach **Bosherston.** Die Attraktion des Dörfchens sind Fischteiche, die vor allem während der Blütezeit im Juni mit seltenen rosa Seerosen Besucher anziehen. Weniger lieblich gebärdet sich die Natur oft genug am **St. Govan's Head.** Das Meer schäumt und braust in natürlichen Höhlen und nagt unermüdlich an der Küste aus Sand- und Kalkstein. Die steinerne Eremitenkapelle St. Govan's Chapel trotzt seit dem 13. Jh. den Stürmen. Errichtet wurde sie neben einer heilkräftigen Quelle, die zwar gefasst, aber inzwischen versiegt ist. Es heißt, es sei unmöglich, beim Abstieg zur Kapelle dieselbe Anzahl Stufen zu zählen wie beim Aufstieg.

Weiter westlich gelangt man zum imposanten Brandungstor **Green Bridge.** Es wurde vom Meer ins weiche Kalkgestein gefressen, ebenso wie zahlreiche Höhlen.

In nördlicher Richtung überquert man vorbei an Pembroke Dock den riesigen natürlichen Hafen Milford Haven. Folgt man dem Landzipfel auf seiner Nordseite bis zum Ende, liegt in Martin's Haven das ganze Panorama der weitgeschwungenen **St. Bride's Bay** vor einem und die Silhouetten der Inseln Skomer, Skokholm und Grassholm. Bei Vogelfans sind **Skomer und Skokholm** für die weltweit größte Kolonie von insgesamt 130 000 Paaren Schwarzschnabelsturmtauchern (Manx Shearwa-ter) berühmt. 30 000 Basstölpel-Paare brüten auf der ca. 20 km vor der Küste liegenden Insel **Grassholm.** Ein Besuch dieser Kolonien ist ein unvergessliches Erlebnis. Außer den Hochseevögeln tummeln sich an den aus vulkanischem Urgestein bestehenden Felsküsten der Inseln auch zahlreiche Robben, die man mit etwas Glück und einem Fernglas auf einer Bootsfahrt von Martin's Haven oder Dale auf eine der Inseln erspähen kann. Auf der Südseite der Halbinsel bietet der Strand Marloes Sands Badefreuden.

Die wunderschön geschwungene, bei Ebbe sandige **St. Bride's Bay** ist ein beliebter Surfer-Treff, auch **Newgale** im Norden und **Broad Haven** im Süden sind beliebte Spots. Bei Newgale, das aus nicht sehr viel mehr als einer Tankstelle, Campingplatz und ein paar verstreuten Häu-

Pembrokeshire Coast Path

sern besteht, verläuft die unsichtbare Grenze des Landsker, ist die Englishry zu Ende. Nördlich dieser Linie haben die Orte walisische Namen. **Haverfordwest** liegt dagegen noch mitten in der Englishry. Die Marktstadt am Cleddau ist heute Drehscheibe des Verkehrs und Schauplatz regen Einkaufslebens. Die englischen Könige Heinrich I. und Heinrich II. siedelten in der häufig von Überschwemmungen heimgesuchten Cleddau-Senke flämische Siedler vom Kontinent an, um das Land urbar zu machen und die Anglisierung – oder besser ›Germanisierung‹ – des Landstriches voranzutreiben. Die Flamen genossen viele Privilegien, kamen schnell zu Wohlstand und bauten prächtige Häuser. Deshalb heißen die für die Region typischen, breit und hoch gemauerten Kamine ›Flemish chimneys‹.

🛈 **Tenby:** The Croft, Tenby SA70 8AP, Tel. 018 34/84 24 02, Fax 84 54 39; **Pembroke:** Pembroke Visitor Centre, Commons Road, Pembroke SA71 4EA, Tel. 016 46/62 23 88, Fax 62 13 96, nur Ostern–Okt. geöffnet; **Haverfordwest:** Old Bridge, Haverfordwest SA61 2EZ, Tel. 014 37/76 31 10, Fax 76 77 38.

🚆🚌 **Zug**verbindung via Tenby bis Pembroke Dock und via Haverfordwest nach Milford Haven; **Bus**linien u. a. Haverfordwest–Newgale und Tenby–Manorbier, Info Pembrokeshire County Council, Tel. 014 37/76 45 51.

🛏 **Tenby:** Penally Abbey, Penally nr. Tenby, SA70 7PY, Tel. 84 30 33, Fax 84 47 14, hochklassiges Landhaushotel 3 km südwestlich von Tenby mit

Meerblick und Himmelbetten, £££; High Seas, 8 The Norton, Tenby, SA70 8AA, Tel. 84 36 11, B&B in einem georgianischen Kapitänshaus mit Blick auf die North Beach, gutes Frühstück, £.

⛪ **Manorbier:** Jugendherberge Manorbier, Tel. 018 34/87 18 03, Fax 87 11 01, Haus in Strandnähe oberhalb Skrinkle Haven, 56 Betten; **Broad Haven:** Jugendherberge Broad Haven, Tel. 014 37/78 16 88, Fax 78 11 00, modern eingerichtete Herberge mit 75 Betten.

⛺ **Süden:** Trefalum Park, Devonshire Drive, St. Florence, Tel. 016 46/65 15 14 oder 05 00/65 53 14, zwischen Saundersfoot und Tenby; Park Farm, Manorbier, Tel. 016 46/67 25 83, kleiner Platz in schöner Lage am Waldrand, 5 Min. Fußweg bis Manorbier Castle und Bay; **Westen:** Foxdale Camping Park, Glebe Lane, Marloes, Tel. 016 46/63 62 43, keine Caravans, nur Zelte und Wohnmobile auf dem Platz in Dorfnähe; Newgale Campsite, Wood Farm, Tel. 014 37/71 02 53, keine Caravans, direkt am Strand.

🍴 **Tenby:** Plantagenet, Quay Hill (nahe Tudor Merchant's House), ein riesiger Kamin (15. Jh.) verbreitet Gemütlichkeit, Wein- und Bierauswahl, Salate und lokale Spezialitäten, z. B. Fisch, preiswert; The Mews Bistro, Upper Frog Street, am Ende eines kleinen Innenhofs, sehr guter frischer Fisch, nicht zu teuer.

🍺 **Cresswell Quay:** Cresswell Arms, in dem sehr populären Pub am Wasser wird das Bier noch in Krügen serviert; **Stackpole:** Armstrong Arms; **Lamphey:** The Dial Inn.

🎁 **Tenby:** Abbey Shop, gegenüber Tudor Merchant's House: aus Stechginster gewonnene Parfümöle, Ho-

123

nig und andere Produkte aus dem Kloster von Caldey Island.

  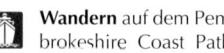 **Wandern** auf dem Pembrokeshire Coast Path; **Fahrrad**verleihe in Broad Haven und Tenby (Bro Bikes, Upper Frog Street, Tel. 84 47 66); **Bootsausflüge** von Tenby nach Caldey Island, von Martin's Haven zu den Vogelinseln Skomer, Grassholm und Skokholm; **Hochseeangel**touren ab Tenby, Hafenkai; **Surfen:** St. Bride's Bay, in Newgale und Broad Haven kann man Ausrüstung leihen; **Segeln:** Marinas in Pembroke Dock und Neyland; **Golf:** The Burrows, Tenby besitzt den ältesten Golfplatz von Wales (1888), 18-Loch, Anmeldung im Sommer, Tel. 84 27 87.

 Die schönsten **Strände,** bei Ebbe mit Sand: North Beach, Tenby, mit ›Blauer Flagge‹ ausgezeichnet; Saundersfoot Bay (beide mit Beachcafé) sowie Amroth, Manorbier und Marloes (weiter westlich bei Milford Haven).

Halbinsel St. David's

(Karte S. 117) Die 1600-Einwohner-Stadt **St. David's** ist eine ›city‹ – und zwar Großbritanniens kleinste. Und das ist sie nur kraft ihrer Kathedrale. Aber dieser Schatz liegt gut versteckt: Nach einem Bummel den Tower Hill hinab steht man als Besucher ziemlich überrascht vor dem majestätischen Bauwerk, von dem man vorher höchstens die Kirchturmspitze erspäht hatte. Der Legende nach soll an dieser Stelle schon im 6. Jh. der walisische Nationalheilige David ein Kloster gegründet haben, gut verborgen in dem tiefen Bachtal vor den Argusaugen der Piraten. Dennoch wurde St. David's mehrmals von den Wikingern überfallen, zuletzt 999, als der Bischof getötet wurde.

Eine neue Kathedrale entstand ab 1181. Obwohl damals die Gotik in Mitteleuropa florierte, ist die in ihren Ausmaßen beeindruckende, 88 × 36 m große Kirche aus lokalem Sandstein und Oolith innen an der normannischen Romanik orientiert. Die Bögen sind mit den typischen Zickzack- und Flechtmustern verziert, wie man sie auch in Bayeux oder Caen in der Normandie findet. Im Mittelalter wurde die Bischofskirche mit den Reliquien des Nationalheiligen David Pilgerziel Nummer Eins im Westen: zweimal St. David's ersetzte einmal Rom. Wie heute die Touristen, so brachten damals die Pilger reichlich Geld nach St. David's. Die Kirche wurde immer wieder umgebaut und vor allem außen mit gotischen Elementen versehen, im 13., 14., 16. Jh. und zuletzt im späten 19. Jh., als George Gilbert Scott die Westseite im gotischen Stil restaurierte.

Im Innern zeigt ein Blick zur Decke im Hauptschiff eines der Highlights des Gotteshauses: Eine kunstvoll geschnitzte Eichendecke aus dem 16. Jh. schließt den Raum nach oben ab. Sehenswert ist auch das Fächergewölbe aus demselben Jahrhundert in der Holy Trinity Chapel, wo die Reliquien des hl. David sowie weiterer Heiliger in einer Nische aufbewahrt werden, in der Nähe der Stelle, wo sie bei Restaurierungsarbeiten entdeckt wurden. Gegenüber ist die Grabstätte des ›Urvaters‹ der Tudor-Dynastie, der Vater Heinrichs VII., Edmund Tudor (Twdwr), Graf von Richmond (gest. 1456). Zahlreiche Grabdenkmäler von illustren geistlichen und weltlichen Herrschern, sind auf dem Weg durch den Chorumgang auf der Südseite zu sehen, z. B. das der Bischöfe Giraldus Cambrensis (gest. 1222) und neben der Kanzel das von Henry Gower (gest. 1347). Die steinerne Liegefigur ein paar Schritte weiter zeigt wahrscheinlich seinen Zeitgenossen, den südwalisischen Herrscher Lord Rhys ap Gruffudd (gest. 1197), stammt aber aus dem 14. Jh.

Die Reichen und Mächtigen unter den Pilgern brachten die Bischöfe von St. David's in ihrem Palast unter, der auf der anderen Seite des kleinen Bachs gegenüber der Kathedrale errichtet wurde. Nach der Reformation war es zu Ende mit dem Prunk und der Pracht: Die mit Pilgerfahrten und Heiligenkult verknüpften Praktiken missfielen den Puritanern, und den Bischöfen lag St. David's zu weit ab. Nur knapp entging die Bischofskirche dem Schicksal des Palastes, der heute als Ruine ein eher bescheidenes Schicksal fristet. Bei einer Besichtigung des Bishop's Palace lässt sich die einstige Pracht nur mit aufmerksamen Augen erahnen: Sichtmauerwerk in Schachbrettmuster, fein ziselierte Konsolen und Renaissancebögen lassen sich noch entde-

cken. Eine kleine Ausstellung mit Modellen und Rekonstruktionen helfen der Vorstellungskraft nach (Apr., Mai, Okt. 9.30–17 Uhr, Juni–Sept. 9.30–18 Uhr, Nov.–März Mo–Sa 9.30–16, So 12–14 Uhr).

Vom Städtchen St. David's mit seinen Souvenirläden und Craft Shops, Restaurants und Cafés ist es nicht weit zur Küste. Um die gesamte Halbinsel führt der Coast Path und bietet herrliche Ausblicke abwechselnd auf schroffe Klippen, sandige Buchten und die Silhouette der vorgelagerten Insel Ramsey Island. Bevor man eine Wanderung auf dem Klippenpfad startet, besorgt man sich am besten im National Park Information Centre am Grove Car Park das nötige Kartenmaterial.

Etwa 1 km südlich von St. David's liegt die **St. Non's Bay,** wo der hl. David im Jahr 520 bei einem großen Sturm das Licht der Welt erblickte. Nach seiner Mutter Nonna ist die Kapelle St. Non's Chapel aus dem 13. Jh. benannt, die in der Nähe einer heilkräftigen Quelle steht.

Das weit vorspringende Vorland St. David's Head rahmt den Norden der **Whitesands Bay** ein, die ihren Namen zu Recht trägt: Sand und Felsen wechseln sich ab. Auf dem 181 m hohen Gipfel Carnllien belegen Reste eines eisenzeitlichen Forts und neolithische Funde, dass die Region in der Vorzeit dicht besiedelt war. Zu Zeiten des hl. David war die Seefahrt an diesem Küstenstrich gut entwickelt und das Meer eher Verbindungsweg als Hindernis; besonders die Kontakte zu den frühen

Christen im benachbarten Irland waren eng.

Ramsey Island (Ynys Ddewi = David's Insel) beherbergt zahlreiche Robben, die hier ihre Kinderstube haben, und im Spätsommer und Herbst bekommt man die an ihrem hellen Fell erkennbaren Robbenbabies durchaus zu sehen. Ausflugsboote zu der von der Vogelschutzorganisation Royal Society for the Protection of Birds (RSPB) verwalteten Insel starten ab St. Justinian, aber der Zugang zur Insel ist beschränkt. Dabei durchquert man den wegen seiner Strömung und trügerischen Riffs berüchtigten Ramsey Sound. Die Riffs The Bitches sind Reste einer früheren Landverbindung. Der Legende nach verschwand sie in den Fluten, nachdem der Eremit Justinian, ein Freund Davids und Heiliger, auf der Insel ermordet worden und mit dem Kopf unterm Arm über den Sund marschiert war.

St. David's: Pembrokeshire National Park Information Centre, St. David's, Grove Car Park, Tel. 0 14 37/72 03 92; das Infobüro gibt Auskunft über Unternehmungen im gesamten Nationalpark, verkauft Karten und Bücher und fungiert als TIC für die Region.

Busverbindung Haverfordwest–St. David's, Info First Cymru, Tel. 0 17 92/58 05 80.

Bei St. David's: Warpool Court Hotel, SA62 6BN, Tel. 0 14 37/72 03 00, Fax 72 06 76, tolle Lage auf halbem Weg zur St. Non's Bay, 25 Zimmer der Luxusklasse, £££; Old Cross Hotel s. u. Restaurants, £.

Bei St. David's: Caerfai Bay Caravan & Tent Park, St. David's, Tel. 0 14 37/72 02 74, keine Wohnmobile, bei der gleichnamigen Sandbucht, 92 Plätze, und zahlreiche weitere Zeltplätze vor allem bei St. David's Head.

St. David's: Old Cross Hotel, Cross Square, SA62 6EP, Tel. 72 03 87, Fax 72 03 94, Fleischgerichte, z. T. Produkte aus artgerechter Tierhaltung, Vegetarisches, gehobene Preise; The Sampler Coffee Shop, Nun Street, Vegetarisches und lokale Produkte, kleine preiswerte Gerichte, leckere Kuchen; Morgan's Brasserie, 20 Nun Street, einfallsreiche Gerichte aus lokalen Produkten, wie Monkfish und Red Dragon Pie.

Mathry (zwischen St. David's und Fishguard): Jim Harris, Woodturners riesige Auswahl an handgearbeiteten Holzgegenständen von Möbeln bis zu Spielzeug; **Solva Woollen Mill**, südöstlich an der A 487, traditionell gewebte Teppiche.

Wandern auf dem Klippenpfad; **Segeln, Surfen, Kajak** und **Coasteering** (Klippen-Klettern/Schwimmen): Twr-y-Felin Outdoor Centre, St. David's, Tel. 72 16 11, Fax 72 04 88; **Bootsausflüge** nach Ramsey Island (ab St. Justinian), Thousand Island Expeditions, St. David's, Cross Square, Tel. 72 16 86, oder Ramsey Island Cruises, Tel. 72 02 85.

Strände: Abereiddy und Porthclais sind schöne Buchten in der Nähe von St. David's. Einem Traumstrand nahe kommt die Whitesands Bay nördlich von Ramsey Island: Diese für ihre Wasserqualität mit der Blue Flag ausgezeichnete Bucht mit Sandstrand und Felsen bietet sowohl Surfern wie Schwimmern ausreichend Platz (bewacht).

Fishguard und die Küste bis Newport

(Karte S. 117) Nähert man sich auf der A 40 von Süden der Hafenstadt **Fishguard,** die auf Walisisch Abergwaun heißt, nach dem hier mündenden Fluss Gwaun, merkt man nicht das geringste von der Annäherung an einen der wichtigsten Fährhäfen nach Irland. Ganz unvermittelt holpert man an einer Reihe pastellfarbener Häuser vorbei eine steile schmale Straße kurvig abwärts zum engen Hafen, und schon hat man den Ort fast wieder hinter sich. Neben der Häuserzeile der ›Oberstadt‹ ist die ›Lower Town‹ am alten Hafen einen näheren Blick wert: Dicht drängen sich die pittoresken Fischerhäuser am Kai, die Kulisse für die Verfilmung von Dylan Thomas ›Under Milk Wood‹ 1971 mit Richard Burton und Elizabeth Taylor.

Auf der Ostseite der Bucht stehen die Reste des alten Forts. Es wurde errichtet, nachdem Fishguard 1797 Schauplatz der letzten französischen ›Invasion‹ auf britischem Boden wurde: Ein etwa 1200 Mann starkes Söldnerheer aus französischen Ex-Sträflingen hatte sich unter Führung eines amerikanischen Generals aufgemacht, um die Revolution nach Britannien zu tragen. Die

Hafenstadt Fishguard

127

Truppe hielt sich mit Plünderungen auf und setzte sich weitgehend durch Brandy und Wein selbst außer Gefecht. Den Rest besorgten die streitbaren Frauen von Fishguard, denn die englischen Verteidiger ließen etwas auf sich warten. Die Invasion wurde schließlich ohne viel Blutvergießen nach zwei Tagen beendet und in der Kneipe The Royal Oak der Friedensvertrag aufgesetzt. Die Geschichte dieses denkwürdigen Ereignisses kann man sich von dem über 30 m langen textilen ›Comic Strip‹ erzählen lassen, den mehr als 70 Damen aus der Gegend anlässlich des 200-jährigen Jubiläums gestickt haben. Er ist in der St. Mary's Church Hall, Main Street, in der Oberstadt ausgestellt.

Wendet man sich am Kreisel in der Oberstadt nicht Richtung Cardigan, sondern links, kommt man jenseits des Irland-Fährterminals auf die Nordseite der Bucht nach **Goodwick,** Fishguards Nachbarort und voll auf Fähr-Service eingerichtet. Er besteht fast nur aus B&Bs, Hotels und Restaurants, wo sich viele Fährgäste die Wartezeit vertreiben.

Hinter Goodwick geht es steil die Klippen hoch Richtung Llanwnda und weiter durch verschlungene Heckenwege bis zu einem kleinen Parkplatz am Fuß des **Garn Fawr.** Von dem 213 m hohen, dreigeteilten Gipfel hat man den besten Blick über die gesamte Küste von Strumble Head mit seinem 1908 errichteten Leuchtturm bis fast nach St. David's Head. Die Küste der Halbinsel von St. David's sieht aus wie lauter hintereinander gestaffelte Inseln. In ihrem Hinterland sieht man das Gitterwerk der von Hecken eingefassten Weiden.

Von der A 487 von Fishguard Richtung Cardigan führen immer wieder winzige Strässchen an die Küste. In der Bucht von Brynhenllan auf **Dinas Island** sollte man zu Fuss zur Rundtour um die Halbinsel starten (ca. 5 km). Fernglas nicht vergessen, denn auf den Felsen von Dinas brüten Eissturmvögel, Tordalken, Trottellummen und Krähenscharben. Eine Rinne trennt die noch heute als Insel bezeichnete Halbinsel vom Festland. Zur Eiszeit floss hier das Schmelzwasser ab. Auf der Landseite des Kanals im Osten steht in **Cwm-yr-Eglwys,** dem ›Tal der Kirche‹, nur noch der Glockenturm der Kirche mit dem Westteil – direkt am Strand. 1859 fiel der Rest des Gotteshauses einem Sturm zum Opfer, der über 100 Schiffe in Seenot geraten ließ. Hübsche Cottages ziehen sich über einem kleinen Hafen die Hänge hinauf. Entlang der Eiszeitrinne kommt man nach der Halbinselrunde wieder zur Bucht Brynhenllan.

ℹ️ TIC Fishguard, Town Hall The Square, Fishguard SA65 9 HA, Tel. 0 13 48/87 34 84, Fax 87 52 46, ein weiteres TIC am Hafen für die Irland-Fähren.

🚆 🚌 Fishguard: Fishguard ist Endpunkt der **Bahn**strecke ab London-Paddington und Fährhafen nach Irland; gute **Bus**verbindungen nach St. David's (Halt in Trefin), via Newport und Eglwyswrw nach Cardigan und Haverfordwest, Info Pembrokeshire County Council Tel. 0 14 37/76 45 51.

🛏 **Fishguard:** Gilfach Goch, Fishguard, SA65 9SR, Tel. 87 38 71, von dem 300 Jahre alten Farmhaus unübertroffene Blicke auf den Sonnenuntergang über dem Hafen, sehr freundliches B&B, ideal für Wanderer auf dem Cliff Path, £; **bei Fishguard:** Tregynon Country Farmhouse Hotel, Gwaun Valley, nr. Fishguard, SA65 9TU, Tel. 0 12 39/ 82 05 31, Fax 82 08 08, 8 Zimmer in einem Bauernhaus aus dem 16. Jh. im abgeschiedenen Gwaun Valley, £.

🏠 **Fishguard:** Jugendherberge Fishguard, Hamilton Guest House & Backpackers, 21 Hamilton Street, Tel. 87 47 97, kleine 3–8-Bett-Zimmer, Selbstversorgerküche; **Pwll Deri Bay:** Jugendherberge Pwll Deri, Castell Mawr, Tel. 0 13 48/89 12 33, in wunderschöner Lage über dem Meer, 7 km von Fishguard, 32 Betten; **Trefin:** Jugendherberge Trefin, Fford-y-Afon, Tel. 0 13 48/ 83 14 14, 26 Betten in einer alten Schule.

🍴 **Fishguard:** Three Main Street, SA65, 9HG, Tel. 87 42 75, das elegante Jugendstilambiente und die frische innovative Küche genießen einen guten Ruf weit über Fishguard hinaus, mittlere Preisklasse, mit 3 Zimmern (£).

☕ **Fishguard:** The Ship Inn, am Hafen (Lower Town), Fishguard, maritime Kulisse, die als Drehort für ›Under Milk Wood‹ diente und als Treffpunkt für die trinkfeste Filmcrew.

🎁 **Bei St. Nicholas:** Melin Tregwynt, ausgeschildert ab A 487, westlich von Fishguard, Verkauf von Wollstoffen und -decken, die in der Fabrik nebenan (Besichtigung Mo–Fr 9–16.30 Uhr) gewebt werden, Tea Room.

Orte der Magie: Die Preselis

(Karte S. 117) Die Preseli Mountains umgibt eine besondere, magische Aura. Die jetzt so einsamen, sanft geschwungenen Hügel mit Höhen unter 538 m waren vor Tausenden von Jahren viel dichter besiedelt. Überall in der kargen Landschaft trifft man auf Relikte der Vorzeit: Dolmengräber, Steinkreise und Menhire der steinzeitlichen Megalithkultur und eisenzeitlicher Hügelbefestigungen.

Bis heute sind also das Gwaun Valley und die Orte in den Preselis Horte uralter walisischer Kultur und Sprache geblieben. Bei ihrer Invasion ließen die Normannen sie links liegen, das unfruchtbare Hügelland interessierte sie nicht. Die Küste dagegen schon: In **Newport** bauten sie im 13. Jh. ihre Burg, deren Ruinen noch heute über die ›Stadt am Strand‹ wachen – so lautet der walisische Name Drefdraeth. Der Hafen von Newport, Parrog, in den Dünen an der versandenden Mündung des Afon Nyfer angelegt, florierte in den Jahrhunderten danach: Man betrieb Schiffbau, Kalköfen und Handel bis nach Frankreich und Spanien. Heute wird die Hauptstraße von netten kleinen Geschäften und Cafés gesäumt. Newport ist Einkaufszentrum für die Farmer und die ›Aussteiger‹, die sich von der Magie des Ortes am Fuß der Preseli Mountains angezogen fühlen.

Fußwege führen auf den nach dem gleichnamigen Riesen benann-

Die Kirche von Nevern

ten 337 m hohen **Carn Ingli,** wo prähistorische Siedlungsspuren zahlreich sind. Der Name hat nichts mit den Engeln zu tun, denen der hl. Brychnach im 6. Jh. hier begegnet sein soll. Obwohl sich ein einsamer Wanderer bei tiefhängenden Wolken hier schon im Himmel wähnen kann …

Wenige Kilometer im Landesinnern in eine Flussschleife des Afon Nyfer gebettet, steht die Brychnach geweihte Kirche von **Nevern,** ein Ort, der besonders reich an Zeugnissen des frühen keltischen Christentums ist. Auf dem Kirchhof, den man durch eine Reihe 600 Jahre alter Eiben betritt herrscht eine mysteriöse Stimmung. Nachdem vor einigen Jahren von einer der Eiben (die zweite rechts) ein starker Ast abgesägt wurde, blutet der Baum ununterbrochen. Die Experten suchen bislang noch immer nach einer naturwissenschaftlichen Erklärung für das eigenartige Phänomen. Andere wissen, warum: von dem Ast sei einst ein Unglücklicher gehenkt worden. Neben der Kirche steht ein 1000 Jahre altes Hochkreuz, ein schönes und bestens erhaltenes Exemplar. Es ist auf allen Seiten mit reich verschlungenen Flechtmustern verziert. Rechts vom Kirchenportal befindet sich ein Stein mit einer Inschrift in Ogham-Lettern oder besser gesagt Ogham-Strichcode. Die geniale irische Schrift besteht aus rechts und links einer Steinkante angebrachten Kerben und Punkten. Entscheidend für die Entschlüsselung: Sind sie rechts oder links und schräg oder gerade angebracht. Der Stein neben dem Portal der Kirche erinnert an ›Vitalianus Emeretus‹, ein weiterer im Innern an ›Maglocunus‹.

Am Bach entlang und auf der anderen Seite steil bergauf, zweigt in

einer Kurve der Pilgerweg ab, der einst von Holywell nach St. David's führte, zu einem weiteren Wunder von Nevern: zum ›Pilgerkreuz‹, ein im blanken Fels erkennbares, reliefartig eingeprägtes Kreuz.

Schrittweise geht es von nun an auf eine Reise in die Vergangenheit: Zunächst in die Eisenzeit, ca. 300 v. Chr., als die umliegenden Hügelkuppen mit Forts befestigt und Dörfern besetzt waren. Eines davon ist **Castell Henllys** (Ostern–Ende Okt. 10–17 Uhr). Bei Ausgrabungen fanden Archäologen hier Reste einer Siedlung für bis zu 150 Menschen. Nach ihren Erkenntnissen über den Alltag vor mehr als 2000 Jahren entstand das kleine Rundhüttendorf, wo sich heute bisweilen engagierte Vorzeitler einfinden, um in authentischer Kleidung und mit den damals

131

Pentre Ifan

verfügbaren Werkzeugen ›Eisenzeit live‹ zu praktizieren. Da wird gedrechselt und geschmiedet, das Schwert geschwungen oder Gemüsesuppe über dem offenen Feuer zubereitet. Im Juli und August kann man außerdem den Archäologen bei Ausgrabungen zusehen.

Der nächste Haltepunkt auf der Reise führt in die Steinzeit: Vor 6000–7000 Jahren richteten die Mitglieder einer bäuerlichen Gemeinschaft die sieben tonnenschweren Steine von **Pentre Ifan** auf, um in der Kammer hinter diesem ›Eingangstor‹ ihre Toten zu bestatten. Sie deckten das Kammergrab sorgfältig mit einem riesigen Erdhügel ab – man schätzt, dass er bei diesem Grab über 40 m lang gewesen sein muss; ein niedriger Zugang ermöglichte weitere Bestattungen.

Von hier ist es nicht mehr weit in das Tal des Gwaun, dem man bis zu seiner Mündung in Abergwaun (Fishguard) folgen kann. Das breite Tal entstand vor 200 000 Jahren, als sich bei einer der Eiszeiten das Schmelzwasser unter der Eisdecke hindurchzwängte. In dem abgelegenen Tal halten sich alte Bräuche besonders lange. So wird hier das Neujahrsfest (Hen Galan) traditionell erst am 13. Januar gefeiert, nach dem alten Julianischen Kalender, der seit der Gregorianischen Kalenderreform im 18. Jh. im übrigen (West-)Europa abgeschafft ist.

Im Gwaun Valley lohnt ein Halt auf ein Tässchen Tee beim **Penlan-Uchaf Garden** auf der Nordseite des Tals (Ostern–Ende Nov. 10–17 Uhr).

Das Farmerehepaar hat aus dem Hang hinter dem Bauernhaus einen blühenden Garten gemacht. Er betört zugleich Auge und Nase: Blühende und duftende Pflanzen kombiniert mit der herrlichen Aussicht auf die Berge mit ihren stets wechselnden Sonnenflecken und darunter das bewaldete Gwaun Valley.

Oder man bleibt noch in der Steinzeit und sieht sich den beeindruckenden Steinkreis **Gors Fawr** bei Mynachlog-ddu an. 16 Steine bilden den magischen Zirkel. Steht man in dessen Mitte, sieht man die ganze Preseli-Berg-Szenerie vor sich: vom angeknabbert aussehenden Carn Meini im Osten bis zum höchsten Preseli-Gipfel, dem 536 m hohen Foel Cwmcerwyn im Westen. Etwas abseits stehen auf dem sumpfigen Weideland zwei Menhire, vielleicht die Reste einer ganzen Stein-Allee. Von dem gezackten Gipfel des 368 m hohen Carn-Meini stammen einige der berühmten, insgesamt 80 ›Bluestones‹, die in den zwei inneren Kreisen von Stonehenge verbaut wurden. Warum der graublaue Dolerit – seinerzeit ein kostbares Material für die Herstellung von Steinäxten – vor etwa 3700 Jahren 217 km Luftlinie nach Osten transportiert wurde, darüber wird viel spekuliert. Manche vermuten eine ältere religiöse Bedeutung der Preseli Mountains, in deren Nachfolge sich die Stonehenge-Leute auf diese Weise stellen wollten. Auch wie die Reise der walisischen Bluestones zum britischen Vorzeit-Nationalheiligtum Stonehenge vor

sich ging, ist nicht geklärt: per Schiff, zu Land? Oder durch die Luft gezaubert, wie bei Geoffrey of Monmouth, der Merlin die Steine kraft seiner Magie aus Irland herbeischaffen ließ?

Die magische Preseli-Tour lässt sich auf dem Rückweg bei einem Bier in der Dafarn Sinc in Rosebush beschließen, wo eine gemütliche Atmosphäre herrscht. Die mit Wellblech verkleidete Kneipe ist Treffpunkt der örtlichen Bevölkerung – und die unterhält sich in dieser abgelegenen Region auf Walisisch.

TIC Newport, Long Street, Tel. 0 12 39/82 09 12, das Infobüro gibt Auskunft über Unternehmungen im Pembrokeshire Coast National Park, verkauft Karten und Bücher und fungiert als TIC für die Region.

Busverbindung Fishguard–Cardigan mit Richard Bros., Tel. 0 12 39/ 61 37 56.

Newport: Jugendherberge, Lower St. Mary's Street, Tel./Fax 82 00 80, 28 Betten.

Newport und Umgebung: Cnapan, East Street, gut und preiswert; Brynhenllan, The Old Sailor's, frisches Seafood preiswert direkt am Strand, nur tags; **Rosebush:** Tafarn Newydd, in dem unauffälligen Pub an einer Straßenkreuzung gibt es eine feine, einfach-raffinierte Küche ohne Schnickschnack.

Rosebush: Dafarn Sinc, in der mit Wellblech verkleideten ehemaligen Bahnstation am Fuß der Preseli Mountains fühlt man sich in eine andere Zeit versetzt.

Mittelwales

Ceredigion – Sonnige Küste und ländliche Marktstädte

Powys und das südliche Snowdonia – Bergseen und Täler, Dünen und Meer

Landschaft bei Rhayader

Ceredigion

Ceredigion heißt die Landschaft zwischen Teifi und Dovey, zwischen Küste und Cambrian Mountains – kleine Buchten und gemütliche Ferienorte, dahinter jahrhundertealte grüne Hecken, fruchtbare Felder und Wiesen sowie ein paar ländliche Marktstädte. Ceredigion ist neben dem Norden des Landes eines der Zentren walisischer Kultur; über 50 % der Bevölkerung spricht Walisisch.

Stille Buchten, kleine Häfen: Entlang der Cardigan Bay

In **St. Dogmael's** (noch in Pembrokeshire) auf der anderen Seite des Teifi gegenüber von Cardigan enden Pembrokeshire Coast National Park und Küstenpfad. Aber die hier anschließende Cardigan Heritage Coast ist nicht weniger schön.

Auf der Höhe über dem Teifi-Tal gründete der anglonormannische Lord of Cemaes quasi als Brückenkopf im 12. Jh. die Benediktinerabtei St. Dogmael's Abbey. Die Mönche waren fleißige Müller, ihre Arbeit war eine erstklassige Einnahmequelle im Mittelalter. Gegenüber den Abteiruinen liegt noch der alte Mühlteich. Eine restaurierte Wassermühle von 1810, Y Felin Mill, wird im Sommer gelegentlich betrieben, und man kann zusehen, wie das Mehl in unterschiedlicher Ausmahlung mit Wasserkraft gemahlen wird

(Mo–Fr 10.30–17.30, So 14–17.30 Uhr).

Nach steiler Abfahrt und Überquerung der Teifi-Brücke ist man in der Hauptstadt des alten Reichs Ceredigion. Im Jahr 1176 war die Burg von **Cardigan** Schauplatz des ersten Dichter- und Sängerwettstreits der walisischen Geschichte: Auf Initiative des mächtigen Lord Rhys traten hier in Cardigan die Meister ihrer Zunft in einem Eisteddfod gegeneinander an. Die Burg liegt inzwischen in Ruinen, der einst bedeutende Hafen in der Teifi-Mündung ist versandet, aber Cardigan ist noch ein lebendiges Einkaufsstädtchen mit vielen kleinen Geschäften, wo man vom Käse bis zum Eisennagel alles bekommen kann. Die Markthallen bieten eine große Auswahl an lokalen Produkten.

Zwischen der Teifi-Mündung und Aberarth steht die ›Ceredigion Heritage Coast‹ unter besonderem Naturschutz, ein Tummelplatz für Meeressäugetiere: Robben, Delfine und

Tümmler werden hier gelegentlich gesichtet. Die Sandflächen von **Poppit Sands,** die sich durch Sediment-Ablagerungen in der Teifi-Mündung gebildet haben, sind Refugien für Wasservögel. Von Gwbert auf der Ostseite kann man gut beobachten, wie sie auf den bei Ebbe trockenliegenden Sandbänken auf Nahrungssuche gehen. Von hier geht der Blick bis zum vorgelagerten Cardigan Island. In den Höhlen unterhalb des Geländes des **Cardigan Island Coastal Farm Park** haben Robben ihre Kinderstube. Neben Ausblicken auf die Robbenfelsen werden hier vor allem Bauernhoftiere zum Anfassen

Ceredigion

und Attraktionen für Familien geboten (9–19 Uhr, im Winter nur bis zur Dämmerung).

Durch schmale unausgeschilderte Heckenwege, die irgendwann wieder am Meer enden, zickzackelt man durch die grüne Landschaft. Die geschützte Bucht von **Mwnt** (Parkgebühr im Sommer) ist die mühsame Anfahrt wert. An einem schönen Sommertag ist man hier allerdings nicht allein: Der Strand eignet sich ausgezeichnet zum Baden und ist beliebt bei Familien. Oberhalb der Bucht steht malerisch und weißgekalkt eine urige Fischerkapelle. Sie wurde um 1400 gebaut und ersetzte mit Sicherheit eine ältere Kirche an diesem wichtigen Anlaufpunkt auf dem Pilgerweg nach Bardsey Island (s. S. 184).

Hinter Aberporth kann man zum Strand von **Tresaith** abzweigen – perfekte Idylle mit eigenem Wasserfall und von der Brandung rundgewaschenen Felsen. Mindestens genauso idyllisch ist der Sandstrand **Penbryn Beach,** den man nach einem Waldspaziergang durch das National-Trust-Gebiet erreicht (Parkgebühr im Sommer).

In der nächsten Bucht drängen sich im einstigen Fischerort **Llangrannog** ein paar Häuser, ein Pub, ein Strandkiosk in die enge Bucht. Sie bietet bei Ebbe etwas Sandstrand, eingerahmt von schroffen Felsen. Die meisten der ehemaligen Fischer-Cottages sind jetzt Ferienwohnungen oder B&Bs, doch das Pub ›Y Llong‹ (Das Schiff) beschwört noch die alte Seefahrer- und Schmugglervergangenheit.

New Quay ist das nach Aberystwyth zweitgrößte Seebad an der Cardigan Bay, hält keinem Vergleich mit den großen viktorianischen Seebädern des Nordens stand. Die steile Dorfstraße führt geradewegs in die breite sandige Bucht, wo sich bei schönem Wetter das familiäre Strandleben entfaltet. Die Minipromenade säumen Geschäfte, Pensionen, Pubs und Kioske. New Quay ist ideal für einen ruhigen Familienurlaub in einer wunderschönen Küstenlandschaft. Das fand auch Dylan Thomas, als er sich hier 1944 einmietete, um in Ruhe zu schreiben, weit genug von den bedrohlichen Entwicklungen des Zweiten Weltkriegs entfernt. Swansea war bombardiert worden. Neben Laugharne

stand New Quay Pate bei Dylans Schilderungen des dörflichen Lebens in ›Under Milk Wood‹.

In Reih und Glied stehen die pastellfarbenen Häuser von **Aberaeron** in georgianischer Pracht am Quay des hübschen Yachthafens, wo einst Kohle, Holz und Kalk angeliefert wurden, im Austausch gegen landwirtschaftliche Produkte des Hinterlands. Denn das Städtchen entstand um 1840 unter der Ägide der Unternehmer-Familie Gwynne. Das Meeresaquarium (Apr.–Ende Okt. 10–17 Uhr) bringt dem Besucher die reiche Flora und Fauna der Ceredigion Heritage Coast näher. Wer einen Blick auf einige der 130 in der Cardigan Bay gezählten Delfine erhaschen möchte, kann am Hafen zu einer Bootsfahrt starten.

Aberystwyth

Wenn der warme Abendsonnenschein die dezent getünchten viktorianischen Fassaden an der hufeisenförmigen Bucht vergoldet, ist der Prüfungsstress schnell vergessen. Denn Aberystwyth oder kurz ›Aber‹ ist eine Universitätsstadt mit Freizeitwert. Und davon profitieren Besucher des Seebads ebenso wie von dem intellektuellen Flair und der entspannten Atmosphäre einer ›jungen‹ Stadt.

Nach bescheidenen Anfängen als Fischerhafen, etwa dort, wo heute südlich der Burgruine der Yachthafen liegt, wäre Aberystwyth beinahe zur walisischen Hauptstadt geworden, doch gab man lieber der geballten Wirtschaftsmacht in Cardiff den Vorzug. Der Aufstieg der ›walisischen Kulturhauptstadt‹ Aberystwyth begann Mitte des 19. Jh., als die Eisenbahn die große Zukunft der walisischen Seebäder einläuten sollte. 1864 war die Cambrian Railway bis an die Mündung des Ystwyth gebaut und damit die Verbindung hergestellt in die großen mittelenglischen Städte voller Erholungssuchender. Doch diese kamen nur zögernd. Als 1860 die University of Wales ein College in Aberystwyth gründete, passte das ganz gut: Statt Urlaubern kamen nun Studenten. Das Old College, das heute noch

Teile der Theologischen Fakultät beherbergt, liegt direkt am Pier, in Reichweite der Amusement Arcades. Es wurde ja auch mitnichten für Forschung und Lehre errichtet, sondern als viktorianisches Nobelhotel, dessen düsterer Historismus vielleicht die Gäste abschreckte.

Dabei ist das echte Mittelalter gar nicht weit weg: Auf einem Landvorsprung, einem Schieferriff, das die Bucht in zwei Hufeisen teilt, liegt **Aberystwyth Castle,** von Eduard I. als eine der ›Perlen‹ in seiner Burgenkette gebaut. Owain Glyndŵr eroberte die Festung im frühen 15. Jh., und im Englischen Bürgerkrieg wurde sie schließlich, unter Benutzung des hauseigenen Munitionslagers in die Luft gesprengt. Die traurigen Ruinen waren 1915 Schauplatz eines Eisteddfod, und auch hier erinnert noch ein Steinkreis, Gorsedd,

Aberystwyth, viktorianisches Seebad mit intellektuellem Flair

Mit Volldampf in die Berge

Die ›Great Little Trains of Wales‹

Fairbourne Railway

Die dicke Qualmwolke kündigt sie schon von weitem an, und der durchdringende Pfiff ist unmissverständlich. Die Dampflok steht abfahrbereit am Bahnhof. Hier pfeift nicht der Schaffner, hier pfeift die Lok. Fast ein Dutzend Schmalspurbahnen machen in Wales die Schienen unsicher. Das ist selbst für Großbritannien viel, wo die Eisenbahnnostalgie blüht und im Mutterland der Dampfmaschine die fauchenden Ungetüme sorgsam gehegt und gepflegt werden.

Gut eine halbe Stunde haben Männer im Blaumann Kohle geschaufelt und per Schlauch den Wasservorrat im Kessel aufgefüllt. Etwa zwei Zentner schluckt die Maschine für die maximal 25 km/h schnelle Tour in die Berge – bergauf schnauft sie, dafür müssen bergab nur die Bremsen stimmen. Bevor es losgeht, wird noch an den blinkenden Metallteilen der

an die hier damals vollzogene Ausrufung des Barden.

Nach der offiziellen Anerkennung der University of Wales 1893 entstanden zügig neue Universitätsgebäude auf den umliegenden Hügeln. Eines der schönsten ist die 1907 im Stil des Neoklassizismus er-

buntlackierten Dampflok poliert und gewienert, während die Experten auf dem Perron über Druckzylinder und Kurbelwellen fachsimpeln – hier sind echte Liebhaber am Werk. Die meisten Loks sind mehr als 100 Jahre alt und zu Raritäten geworden.

Mit einem Pfiff und einem heftigen Dampfausstoß macht sich der Zug auf den Weg. Passagiere auf den besten Plätzen in den offenen Waggons gleich hinter der Lok müssen damit rechnen, ein paar Spritzer Wasserdampf abzubekommen, und natürlich fliegen auch schon mal Rußteilchen durch die Luft. Aber was macht das schon, wenn die rumpelnde Fahrt durch das idyllische grüne Tal so herrlich gemütlich aufwärts geht, vorbei an lichtem Eichenwald mit Tausenden *blue bells,* blauer Hasenglöckchen – Blumenpflücken während der Fahrt verboten!

Spätestens auf halber Strecke ist ein Halt nötig: Wasser auffüllen, Kohle nachschippen. Die Loks bewältigen schließlich einige Höhenmeter, die Vale of Rheidol Railway beispielsweise steigt von Meereshöhe bis auf 600 Fuß (180 m). Die meisten der Schmalspurbahnen waren ursprünglich Industriebahnen, zum Transport von Schiefer oder Erzen aus den Bergen in die Häfen. Die ersten Schienen ließ der Schieferbaron von Penrhyn Castle, Richard Pennant, 1801 legen, 1848 wurden die ersten Dampfloks als Zugmaschinen genutzt. Die schmalen Spurbreiten – sie variieren von 1 Fuß 6 Inch (ca. 45 cm) bis 3 Fuß 6 Inch (ca. 105 cm) – verhinderten, dass die Strecken ins Netz integriert wurden, und Diesel lösten Dampfloks ab. In der zweiten Hälfte des 20. Jh. wurden viele Strecken stillgelegt. Die letzte von British Rail privatisierte Schmalspur-Dampfbahn war 1988 die Vale of Rheidol Railway, die seitdem in privater Regie weiterbetrieben wird. Mit Erfolg: Die Tour von Aberystwyth nach Devil's Bridge erfreut sich bei Touristen großer Beliebtheit. Aber nicht alle Schmalspurbahnen stehen stets unter Dampf: Die Snowdon Mountain Railway, die Llangollen und die Ffestiniog Railway nutzen für manche Fahrten auch Dieselloks.

Bei anderen Bahnen achten Eisenbahnenthusiasten auf Authentizität. Sie werden auf Vereinsbasis von Freiwilligen betrieben, wie die Talyllyn Railway, die sich die schwierige Materie der Dampfmaschinenwartung angeeignet haben, um ›ihre‹ Bahn wieder zum Laufen zu bringen. Wer rastet, der rostet – das gilt auch für die guten alten Dampfmaschinen!

richtete Bibliothek. Die **National Library of Wales** ist Pilgerstätte für Keltologen aus aller Welt, denn sie beherbergt unter ihren 5 Mio. Bänden eine Fülle einmaliger Schätze. Zu den kostbarsten zählen die mittelalterlichen walisischen Handschriften ›Das Buch Taliesin‹, das

›Schwarze Buch von Carmarthen‹, das älteste schriftliche Zeugnis in walisischer Sprache, und das ›Weiße Buch von Rhydderch‹ mit den ältesten Niederschriften der Texte des ›Mabinogion‹ (Mo–Fr 9.30–18, Sa 9.30–20 Uhr).

Den besten Blick auf den anmutig geschwungenen Sichelstrand von Aberystwyth und die pastellfarbenen edlen Hausfassaden entlang der Promenade ergibt sich vom **Constitution Hill.** Statt die Serpentinen auf den 143 m hohen Hügel im Norden der Stadt hochzujoggen, kann man die Elektrische Kabelbahn benutzen. Die 100-jährige Bahn lief zu Zeiten Queen Victorias umweltfreundlicher als heute, nämlich mit Wasserantrieb – eine ziemlich ungewöhnliche Konstruktion, wie man sie im CAT bei Machynlleth (s. S. 160) noch erleben kann. Die phänomenale Aussicht wird noch besser, wenn man, oben angekommen, mit der Camera obscura die ganze Bucht – bis zu 2500 km^2 – überblicken kann.

An den Plüsch der Zeiten Eduards VII. erinnert das ehemalige Coliseum-Kino und heutige **Museum Ceredigion** im 1. und 2. Stock des Tourist Information Centre. Das kleine Museum zeigt Mobiliar vom Cottage bis zum Bürgerhaus, archäologische Funde und informiert über Alltag und Arbeit in der Region auf See und auf dem Feld (Mo–Fr 10–17 Uhr).

Ein Erlebnis besonderer Art ist die Fahrt mit der Schmalspur-Dampfeisenbahn **Vale of Rheidol Railway** nach Devil's Bridge. Sie führt etwa 19 km talaufwärts von Meereshöhe bis auf 180 m (s. S. 140f., 150).

ℹ️ **TIC Cardigan,** Theatr Mwldan, Bath House Road, Cardigan SA43 2JY, Tel. 012 39/61 32 30, Fax 019 70/62 65 66; **Tic New Quay,** Church Street, SA45 9NZ, Tel. 015 45/56 08 65, Fax 019 70/62 65 66; **TIC Aberaeron,** The Quay, Aberaeron SA46 0BT, Tel. 015 45/57 06 02, Fax 019 70/62 65 66; **TIC Aberystwyth,** Terrace Road, Aberystwyth SY23 2AG, Tel. 019 70/61 21 25, Fax 62 65 66.

🚌 **Bus**verbindung von Cardigan via Aberaeron nach Aberystwyth (No. 550), Aberaeron–Carmarthen via Lampeter (No. 202) und Cardigan–Newcastle Emlyn (–Carmarthen) mit Cross Gates Coaches, Tel. 015 59/38 42 09; keine Bahnlinien.

🛏️ **Llangrannog:** The Grange, Pentregat nr. Plwmp, Llandysul, SA44 6HW, Tel. 012 39/65 41 21, noble Unterkunft in der großzügig eingerichteten rosa Villa von 1761, ein Stück weit im Landesinnern, £/££; Frondolan Fach, Tel. 65 47 48, Zimmer und 4-Personen-Cottages direkt im Ortszentrum an der Bucht, ££ (B&B: £); **New Quay:** Brynarfor Hotel, New Road, New Quay, SA45 9SB, Tel. 015 45/56 03 58, schöne Lage mit Blick auf die Bucht, 7 Zimmer, ££; **Aberaeron:** Arosfa Guest House, Cadwgan Place, SA46 0BU, Tel. 57 01 20, 6 Zimmer mit historischer Atmosphäre in einem georgianischen Haus direkt am Hafen, £; Hazeldene, South Road, SA46 0BU, Tel. 57 06 52, das Haus eines reichen Kapitäns zeigt den Wohlstand der Wende zum 20. Jh., nur 3 Zimmer, £/££; **Aberystwyth:** Conrah Country House Hotel, Rhydgaled Chancery, SY23 4DF, Tel. 61 79 41, Fax 62 45 46, 19 Zimmer in einem alten Herrenhaus mit großem Park, Ruhe garantiert, ausgezeichnetes Restaurant, £££; Belle Vue Royal Hotel, Marine Terrace, SY23 2BA, Tel. 6175 58, Fax 6121 90, 24 Zimmer hinter nobler Fassade direkt an der Promenade, spektakulär: die Sonnenuntergänge, ££; Four Seasons, Portland Street, SY23 2DX, Tel. 6121 20, Fax 6274 58, versteckt liegend, gemütlich, zentral, ruhige Lage nicht weit vom Strand, gute Küche, ££; Savannah Guest House, 27 Queen's Road, SY23 2HN, Tel. 6151 31, nettes Haus in zentraler, ruhiger Lage, £.

 Llangrannog: Y Gegin Fach Restaurant, lokale Meereskost, preiswert; **Aberaeron:** Hive on the Quay, Cadwgan Place, ein Gedicht: frischer Fisch einfallsreich zubereitet, nur bis 17 Uhr (Aug. bis 20 Uhr); **Aberystwyth:** Treehouse, 14 Baker Street, gleichzeitig Bioladen, sehr beliebt nicht nur bei Studenten und stets gut besucht, Öko-Kost mit Gourmet-Anspruch, empfehlenswert zum Lunch oder Dinner.

 Bei Llangrannog: Castle Crafts, Pentregat, an der A487 beim Abzweig nach Llangrannog, schöne handgearbeitete Holzutensilien; **Aberystwyth:** The Welsh Cellar, Pier Street/Ecke Eastgate, walisische (Käse-) und internationale Spezialitäten.

 Cardigan: Theatr Mwldan, auch Sitz des TIC, ist Kino-, Theater- und Kunstzentrum in einem; **Aberystwyth** ist ein wichtiges Zentrum walisischer Kultur, davon kann man sich im Arts Centre überzeugen, Tel. 0197 0/62 2882, Galerie und Theateraufführungen.

Fahrradverleih: Mapstone Newsagents, 31–32 Pendre, Cardigan, Tel. 6147 29, Touren im Teifi-Tal; **Angel- sowie Bootstou-**

ren zum Delfin- und Robbenbeobachten ab den Häfen Cardigan, New Quay, Aberaeron (Sea Aquarium) oder Aberystwyth.; **Golf:** traditionsreicher (1911 gegründet) 18-Loch-Platz mit schöner Lage bei Aberystwyth; **Schmalspurbahn:** Vale of Rheidol Railway von Aberystwyth nach Devil's Bridge, Tel. 0197 0/62 5819.

 Schöne Badebuchten an der ›Ceredigion Heritage Coast‹ sind von Süd nach Nord: Mwnt, Tresaith Beach und Penbryn zwischen Aberporth und Llangrannog sowie der Strand von New Quay, Aberystwyth hat Kieselstrand.

Zu Wollwebereien und Wasserfällen: Im Teifi-Tal von Cardigan nach Devil's Bridge

(Karte S. 137) Eine Alternativroute zur Küstenstrecke nach Nordosten führt im Tal des River Teifi durch das grüne Hügelland von Ceredigion. Bis zum Ende des 18. Jh. wurde hier in kleinen Familienbetrieben Wolle verarbeitet. Einige dieser Woollen Mills existieren noch heute und können besichtigt werden.

Die Route nimmt einen romantischen Auftakt: Wenige Kilometer südlich von Cardigan thront **Cilgerran Castle** auf einem Felssporn hoch über dem ruhig dahinfließenden River Teifi (Apr.–Okt. 9.30–18.30 Uhr, sonst bis 16 Uhr, Cadw). Die Viktorianer ließen sich noch in Booten den Fluss hinaufrudern, um die ro-

Im grünen ländlichen Ceredigion: Landschaft bei Newcastle Emlyn

mantische Szenerie zu genießen. William Turner malte die Ansicht vor 200 Jahren. Cilgerran Castle ist mit der folgenschweren Entführung der schönen Prinzessin Nest, der ›Helena von Wales‹, verknüpft, die sich Anfang des 12. Jh. hier abspielte. Die schöne Nest, Tochter aus altem walisischen Adel, war nach einem Techtelmechtel mit König Heinrich I. aus taktischen Gründen mit dessen Kastellan auf Pembroke Castle, Gerald of Windsor, verheiratet worden. Aber auch der Sohn des Herrschers über Powys, Owain, hatte ein Auge auf sie geworfen. Mit einem kleinen Trupp Getreuer überfiel er Cilgerran Castle bei Nacht und entführte die Frau des Normannen. Gegen diesen Affront von walisischer Seite sah sich der englische König gezwungen mit militärischer Übermacht einzuschreiten. Owains Vater Cadwgan verlor sein Reich, sein Sohn floh nach Irland, und die schöne Nest kehrte zu ihrem Gatten zurück. Nach dieser Episode hatten sich die Machtverhältnisse in Mittelwales zwar zugunsten der Engländer verschoben, aber der Marcher Lord Gerald of Windsor war nicht nachtragend und betrieb weiterhin eine Politik der Verständigung mit seinen walisischen angeheirateten Verwandten.

Die Burg, die einen natürlichen Übergang über den Fluss kontrollierte – bis hierhin konnte der Teifi von Seeschiffen befahren werden – war jahrhundertelang umstritten, bis sie William Marshal der Jüngere (gest. 1231), Earl of Pembroke, 1223

eroberte. Der englische Marcher Lord ließ im Osten und Westen der Burg zwei dicke Rundtürme errichten, die heute mit einer Holzbrücke verbunden sind. Nach einem atemraubenden Aufstieg über steile Wendeltreppen wird man mit einer herrlichen Aussicht von der Turmhöhe über das Teifi-Tal und hinab in die tiefe Schlucht belohnt.

»Es steht eine Mühle am rauschenden Bach«

Die Woollen Mills im Teifi-Tal

In der Rock Mill bei Chapel Dew

Behäbig rumpelt das doppelt breite oberschlächtige Rad an der Stirnwand des mehrstöckigen Mühlgebäudes aus grauem grob behauenem Stein: Die Rock Mill in Capel Dewi bei Llandysul ist die letzte Mühle in dem engen Tal des River Clettwr, die noch in Betrieb ist. Der Urgroßvater von Donald Morgan war der erste ›Wollmüller‹ der Rock Mill. Damals standen im Tal 13 Betriebe. Und heute sagt sein Urenkel »Ich bin der letzte«.

Der kleine, aber raschfließende River Clettwr treibt das große Mühlrad an, das noch direkt über Lederriemen die Wasserkraft auf zwei Maschinen überträgt. Die eine davon dient zum Kardieren, die andere zum Reißen der Wolle, Vorstadien der Wollbearbeitung noch vor dem Spinnen. Die Arbeit

Auch heute noch ist der Teifi ein guter Lachsfluss, und in der Saison ab Ende Mai bis Ende August reißen sich die Angler um einen Platz am Ufer. Leichter haben es die Coracle-Fischer. Sie spannen einfach ein Netz zwischen zwei der wendigen ovalen Boote. Zwölf Fischer besitzen noch Lizenzen zum Netzfischen auf dem Teifi. Ein besonders guter Platz dafür ist unterhalb der Stromschnellen von **Cenarth** gleich neben der Brücke. Man kann sich aber auch so im Coracle herumrudern lassen. Platz ist nur für einen Mitfahrer. Im Coracle Centre informiert eine kleine Ausstellung (Ostern–Ende Okt. 10.30–17.30 Uhr)

am Reißwolf (Devilling Machine), der das Vlies mit scharfen Zähnen auseinanderzerrt, erfordert besondere Umsicht. Wie leicht geriet ein Arm mit hinein, da hatte der Teufel seine Hand im Spiel, bei der verdammten Devilling Machine, erzählt der Mühlenbesitzer.

Gigantische Wollknäuel liegen in einem Raum, wo es nach Maschinenöl riecht. Drinnen in der Mühle herrscht ohrenbetäubender Lärm; bei der Arbeit am Webstuhl trägt Donald Morgan Ohrschützer – die Arbeitsschutzvorschriften haben sich, verglichen mit 1890, stark verbessert. Der Webstuhl, auf dem gerade Wolldecken im Karomuster entstehen, ist das jüngste Stück im Maschinenpark: Hochtechnologie der 1980er Jahre. Das Muster ist kodiert vorgegeben. Eine solche Maschine wäre zu empfindlich für die Schwankungen der Energielieferungen des River Clettwr und läuft daher über einen Generator, dessen Strom aber das Wasser des Flusses erzeugt – eine Konzession an die Moderne.

Mit dieser Nutzung erneuerbarer Energie ist die Rock Mill heute tatsächlich die letzte. Denn schon seit Mitte des 19. Jh. stellten immer mehr Betriebe um auf elektrische Turbinen, befeuert mit Kohle. Den Brennstoff brachte die Eisenbahn: Die Teifi Valley Railway verkehrte bis Swansea, brachte von dort die Kohle und fuhr mit Flanell zurück. Die Industrialisierung der Woollen Mills im mittleren Teifi-Tal ging nie soweit wie in den englischen Midlands. Doch Anfang des 20. Jh. ratterten zwischen Drefach-Felindre und Cwmhiraeth, Drefelin und Cwmpengraig die Maschinen in rund 50 Betrieben mit im Schnitt etwa 70 Arbeitern. In einen dieser Fabrikkomplexe, in die ehemalige Cambrian Mill, ist das Museum of Welsh Woollen Industry eingezogen – einschließlich einer kleinen Fabrik mit normalem Betrieb an Werktagen – und gibt einen Überblick über dieses interessante Kapitel der walisischen Industriegeschichte.

Dass es nicht ganz vergessen wird, dafür sorgen Kleinstbetriebe wie die Rock Mill. Noch, denn sie wäre nicht die erste, die vom funktionierenden Betrieb zum Museum wird.

über den verblüffend einfach gebauten Bootstyp: Über ein Lattengitter aus Hasel- oder Eschenholz werden Tierhäute, in neuerer Zeit auch teergetränktes Leinen, gespannt. Ein einziges Paddel bewegt die ›Nussschale‹ vorwärts. Der Bootstyp ist auch aus Schottland und Irland *(curragh)* bekannt, ähnliche Boote werden aber auch im fernen Himalaya benutzt. Vom Coracle Centre gelangt man über das Gelände einer Wassermühle aus dem 17. Jh. auf Pfaden zu den Wasserfällen.

Stromschnellen gibt es auch unterhalb der Burg von **Newcastle Emlyn.** Sie wurde erst spät im 13. Jh. gebaut, als der Earl of Pembroke und der walisische Lord Rhys das Land unter sich aufteilten. Von der Festung ist allerdings nicht viel geblieben. In der betriebsamen Marktstadt kann man sich mit lokalen Produkten eindecken. Besonders der Käse aus Ceredigion ist bekannt: Teifi, Penbryn oder Celtic Promise heißen die Marken. Etwa 6 km südlich von Newcastle lassen sich die Käsemeister von **Caws Cenarth** über die Schulter schauen. Die preisgekrönten Produkte der Käserei, die in einer kleinen Farm untergebracht ist, mundeten auch Prince Charles (Mo–Fr 10–17 Uhr).

Weiter aufwärts im Teifi-Tal ist man im Land der Woollen Mills. Mit der Wasserkraft des schnellfließenden Teifi und seiner Nebenflüsse ratterten einst die Maschinen nur so um die Wette. Im **Museum of the Welsh Woollen Industry** in Drefach-Felindre wird der gesamte Herstellungsprozeß vom frisch geschorenen Wollvlies bis zum fertig gewebten Wolltuch demonstriert, zum Teil mit den historischen Maschinen (Apr.–Sept. Mo–Sa 10–17 Uhr, übrige Zeit Mo–Fr 10–17 Uhr). Auf dem Gelände befindet sich die privat betriebene Melin Teifi, wo man an manchen Werktagen beim Weben zusehen und Textilien einkaufen kann.

Die **Teifi Valley Railway** spielte eine wichtige Rolle als Transportweg der Produkte zu den Märkten in Südwales. Heute fährt auf der Trasse eine Dampfeisenbahn durch das grüne dichtbewaldete Tal. In der Region werden nur noch zwei Wollwebereien betrieben. Eine davon, **Rock Mill** (Apr.–Okt. Mo–Fr 10–17 Uhr, Mai–Sept. zusätzl. Sa 10–13 Uhr), liegt verborgen im engen tiefen Tal von Capel Dewi. Sie ist seit 1890 in Besitz der gleichen Familie und die einzige, deren Maschinen – wenn auch über einen Generator – von Wasserkraft angetrieben werden. Die Geräusche und Gerüche, die Bewegungen der großen Maschinen machen einen Besuch in der Mühle zu einem Erlebnis. Wolldecken und Stoffe aus eigener Produktion werden in einem kleinen Laden angeboten.

Jeden letzten Donnerstag im Monat zieht in **Llanybydder** der Pferdemarkt Käufer und Verkäufer oder auch neugierige Zuschauer an. Die Orte der Region am Oberlauf des Teifi sind ländlich geprägt. Das gilt auch für **Lampeter.** Die 2000-Einwohner-Stadt ist nicht nur das lokale Einkaufszentrum, wo die Farmer der Umgebung Gummistiefel und Regenjacken erstehen, sie ist auch die älteste walisische Universitätsstadt. St. David's University College öffnete 1827 seine Tore, damit junge Waliser endlich eine Alternative zum kostspieligen Studium in England bekamen. Damit ist Lampeter die drittälteste Universität in England und Wales, nach Oxford und Cambridge. Anerkannt wurde die University of Wales erst 1893. Die alten Universitätsgebäude im neogotischen Stil richten sich nach dem Vorbild von Oxford und sind einen Blick wert. Die Bibliothek besitzt einige wertvolle alte walisische Schriften.

Die Cambrian Mountains sind reich an guten Mineralquellen. Das berühmte Nobelwasser Tŷ-Nant wird in der Nähe von Lampeter in die leuchtendblauen Flaschen abgefüllt. Wasser war es nicht, das die Römer in die walisischen Berge trieb: Die reichen Bodenschätze waren sicher einer der Gründe für das rege Interesse an dieser Provinz Britanniens. Die **Dolaucothi Goldmines** bei Pumsaint erreicht man auf der A 482 in südöstlicher Richtung. Es ist die einzige Goldmine der Römer in Großbritannien (Mitte Mai–Mitte Sept. 10–17 Uhr, NT). Aus den Quarzadern des Schiefergesteins holten die Römer nach Schätzungen Edelmetall im heutigen Wert von etwa 7 Mio. Pfund. Nach der Wiederentdeckung der Stollen Anfang des 20. Jh., machten sich die modernen Goldsucher ans Werk und trieben tiefe Schächte ins Gestein. Der Goldrausch endete schon in den 1930er Jahren wieder. Fachgerecht ausstaffiert mit Helm, Lampe und Gummistiefeln erfährt man bei der einstündigen Führung durch die Stollen viel Interessantes und begegnet natürlich auch einem echten Bergwerks-Geist …

Zurück auf der Hauptstrecke B 4343 erhascht man auf dem Weg nach Tregaron ab und zu einen Blick auf den River Teifi. **Tregaron** hält im Wechsel mit Lampeter Markt. Hinter dem Ort erstreckt sich links ein großes Sumpfgebiet, Cors Goch, Heimat zahlreicher Wasservögel und des Roten Milans. Der elegante Greifvogel mit dem Gabelschwanz war wegen der Nachstellungen misstrauischer Farmer, die ihn für den Räuber von Lämmern hielten, fast ausgestorben. Durch Wiederansiedlung und strengen Schutz ist die Population wieder stark angewachsen. Auf den Britischen Inseln kommt er bisher nur in Wales vor.

Etwa 9 km hinter Tregaron führt ein Abzweig in Pontrhydfendigaid nach Osten in die Berge zur Abteiruine von **Strata Florida.** Die Zisterzienserabtei wurde 1201 von Mönchen aus Whitland gegründet und stand unter der Patronage des walisischen Herrschers Lord Rhys und dessen Familie. Llywelyn I. (der Große) ließ hier 1238 die walisischen Fürsten seinem Sohn die Treue schwören. Die Abtei wurde die Grablege für hochgestellte Persönlichkeiten des walisischen Adels. 13 Gräber des 13. Jh. trugen ihr den Titel einer ›Westminster Abbey von Wales‹ ein. Wie reich die Abtei war, lässt sich noch an den Resten eines Fußbodens aus dekorierten Ziegeln erkennen und an dem schönen Portal, dessen Rundstab-Archivolten mit keltischen Ornamenten verziert sind. Zwei wichtige mittelalterliche Werke wurden wahrscheinlich in dieser Abtei abgeschrieben: Das Geschichtswerk ›Brut y Tywysogion‹ (Chronik der Prinzen, wahrscheinlich 14. Jh.), das die walisische Historie ab 681 aufzeichnet, und ›Annales Cambriae‹.

Auf dem Gelände der Abtei Strata Florida befindet sich das Grab des berühmtesten walisischen Barden im Mittelalter, Dafydd ap Gwilym, der 1370 nur 30-jährig starb. Es wird an der Stelle vermutet, wo eine große Eibe steht. 1951 wurde ihm, dessen ›Gedicht wie Wein war‹, dort ein Grabstein errichtet.

Nicht weit entfernt von Strata Florida entspringt der Teifi und die Strecke nähert sich beim Zusammenfluss von Rheidol und Ystwyth einer wunderschönen Berglandschaft mit einer Reihe von Wasserfällen. Die **Mynach Falls** sind die berühmtesten und nicht weit entfernt von der Endstation der **Vale of Rheidol Railway,** die von Aberystwyth heraufschnauft. Wo die Straßenbrücke die Schlucht quert, steht man nichtsahnend direkt über ›**Devil's Bridge**‹. Es sind eigentlich mehrere Brücken, die sich an dieser Engstelle übereinander staffeln: Eine alte Steinbogenbrücke, vielleicht aus dem Mittelalter, darauf eine weitere und schließlich die gusseiserne Eisenbahnbrücke überbaut mit der neuen Straßenbrücke. Sichtbar sind sie leider nur von einem bestimmten Punkt auf dem markierten Wanderweg (Eintritt). Der wenig vertrauenweckende Name ›Teufelsbrücke‹ ist Thema einer Reihe von Legenden. Die von Klüften und Spalten durchzogene Schlucht und die vom Wildwasser ausgewaschenen riesigen runden Löcher ließen die einsamen Wanderer vergangener Zeiten offensichtlich um ihre Seele fürchten.

Von Devil's Bridge kann man entweder an die Küste nach Aberystwyth (s. S. 138ff.) fahren oder weiter durchs Wilde Wales Richtung Osten bis Llanidloes, vorbei an den Quellen von Severn und Wye in den Plynlimon Mountains (s. S. 154).

TIC Newcastle Emlyn, Market Hall, SA38 9AE, Tel. 012 39/71 13 33, nur im Sommer geöffnet.

Bei Cenarth: Fron Fawr, Self Catering Accommodation Boncath, Pembrokeshire SA37 0HS, Tel. 012 39/84 12 85, Fax 84 15 45, mehrere umgebaute Cottages verschiedener Komfortstufen in ländlicher Umgebung zwischen Cardigan und den Preselis, ££–£££; **Lampeter:** Dremddu Fawr, Creuddyn Bridge, SA48 8BL, Tel. 015 70/47 03 94, nur 2 Zimmer, das Dinner sollte man sich nicht entgehen lassen: sehr gute Küche, £.

Devil's Bridge: Woodlands Caravan Park, Tel. 019 70/89 02 33, schattiger Platz im Wald 300 m von den Wasserfällen.

Bei Lampeter: Rams Inn, in Cwmann an der A 482 Richtung Llandovery östlich von Lampeter, in dem alten Drovers' Inn von 1560 gibt es gutes *pub food*, beliebt bei *locals* und Touristen.

Newcastle Emlyn: große Käseauswahl in der Markthalle Eingang gleich neben TIC; Caws Cenarth, 6 km außerhalb, Tel. 012 39/71 04 32, in der Käserei kann man beim Herstellungsprozess zusehen, Caerphilly-Käse und andere Produkte probieren und kaufen.

Schmalspurbahnen: Teifi Valley Railway, Henllan, Tel. 015 59/37 10 77, Vale of Rheidol Railway (s. S. 143), jeweils Ostern–Okt.; **Radtouren:** Touren im Teifi-Tal, Infos bei Mapstone Newsagents, 31–32 Pendre, Cardigan, Tel. 012 39/61 47 29.

Powys und das südliche Snowdonia: Bergseen und Täler, Dünen und Meer

Die Strecke führt durch die grüne Mitte von Wales, das kräftig gewellte Hügelland zwischen Brecon Beacons und Snowdonia, das alte Reich Powys, vorbei an Stauseen und natürlichen Seen. Von den Panoramastraßen über die einsamen Höhen und Pässe eröffnen sich erste Blicke auf die grandiosen Bergriesen im Norden, Cadair Idris und Snowdon und die nahe Küste.

Viktorianische Kurorte und alte Marktstädte: Powys

(Karte S. 151, 155) Von Brecon folgt man der A 470, die sich im Zickzack als durchgehende und zügige Nord-Süd-Verbindung von Cardiff bis Llandudno durch die historische Landschaft Powys windet. Sie führt im Tal des Wye ins ›Kurviertel‹ von Wales. Die Heilkraft des Wassers aus den walisischen Bergen und die wegen der napoleonischen Kriege zunehmenden Probleme bei Urlaubsreisen in die vornehmen Spas auf dem Kontinent führten in viktorianischer Zeit dazu, dass sich vier Orte mit dem Namenszusatz ›Wells‹ schmücken durften. Einer davon ist **Builth Wells,** das schon seinerzeit

die ländliche Klientel der (reicheren) Farmer bediente. Heute kommen sie immer noch, aber nicht um Heilwasser zu trinken. Jedes Jahr im Juli

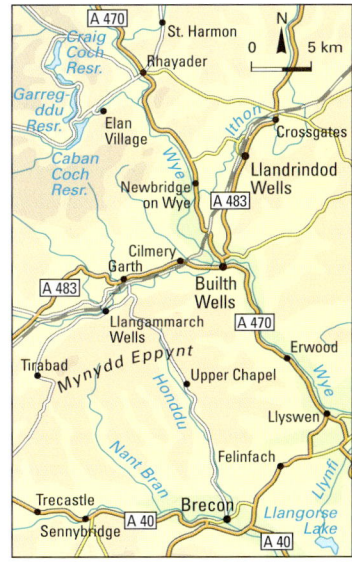

Zwischen Brecon und Rhayader

findet auf der Ebene am Fluss die große Landwirtschaftsschau (Royal Welsh Show) statt. Dann wimmelt es im Ort von Viehzüchtern und auf der Ausstellungsfläche von Preisbullen und Rekordschafen. Im Beiprogramm werden Wettbewerbe in ›ländlichen‹ Sportarten wie Holzhacken ausgetragen.

Wenige Kilometer westlich von Builth Wells erinnert bei **Cilmeri** ein 1956 aufgestellter Granitmonolith neben der Straße an Llywelyn II., der hier 1282 den Tod fand. Die Gemeinde von Builth errichtete dem nach walisischer Auffassung letzten Prince of Wales ein würdiges Denkmal – auch wenn er nicht als Held auf dem Schlachtfeld starb. Llywelyn wurde eher zufällig von einem einfachen englischen Soldaten erschlagen.

Stausee im Elan Valley

tigen Wässern der Quellen Erholung gesucht.

Doch der exklusivste der walisischen Kurorte war und ist **Llandrindod Wells.** Hier traf sich in den Tagen Queen Victorias die noble Gesellschaft im Ballhaus und beim Glücksspiel. Die hübschen Backsteinvillen mit ihren Türmen und Giebeln lassen noch etwas von der Pracht jener Zeit ahnen. Einmal im Jahr beim Victorian Festival im August wird die gute alte Zeit gefeiert, wenn sich die Bewohner in zeitgenössische Kostüme kleiden und die ganze Stadt für ein paar Tage in ein viktorianisches Spa verwandeln. Viktoriana gibt es auch im National Cycle Museum zu sehen; schließlich gehörte das Radfahren zu einer der am leidenschaftlichsten betriebenen Sportarten des spätviktorianischen England. Die Ausstellung zeigt über 200 Exponate (10–17 Uhr).

Viktorianische Ingenieure waren es auch, die das tiefe Tal des Elan westlich von Rhayader fluteten, um die Bevölkerung u. a. des mittelenglischen Birmingham mit Trinkwasser zu versorgen. Eine wunderschöne Route führt heute rings um die Kette von Seen durch das **Elan Valley.** Man kann dem Tal auch ganz aufwärts folgen und jenseits des Passes via Devil's Bridge ins Vale of Rheidol wechseln, bis nach Aberystwyth (s. S. 138ff.).

Die ›Exoten‹ unter den Kurgästen zogen die Ungestörtheit und Diskretion von **Llangammarch Wells** vor. Der Kurort einige Kilometer westlich von Builth Wells besteht nur aus wenigen Häusern. Man munkelt, Kaiser Wilhelm II., der Enkel von Queen Victoria, habe hier 1912, kurz bevor er den Ersten Weltkrieg vom Zaun brach, unter dem Namen ›Prince Munster‹ bei den bariumhal-

Das alte Marktstädtchen **Rhayader** an der Mündung des Elan in den River Wye liegt am Schnittpunkt der Nord-Süd-Route mit einer alten Drovers Road, auf der die Schafe von den Höhen der Plynlimon Mountains in Ost-West-Richtung bis zu den Umschlagplätzen für Vieh in Hereford oder sogar bis nach London getrieben wurden. Genau an der Kreuzung steht der Uhrturm im Zentrum, ein Relikt aus dem Ersten Weltkrieg und ein Studienobjekt für nationale Symbolik: Auf der einen Seite ist der rote Drache von Wales im Kampf mit dem preußischen Adler gezeigt, auf einer anderen das alte Stadtwappen von Lauch umgeben, dem walisischen Nationalgemüse. Der Wasserfall am River Wye, dem die Stadt den Namen verdankt (rhaeadr = Wasserfall), existiert schon seit 1779 nicht mehr, als die Wye-Brücke erneuert wurde.

Eine Alternativroute Richtung Aberystwyth ist die Strecke am Fuß der 700 m hohen Plynlimon Mountains entlang, wo Severn und Wye entspringen. Wildere Bergszenerien und Panoramastraßen erwarten den Reisenden aber im Norden. Die A 470 knickt zunächst nach Osten in Richtung des hübschen Fachwerkstädtchens **Llanidloes** ab. Seit dem 16. Jh. kam die Stadt durch Wollweberei zu Wohlstand und besitzt noch einige schöne Beispiele für Tudor-Fachwerk, wie die offene Markthalle (um 1600) im Zentrum. Ein kleines Lokalmuseum im Rathaus informiert über die Geschichte der Marktstadt und seiner Region.

Bei der Weiterfahrt auf der A 470 Richtung Dolgellau fallen die Windturbinen auf den Kuppen der Bergkämme auf. Hier bei Llandinam steht mit 100 Turbinen einer der größten Windparks Großbritanniens. Im Severn-Tal spürt man schon die Nähe der englisch-walisischen Grenze, nicht nur wegen der vielen Unicorn-Pubs – das Einhorn ist Symbol der englischen Krone. **Newtown** hieß einmal das ›Leeds von Wales‹. Als 1819 der Montgomeryshire Canal gebaut wurde, gab das der Textilindustrie neuen Auftrieb. Anders als im Teifi-Tal, wo sich Familienunternehmen mit vergleichsweise sozial verträglichen Strukturen etablierten, wurden hier schon früh fabrikähnliche Betriebe gegründet wie in den englischen Midlands. In 50 Fabriken ratterten über 1000 Webstühle und produzierten Flanell und andere Wolltuche. An den Fabrikanten und Sozialreformer Robert Owen (1771–1858) erinnert ein kleines interessantes Museum (The Cross, Broad Street, Mo–Fr 9.30–12 u. 14–15.30 Uhr, Sa 9–11.30 Uhr, Eintritt frei). Als Leiter einer Fabrik im schottischen New Lanark lernte er die Folgen von Kinderarbeit und dem ausbeuterischen *token system* kennen. Dabei wurden die Arbeiter statt in Geld in *tokens* entlohnt, mit denen sie nur in einem bestimmten Laden einkaufen konnten – und der gehörte dem Fabrikbesitzer und ver-

Rhayader

langte natürlich gesalzene Preise. Robert Owen entwickelte das Modell der Kooperative-Läden und schickte die Kinder seiner Arbeiter statt an den Webstuhl auf die Schulbank.

W. H. Smith ist ein Name, der sich unwillkürlich im Verlauf einer Großbritannienreise einprägt, ob man will oder nicht. In fast jeder High Street prangt der Namenszug dieser Kette von Zeitungs- und Papierwarenläden. Das Unternehmen geht auf den Zeitungshändler Henry Walton Smith zurück, der 1792 einen der ersten Zeitungsläden eröffnete. Der Laden in Newtown wurde mit seiner Originaleinrichtung aus dem Jahr 1927 einschließlich Lam-

pen und Eichenregalen originalgetreu restauriert.

Den Gründungsort und die Verwaltungszentrale der Ladenkette Laura Ashley passiert man auf der Weiterfahrt bei Carno. Dahinter nähert sich die A 470 zusehends den Gipfeln von Snowdonia. Vom Pass hinter Mallwyd erhascht man erste Blicke auf das meist wolkenverhüllte und dann umso dramatischer wirkende Cadair-Idris-Massiv. Der Pass führt hinüber ins Dyfi Valley.

Dem idyllischen Tal des Dyfi, der in Aberdyfi (s. S. 164) mündet, kann man noch weiter aufwärts ins Gebirge folgen. Hier sehen die Berge aus wie gefaltete ungebügelte Taschentücher, die ein Riese mit spitzen Fingern etwas angelupft hat, das Ganze in Tiefgrün, je nach Jahreszeit auch braun schattiert. Denn die Berge, deren Struktur man so deutlich sehen kann, sind meist unbewaldet und mit Farnkraut und Stechginster bewachsen. An manchen Stellen hat sich der Rhododendron einen ganzen Steilhang erobert. Auch hier sind die Bergkuppen mit Windturbinen übersät. Am Talende ragen schroffe kahle Hänge auf und die Straße windet sich hoch zur Passhöhe **Bwlch y Groes,** wo allein schon die fantastische Aussicht eine Pause zwingend vorschreibt. Der Blick von der Stelle, an der sich drei Täler treffen, ist einfach gigantisch. Hintereinander gestaffelte Berge, soweit das Auge reicht.

Geradeaus geht es zum natürlichen See Bala Lake, nach rechts zum Stausee Lake Vyrnwy. Dieser Weg auf schmaler einspuriger Straße führt über ein mooriges Hochplateau, baumlos und mit ausgedehnten Wollgraswiesen, über die der Wind pfeift. Es geht schließlich steil abwärts zu der von dichtem Wald umstandenen Trinkwassertalsperre **Lake Vyrnwy.** Die Umgebung bietet zahlreiche Spaziergänge durch Wald und Heideland.

Nach einer Runde um den See Vyrnwy kann man an dessen Nordzipfel über ein wiederum schmales, einsames, aber aussichtsreiches Sträßchen nach Bala weiterfahren. Das letzte Stück durch das reizvolle, locker bewaldete Hirnant Tal ist besonders schön. Llyn Tegid oder **Bala Lake** ist mit 6,4 km Länge und 1,3 km Breite der größte natürlich entstandene See von Wales. Seine große Tiefe von stellenweise über 40 m wird der schürfenden Tätigkeit

der Eiszeitgletscher vor etwa 10 000 Jahren zugeschrieben ebenso wie seine Entstehung. Auch eine besondere Fischart, die nur hier vorkommt, der lachsähnliche *gwyniad* ist auf die Isolierung des Sees zu jener Zeit zurückzuführen.

Am Bala Lake gibt es gute Wassersport- und Wandermöglichkeiten sowie Gelegenheit zu nostalgischen Eisenbahnfahrten: Die von Dampfloks gezogene Schmalspurbahn **Bala Lake Railway** verspricht bei der Fahrt entlang dem südlichen Seeufer schöne Blicke auf die ›Hausberge‹ Arenig Fawr (853 m) und Aran Benllyn (880 m).

Die knapp 2000 Einwohner zählende Marktstadt **Bala** am Nordostende des Sees gilt als ›Gateway to Snowdonia‹. Entlang der Hauptstraße des beschaulichen und ruhigen Städtchens zieht sich eine Reihe von gemütlichen Pubs.

TIC Llandrindod Wells, Old Town Hall, Memorial Gardens, Llandrindod LD1 5DL, Tel. 015 97/82 26 00, ganzjährig; **Elan Valley Visitor Centre, Rhayader** LD6 5HP, Tel. 015 97/ 81 08 98, nur Ostern–Okt.; **TIC Llanidloes,** 54, Longbridge Street, Llanidloes SY18 6EF, Tel. 016 86/41 26 05, ganzjährig; **TIC Newtown,** The Park, Back Lane, Newton SY12 2PW, Tel. 016 86/ 62 55 80, ganzjährig; **TIC Bala,** Penllyn, Pensarn Road, Bala LL23 7SR, Tel. 016 78/ 52 10 21, nur Ostern–Okt.

In Llandrindod, Llanwrtyd und Llangammarch Wells halten **Züge** der Heart of Wales Line Swansea–Shrewsbury; Newtown liegt an der Bahnstrecke Aberystwyth–Shrewsbury.

Llangammarch Wells: The Lake Country House Hotel, Llangammarch Wells, Powys LD4 4BS Tel. 01591/62 02 02, Fax 62 04 57, der Legende nach nächtigte im antik möblierten Nobelhotel 1912 inkognito Kaiser Wilhelm II., £££; **Elan Valley:** Elan Valley Hotel, Elan Valley, Rhayader, Powys LD6 5HN, Tel. 81 04 48, restauriertes viktorianisches Hotel mit guter Küche, ££; **Lake Vyrnwy:** Lake Vyrnwy Hotel, Llandwddyn SY10 0LY, Tel. 01691/87 06 92, Fax 87 02 59, sportliches Landhaushotel mit guter Küche, Spezialität: Wild, £££; **Bala:** Fron Feuno Hall, Bala, LL23 7YF, Tel. 5 21 15, Fax 52 11 51, am Seeufer, drei Zimmer mit Blick auf Bala Lake, ££; Llidiardau Mawr, LL23 7SG, Tel. 52 05 55, 7 km außerhalb an der A 4212 Richtung Betws-y-Coed, B&B in einer historischen Mühle aus dem 17. Jh., £.

Bala: Pen y Bont Touring and Camping Park, Llangynog Road, Tel. 52 05 49, komfortabel eingerichtet, 85 Stellplätze; Glanllyn Caravan & Camping Park, Tel. 01678/54 02 27, direkt am See, 150 Stellplätze.

Rhayader: Cwmdeuddwr Arms, West Street, die Enge sorgt für Atmosphäre, beliebtes Pub; **Newtown:** Buck Inn, High Street, schön restauriertes und gemütlich eingerichtetes historisches Fachwerk-Pub.

Builth Wells: Wyeside Craft Centre; **Rhayader:** Welsh Royal Crystal, Glasbläserei mit Verkauf; **Llanidloes:** Laura-Ashley-Laden, Great Oak Street; **Dinas Mawddy:** Meirion Mill Shop: Rustikale englische Mode für jedes Wetter, Stoffe und Wolldecken in allen erdenklichen Mustern.

 Mountainbike-Verleih: Builth Wells Cycles, Fairleigh, Smithfield Road, Fairleigh, Tel. 01982/55 29 23; Clive Powell Mountain Bikes, Somerset House, East Street, Rhayader, Tel. 81 13 43; Greenstiles Cycles, 2 Automobile Place, Llandrindod Wells, Tel. 82 45 94; **Wassersport:** Bala Adventure and Watersports Centre, Tel. 52 10 59; **Wildwasserkanu, Rafting:** National White Water Centre, bei Bala, Tel. 52 10 83; **Schmalspurbahnen:** Bala Lake Railway, Tel. 01670/54 06 66.

Rund um den ›Berg des Zauberers‹: Cadair Idris

(Karte S. 155) Das Massiv des Cadair Idris ist nach dem Mount Snowdon-Gebiet das zweithöchste von Wales – eine imposante Erscheinung, wenn es die Wolken denn einmal freigeben. Um den Cadair Idris ranken sich Sagen: Es heißt wer eine Nacht auf dem Gipfel verbringe, verfalle entweder dem Wahn, werde blind oder ein Barde: Der Name des Berges bedeutet ›Thron des Idris‹, nach dem sagenhaften Zauberer und Riesen Idris. Die Rundtour um den riesigen Bergrücken beginnt in der Marktstadt **Machynlleth,** die sich mit ihren nicht viel mehr als 2000 Einwohnern klein und hübsch zwischen grünen Wiesen im breiten Tal des Dyfi (engl.: Dovey) ausbreitet. Der Uhrturm markiert die zentrale Straßenkreuzung. An der belebten Einkaufsstraße Richtung Welshpool steht das Gebäude, wo Owain Glyndŵrs Parlament 1404 getagt haben soll. Der

Das Rätsel ›Inselkelten‹

Lange Zeit stand es so in den Geschichtsbüchern: Vor ca. 2500 Jahren hatten die Kelten aus Mitteleuropa in mehreren Wellen Britannien erobert und ihre Sprache und Kultur dort eingeführt. Aber für einen massiven Einmarsch von Kelten nach Britannien gibt es gar keine archäologischen Beweise. Anzeichen gewaltsamer Auseinandersetzung wie Brandspuren fehlen. Hatte die Geschichtsschreibung hier womöglich nur vorschnell die schlechten Manieren, wie man sie von Römern, Angeln und Sachsen kannte, auf die graue Vorzeit übertragen?

Aus den zahllosen Grabungen der letzten Jahrzehnte ergibt sich ein anderes Bild. In Wales und anderswo in Britannien – mit Ausnahme des Südostens von England – herrschte seit der Steinzeit Kontinuität: Auch in ›keltischer‹ Zeit Rundhütten statt der auf dem Kontinent üblichen eckigen Häuser, die Gegenstände mit ›keltischem‹ Dekor sind eher Interpretationen eines Stils als die gleichen wie auf dem Kontinent. Es sieht ganz so aus, als habe sich die alteingesessene Bevölkerung nur von der keltischen Lebensart und Ästhetik überzeugen lassen, die als dominierende Kultur des europäischen Kontinents herüberkam, vermittelt durch Reisende in beiden Richtungen. Denn einen lebhaften Handel übers Meer gab es schon lange und einen Austausch von Ideen zweifellos auch.

Bleibt die Frage nach dem Keltischen, das zu den indoeuropäischen Sprachen gehört. Vorformen des Bretonischen, Walisischen und Irischen wurden vermutlich auf den Britischen Inseln schon gesprochen, bevor die Griechen vor 2800 Jahren ihre Zeitgenossen als *Celtoi* bezeichneten. Ein ›keltisches Volk‹ hat vielleicht nie existiert, nur eine ›keltische Kultur‹. Auch heute scheint das Bekenntnis zum ›Keltischen‹ eher eine Frage des Way of Life, von Lebenskultur und -gefühl, gerade in einer angelsächsisch dominierten Welt.

---

dunkle Schieferbau neben der Tourist Information stammt sicher aus späterer Zeit, aber man kann einen Blick ins Innere werfen, wo die Geschichte des Owain Glyndŵr und der letzten Revolte gegen die englische Besatzung auf Tafeln erklärt wird. Im Laden werden Abdrücke von Bronzereliefs *(brass rubbings)* und andere ›mittelalterliche‹ Souvenirs verkauft. Ansprechender für alle Sinne ist da schon die Ausstellung im Museum **Celtica** (10–18 Uhr, letzter Einlass 16.30 Uhr). Durch einen kleinen Park gegenüber der Tourist Information gelangt man zu einem der spannendsten Museen in Wales. Frei nach dem Motto ›Edu-

Landschaft bei Abergynolwen

cation Through Fantasy‹ wird der Besucher mit Hilfe modernster Technik auf eine etwa einstündige magische Zeitreise geschickt, die ihn von der Vorzeit bis ins Heute katapultiert. Schwerpunkt ist die Geschichte keltischer Kultur und Lebensart.

Ein stillgelegter Schieferbruch wenige Kilometer nördlich von Machynlleth ist seit den 1970er Jahren ein Mekka der Ökologiebewegung: Im **Centre for Alternative Technology (C.A.T.)** erfährt man alles darüber, wie man alternative Energiequellen anzapft, von Wind über Wasser bis zur Sonne. Ein Erlebnis ist die Fahrt den steilen Schieferhang hoch mit der wassergetriebenen Kabelbahn. Oben angelangt, geht es vorbei an solargetriebenen Telefonzellen, strohgedämmten Häusern und der Komposttoilette. Irgendetwas Neues ist immer im Bau, und man kann wie in einem Freilichtmuseum alle Gebäude auch begehen und benutzen. Frische Produkte aus dem ökologischen Gartenbau, die nebenan reifen, verarbeitet das Wholefood Café zu leckeren Gerichten, und der Laden bietet neben Kunstwerken aus Recycle-Material viele interessante Ideen in Form von Do-it-yourself-Literatur für Aussteiger und solche, die es werden wollen. Das Zentrum veranstaltet auch Workshops und praktische Kurse. Übrigens: Wer mehr als 3 km weit

zum C.A.T. radelt oder wandert, erhält 50 % des Eintrittspreises erlassen (Apr.–Okt. 10–17 Uhr, übrige Zeit unter Tel. 0 16 54/70 24 00).

Ein paar Kilometer weiter kann man sich nach Souvenirs umschauen oder auch nur den Kunsthandwerkern bei der Arbeit über die Schulter sehen. Das wabenartig angelegte **Corris Craft Centre** vereint Goldschmiede, Töpfer, Drechsler und Kerzenmacher. Alle Produkte sind handgearbeitet – garantiert nicht aus Plastik oder Fernost, und die Auswahl ist groß. Das in einem ehemaligen Schieferstollen angelegte **King Arthur's Labyrinth** lädt

man wird im Kreis geführt: Bis die Reste einer Burg auf einem niedrigen Buckel in einem weiten Tal, umgeben von hohen Buckeln sichtbar wird. 1221–83 war die große Zeit der unter Llywelyn I. (der Große) errichteten Festung. Nach der Zerstörung durch die Engländer bei Eduards I. Feldzug verfiel sie, so dass nur noch spärliche Ruinen blieben (immer zugänglich). Aber die Lage bzw. die Aussicht auf die stillen, grünen, merkwürdig geformten Hügel ringsum ist den Abstecher wert. Einer dieser Hügel, der Craig y Aderyn (Bird Rock), gehört zu den seltenen Nistplätzen von Kormoranen so weit im Landesinnern.

Zurück in Abergynolwen folgt man weiter der Strecke Richtung Tywyn und Meer. Ein Halt lohnt bei den **Dolgoch Falls.** Vom Parkplatz neben dem Gasthaus an der Straße führt ein Pfad einige 100 m bachaufwärts zu den wunderschönen Wasserfällen. Bis zu den Dolgoch Falls fährt auch die Schmalspurbahn Talyllyn Railway. Die von Dampfenthusiasten betriebene Eisenbahn startet in Meereshöhe im Seebad Tywyn und dampft anschließend 12 km hoch durch das mit schönem Laubwald bestandene Tal (s. S. 140 f.).

Wen es nicht in Tywyn an den Strand zieht, der kann bereits in Bryncrug auf die A 493 wechseln. Wo sie die Küste erreicht, bietet sie kurz vor Fairbourne über die Streichholzschachtel-Siedlungen der Caravan Parks hinweg ein Postkartenblick auf die Bergzacken der

zu einer Bootsfahrt durch die Welt der Artuslegenden, untermalt durch eine Ton- und Licht-Show (10–17 Uhr).

Man verlässt das enge Tal, durch das sich die A 487 windet, über den 666 Fuß (ca. 222 m) hohen Pass und biegt, statt weiter nach Dolgellau zu fahren, auf die B 4405 Richtung **Tal-y-llyn.** Bunte Ruderboote schaukeln auf blauem Wasser, dahinter eine Bergsilhouette – der Tal-y-llyn Lake ist ein Bergsee wie aus dem Bilderbuch. In Abergynolwen zweigt ein winziges Sträßchen ab nach **Castell y Bere.** Es windet sich um die Hügel herum, so dass man schon glaubt,

Halbinsel Llŷn, den goldgelben Strand und das Seebad Barmouth auf der anderen Seite der breiten Mawddach-Mündung.

Während man auf der Straße einen weiten Umweg die Flussmündung aufwärts bis Penmaenpool oder gar Dolgellau in Kauf nehmen muss, ehe die erste Brücke hinüberführt, quert die Eisenbahn, der Cambrian Coaster (s. S. 163), bereits hier auf einer 800 m langen Brücke die Sandflächen und angrenzenden Salzwiesen. Spätestens am ehemaligen Bahnhof in **Penmaenpool,** heute Hotel und Restaurant, sollte man Halt machen, um einen Blick auf das wunderschöne, mit seinen vereinzelt wachsenden Meereskiefern fast südländisch anmutende Mawddach Estuary zu genießen. Die ehemalige Eisenbahnbrücke, heute mit Planken belegt, dient als mautpflichtige Straßenbrücke über den Fluss. Auf der stillgelegten Bahnstrecke Barmouth–Dolgellau (15 km) verläuft der Rad- und Wanderweg **Morfa Mawddach Trail.** Auf der anderen Flussseite führt er durch dichten Laubwald mit schönem Eichenbestand, wo sich immer wieder Blicke auf die Küste, die Flussmündung mit ihren Sandbänken und nicht zuletzt den stets im Hintergrund aufragenden Cadair Idris ergeben. Um den 893 m hohen Bergriesen zu besteigen, wählen die meisten **Dolgellau** als Basislager. Die an den Fuß von Cadair Idris gebettete Marktstadt mit Verwaltungsfunktion macht mit ihren ordentlichen Schieferhausreihen einen soliden Eindruck. Im 19. Jh.

war die Stadt das Zentrum eines kurzen walisischen Goldrauschs, als in den hier zusammenfließenden Bächen Gold gefunden wurde. Immerhin, es reichte für die königlichen Hochzeitsringe, die seit Queen Mother in der Familie Windsor in Gebrauch sind. Die walisischen Goldminen sind zwar noch nicht erschöpft, aber der Abbau ist zehnmal teurer als anderswo, und so schloss die letzte Mine 1998 ihre Stollen. Dass das walisische Gold einen leichten Rotton aufweist, ist pure Legende und auf erhöhte Kupferbeimischung zurückzuführen. Welsh Gold ist für Normalsterbliche unerschwinglich.

Mitte des 17. Jh. hatten die Quäker in Dolgellau viele Anhänger. Die Region wurde zu einer ihrer Hochburgen, bevor sie nach Pennsylvania aufbrachen. Näheres über diese protestantische Sekte, deren Mitglieder sich stets durch ihre Nonkonformität – besonders was Wehrdienst und Königstreue angeht – bei Regierungen unbeliebt machten, erfährt man im Quaker Heritage Centre, Tŷ Meirion, im selben Haus wie die Tourist Information. Spaziergänge auf den Spuren der Quäker werden ebenfalls angeboten.

ⓘ **TIC Machynlleth,** Canolfan Owain Glyndŵr, Machynlleth SY20 8EE, Tel. 01654/702401, Fax 703675; **TIC Dolgellau,** Tŷ Meirion, Eldon Square, Dolgellau LL40 1PU, Tel. 01341/422888, Fax 422576.

 Zugverbindung nach Machynlleth von Aberystwyth

und Shrewsbury und mit dem Cambrian Coaster entlang der Küste; **Bus** Machynlleth–Aberllefenni (No. 34) mit Halt am C.A.T. (Arriva Tel. 01970/617951).

🛏️ **Machynlleth:** Wynnstay Arms Hotel, Maengwyn Street, SY20 8AE, Tel. 702941, Fax 703884, traditionsreiches Hotel aus der Postkutschenzeit mitten im Ortszentrum, 20 Zimmer, gute italienische Küche, £–££; **Dolgellau:** George III. Hotel, Penmaenpool, Dolgellau, LL40 1YD, Tel. 422525, Fax 423565, herrliche Lage an der Mawddach-Mündung, 6 Zimmer im ehem. Bahnhof direkt an der Toll Bridge, ££; Tŷ Isaf Farmhouse, Llanfachreth, LL40 2EA, Tel. 423261, 3 komfortable Zimmer in einem traditionellen Bauernhaus aus dem 17. Jh., ££.

🍴 **Dolgellau:** Bontddu Hall (8 km außerhalb Richtung Barmouth), Tel. 430661, noble Küche in einem viktorianischen Landhaus mit herrlicher Aussicht, 20 Zimmer (£££); **Machynlleth:** The Quarry Shop, Maengwyn Street, Wholefood Café mit leckerer, gut gewürzter Vegetarierkost.

🏵️ **Machynlleth:** Mi ist Markttag, zeitgenössische Werke von walisischen Künstlern kann man in der Galerie Y Tabernacl, Machynlleth, Heol Penrallt (Bahnhofsnähe), besichtigen und erwerben; **Corris Craft Centre:** handgearbeitete Souvenirs tägl. 10–17 Uhr.

🚶 **Bergwandern:** Die Besteigung des Cadair Idris ab Tŷ Nant dauert ca. 5 Std. Eine weitere schöne Wanderung bietet der Precipice Walk ab Llanfachredd (ca. 8 km nordöstlich) mit schönen Ausblicken über die Mawddach-Mündung, Auskunft in Tŷ Meirion, Dolgellau, s. Information; **Reiten:** Abergwynant Farm Trekking Centre, Penmaenpool, Dolgellau LL40 1YF, Tel. 422377.

Eine Küstentour mit dem Cambrian Coaster

(Karte S. 155) In der zweiten Hälfte des 19. Jh. erschloss die Bahnlinie des Cambrian Coaster die walisische Westküste zwischen Porthmadog und Aberystwyth. Aus einfachen Fischersiedlungen entwickelten sich aber nur bescheidene Badeorte. Denn der Boom, wie ihn die Seebäder im Norden erlebten, blieb im Westen aus. Diese Küste, nicht minder schön, war zu abgelegen für die Erholungssuchenden aus den Städten Nord- und Mittelenglands.

Die Fahrt der Küstenbahn beginnt in Aberystwyth. Natürlich kann man die Strecke mit geringen Abweichungen auch auf den parallel verlaufenden Straßen A493 und B4573 zurücklegen. Aber wieviel entspannender ist es, die herrliche Landschaft – auf der einen Seite weite Sandstrände, auf der anderen kühle Bergsilhouetten – am Zugfenster vorbeigleiten zu sehen. Die dieselgetriebenen Schienenbusse rattern in gemütlichem Tempo über die Gleise und halten an einsam gelegenen Stationen nur auf Handzeichen. Und wer aussteigen will, muss dem Schaffner rechtzeitig vorher Bescheid sagen.

Der Badeort Borth nördlich von Aberystwyth, umzingelt von Caravan Parks, auf denen sich Hunderte Wohnwagen Schachteln gleich über die Wiesen verteilen, bietet nicht viel Reizvolles. Umso mehr fasziniert die Schönheit der Natur an der

Mündung des Afon Dyfi. Mitten in den Salzmarschen liegt die moderne Bahnstation Dovey Junction. Hinter den weiten Sumpfwiesen, ragen blau im Dunst die Berggipfel der Cambrian Mountains auf. Während man auf der Straße über Machynlleth (s. S. 158f.) fahren muss, führt der Weg auf der Schiene ohne Umschweife durch die Salzmarschen, über den Dyfi und durch

Tunnels entlang steiler Schieferklippen, stellenweise üppig überwuchert, nach **Aberdyfi (Aberdovey).** Der ehemalige Fischerort mit schönem Sandstrand und breitem Wassersportangebot liegt wunderhübsch über der Flussmündung. Malerisch scharen sich die Häuser um die Bucht.

Eher ruhiges Strandleben charakterisiert die endlos scheinenden

stammt aus dem frühen 8. Jh., trägt eine Inschrift in walisischer Sprache und lieferte damit einen handfesten Beleg dafür, dass das Walisische das Lateinische als Schriftsprache zu jener Zeit bereits abgelöst hatte.

Von Tywyn fährt im Sommer die Schmalspurbahn **Talyllyn Railway** hinauf in die Berge, zu Wasserfall und Bergsee (s. S. 161). Ein Museum zum Thema Schmalspurbahnen zeigt einige schöne Exemplare. Auf breiten Schienen geht es weiter über Sandflächen und die Mündung des Dysynni nach Fairbourne. Hier überquert der Zug die reizvolle Mawddach-Mündung auf einer 800 m langen Holzbrücke. Der Panoramablick geht übers Meer zur Halbinsel Llŷn mit ihren Zackengipfeln.

Das geschäftige Seebad **Barmouth** ist die nächste Station. Der Bahnhof liegt nicht weit vom Meer. Die Promenade mit Dauerkirmes und munterem Badeleben erstreckt sich den endlos scheinenden Sandstrand entlang.

Morfa Dyffryn heißt die ausgedehnte Dünenlandschaft zwischen Barmouth und Dyffryn Ardudwy: Sand soweit das Auge reicht. Der Legende nach versank in grauer Vorzeit vor der Küste ein äußerst reicher Landstrich im Meer – das Land war der See abgerungen und durch Deiche und Schleusen geschützt. Ein nachlässiger Schleusenwärter soll durch seine Vergesslichkeit die Kata-

Sandflächen: Der Name von **Tywyn** bedeutet tatsächlich Sandstrand, und der ist das Kapital des langgezogenen Straßendorfs, das sich vom Berg zum Strand erstreckt. Tywyn ist älter, als man dem bescheidenen Seebad ansieht. Die Kirche St. Cadfan beherbergt ein Grabmal aus dem 13. Jh. Unauffällig, aber bedeutungsschwer ist der schmale hohe Stein gegenüber dem Eingang. Er

strophe ausgelöst haben. Bisweilen soll man noch die Kirchenglocken versunkener Dörfer läuten hören. Vielleicht sind es auch die Schiffsglocken der Wracks, denn die Küste der Cardigan Bay mit ihren Riffs und Untiefen ist an dieser Stelle nicht ungefährlich für die Schiffahrt.

Für die Erforschung der Vorgeschichte, der Steinzeit und Bronzezeit, ist der Berghang von **Dyffryn Ardudwy** von besonderer Bedeutung. Gleich neben der Straße führt ein Fußweg zu zwei eindrucksvollen Megalithgräbern. Die Schafweiden auf den Hängen der Hügel dahinter sind übersät davon. Südlich des Ortes wurde eine eisenzeitliche

Die vorzeitlichen Steingräber von Dyffryn Ardudwy sind 4000 Jahre alt

Festung entdeckt, deren Reste zu besichtigen sind.

Wen angesichts der Sanddünen die Sehnsucht nach den Bergen überkommt, der kann in Llanbedr einen Abstecher ins Bychan-Tal, **Cwm Bychan,** anschließen. Auf einspurigen Sträßchen geht es an einem idyllischen, bewaldeten Bachlauf mit bemoosten Steinen und kleinen Stromschnellen aufwärts durch das berückend schöne Tal. Überall türmen sich Steinmauern. Sie begrenzen die Wege, sie frieden die Schafweiden ein. Die meisten dieser Steinwälle entstanden im 18. Jh., als das Land für die Viehhaltung aufgeteilt wurde. Die Qualität der Böden ließ meist nur Schafhaltung zu, und einmal im Jahr trieben die Drovers ihre Herden gen Osten, bis auf die Märkte von London. Die alten Drovers' Roads bestanden über Jahrhunderte, an ihnen siedelten sich Gasthäuser an, die als Zwischenstation für die Treiber und ihre Ware dienten. Als gepflasterte Wege in Ost-West-Richtung führen sie zum Teil noch heute über das Gebirge und dienen als Wanderwege. Auf sorgsam gemauerten Brücken überqueren sie die Flüsse und überwinden Bergpässe. Einer davon führt am Ende des Cwm Bychan über die ›Roman Steps‹, eine stufenartig angelegte Passage, die aber nicht so alt ist wie der Name (römische Stufen) nahelegt. Der Weg quert die Rhinog Mountains zwischen Rhinog Fawr (Großer Rhinog, 720 m) und Rhinog Fach (Kleiner Rhinog, 710 m), und es zweigen Routen auf die beiden Gipfel ab. Von einem privaten Parkplatz (Gebühr) bei einer Farm an einem kleinen See kann man dem Weg zumindest ein Stück weit durch wunderschöne Berglandschaft folgen.

Kurz vor Ende der Küstentour steht ein Halt unter einer der berühmtesten Burgen von Wales auf dem Fahrplan: Hoch über dem Bahnhof des Cambrian Coaster erhebt sich auf einer ca. 60 m hohen steilen Felsklippe **Harlech Castle.** Eduard I. ließ die Burg 1289 errichten. Der Blick von oben ist atemberaubend: Jenseits von Caravan Parks und den goldenen Sanddünen mit dem Streifen azurblauen Meers ragt die Halbinsel Llŷn wildgezackt ins Blickfeld.

Die Straße führt noch ein Stück ins Landesinnere das Tal des Afon Ffestiniog aufwärts, dessen sandige Mündung die Bahnlinie auf einem Viadukt Richtung Porthmadog überquert. Dort hat man Anschluss an die Ffestiniog-Schmalspurbahn bis Blaenau Ffestiniog, wo man umsteigen kann in die Conwy Valley Line bis Llandudno bzw. die Nordküstenstrecke, die Hauptroute London–Holyhead. Oder man setzt die Fahrt mit dem Cambrian Coaster bis Pwllheli auf der Halbinsel Llŷn (s. S. 181ff.) fort.

ℹ️ **TIC Aberdyfi,** The Wharf Gardens, Aberdyfi LL35 0ED, Tel. 016 54/76 73 21, nur Ostern–Okt.; **TIC Tywyn,** High Street, LL36 9AD, Tel. 016 54/71 00 70, nur Ostern–Okt.; **TIC Barmouth,** The Old Library Station Road, Barmouth LL42 1LU, Tel. 013 41/28 07 87; **TIC Harlech,** Gwyddfor House,

High Street, Harlech LL46 2YA, Tel. 017 66/78 06 58, nur Ostern–Okt.

🚆🚌 Die beschriebene Strecke lässt sich ideal per **Zug** (Cambrian Coaster) bereisen, parallel verkehrt **Bus** Nr. 38 Barmouth–Blaenau, auf der A 470 im Landesinnern Nr. 35 Barmouth–Trawsfynydd–Dolgellau (Arriva Tel. 019 70/61 79 51).

🛏️🍴 **Aberdyfi:** Plas Penhelig Country House Hotel, LL35 0NA, Tel. 76 76 76, Fax 76 77 83, gemütliches Landhaus in einem herrlichen Terrassengarten auf der Anhöhe über dem Meer, 11 Zimmer, ££; Penhelig Arms, LL35 0LT, Tel. 76 72 15, Fax 76 76 90, Gasthaus im Ort direkt am Meer, gutbürgerliche Küche, ££; **Tywyn:** The Proper Gander, High Street, gemütliches Café mit leckeren Kuchen, preiswertes Dinner-Angebot, **Barmouth:** Llwndu Farmhouse, Llanaber nr Barmouth, LL42 1RR, Tel. 28 01 44, Fax 28 12 36, B&B mit 7 Zimmern in einem reizenden Bauernhaus aus dem 17. Jh., £–££; **Harlech:** Gwrach Ynys, Talsarnau nr. Harlech, LL47 6TS, Tel. 78 07 42, Fax 78 11 99, nettes B&B in Meeresnähe, £.

🧗 **Wandern:** in den Rhinog Mountains; **Wassersport:** Aberdyfi, Barmouth; **Golf:** Aberdyfi, 18-Loch-Platz in den Dünen, Tel. 76 70 27; Royal St. David's, Harlechs 18-Loch-Golfplatzgehört zu den besten und berühmtesten im Land, Tel. 78 02 03; **Schmalspurbahn:** Talyllyn Railway von Tywyn nach Dolgoch Falls, Tel. 016 54/71 04 72.

🌊 **Strände:** Aberdyfi, Sandstrand mit Dünen, bei Ebbe starke Strömung, gefährlich für Schwimmer; Barmouth und Harlech, endlos scheinende flache Sandstrände mit Dünen- und Caravanparkgürtel.

Der Norden

Snowdonia und die Halbinsel Llŷn – Hohe Berge mit den Füßen im Meer

Anglesey – Vogelklippen, Sandstrände und Vorzeitgräber

The Golden Coast – Die Seebäder im Norden

Das nordwalisische Grenzland – Burgen, Schlösser, Wasserfälle und grüne Hügel

Llanberis Lake mit Mount Snowdon im Hintergrund

Wilde Küste und hohe Berge: Snowdonia und die Halbinsel Llŷn

Schroffe Bergszenerie und makellose weiße Sandstrände findet man Seite an Seite im Norden des Snowdonia National Park. Stille Bergseen, üppig bewaldete Täler und karge, von Steinmauern umgebene Schafweiden nur wenige Kilometer entfernt von Fischerdörfern und Ferienbungalows am Meer – eine Landschaft, die keine Langeweile aufkommen lässt.

Ins Land der Tausender-Gipfel: Rund um Mount Snowdon

(Karte S. 188/189) Als Ausgangspunkt für Ausflüge sowohl ins Snowdon-Massiv als auch auf die Halbinsel Llŷn (s. S. 181ff.) bietet sich die Hafenstadt **Porthmadog** an. Das muntere Städtchen mit dem hübschen Yachthafen und der stets belebten Geschäftszeile entlang der Hauptstraße ist wie so manche walisische Stadt ein Ergebnis der ›Gründerzeit‹ Anfang des 19. Jh. Der Unternehmergeist eines gewissen William Alexander Madocks ruhte nicht eher, bis die Mündung des Aberglaslyn River trockengelegt, der Fluss umgeleitet, ein Kanal gebaut und somit schließlich der Hafen Porthmadog (Madocks' Hafen) entstanden war – zur Verschiffung des in den Bergen abgebauten Schiefers. Nach dem Bau der Eisenbahnlinie entlang der Küste 1867 war die Verschiffung nicht mehr rentabel; geblieben sind beschauliche Kais und historische Fotografien, die im Maritime Museum am Yachthafen gezeigt werden. Die Schiefer-Fracht kam über die Schmalspurbahn **Ffestiniog Railway** aus den Bergen, mit der heute die Touristen Dampfnostalgie erleben können.

Noch vor dem Hafen Porthmadog hatte Madocks **Tremadog** (Madocks' Stadt) aus dem Boden stampfen lassen, eine rechtwinklig angelegte Musterstadt um einen zentralen Platz mit neoklassischen Reminiszenzen: dorische Säulen und Portiken allüberall. In einem der Häuser gegenüber der Nonconformist Chapel an der Straße nach Porthmadog wurde 1888 Lawrence von Arabien (T. E. Lawrence) geboren. Die Aufbruchsstimmung und der Reformgeist des frühen 19. Jh. zogen auch radikale Geister wie den Dichter Percy Bysshe Shelley nach

Tremadog, der die Jahre, die er hier lebte mit dem Versuch verbrachte, eine Kommune zu gründen. Das Unternehmen scheiterte, der Dichter legte sich mit einem der Schafzüchter in der Gegend an und zog es nach nächtlichen Schießübungen auf sein Haus vor, der Gegend den Rücken zu kehren.

Ganz wunderschön ist die Fahrt von der Küste ins Gebirge durch das Tal des **Glaslyn River** bzw. über den **Aberglaslyn Pass.** Im Frühsommer sind die schroffen Schieferhänge übersät mit rosa blühenden Rhododendren, die besonders am Abend bei tiefstehender Sonne ein reizvolles Farbenspiel bieten. Im Tal führt ein Wanderweg auf der ehemaligen

Trasse einer Bahnlinie von Nantmor bis nach **Beddgelert.** Dabei passiert man Bwthin Llywelyn, wo der Legende nach der walisische Prinz Llywelyn seinen Hund begrub. Die herzzerreißende Vorgeschichte: Während eines Jagdausflugs ließ der Prinz seinen Hund als Wächter neben der Wiege seines kleinen Sohnes zurück. Bei der Rückkehr sah er die Wiege leer und den Hund blutüberströmt, worauf er diesen sofort tötete. Durch das Geschrei des Kindes aufgeschreckt, musste Llywelyn feststellen, dass sein Handeln nach dem Augenschein äußerst töricht gewesen war. Der treue Hund hatte das Leben des – natürlich unversehrten – Kindes verteidigt und einen Wolf getötet, der ihm ans Leben wollte. Reumütig begrub der Prinz den treuen Vierbeiner. Eine fantastische Legende, die sich der Wirt des

Wanderer im Snowdon-Massiv

Burgenkönig Eduard I. und seine Festungen

»Die großartigen Zeichen unserer Unterwerfung« nannte der walisische Historiker Thomas Pennant halb bewundernd, halb bedauernd die edwardianischen Königsburgen in Wales. Die Royal Castles, die Eduard I. im Verlauf seiner rücksichtslosen Eroberungspolitik ab 1277 errichten ließ, sind nicht nur mächtige Zeugnisse seiner militärischen Überlegenheit. Der englische König schaffte das, was die machthungrigen Marcher Lords 200 Jahre lang nicht vermocht hatten: Wales nicht nur militärisch unter anglonormannische Kontrolle zu zwingen, sondern auch eine Gleichschaltung in administrativer, ökonomischer, juristischer und zuletzt sogar (fast) in kultureller Hinsicht.

Nach seiner Thronbesteigung 1272 nahm der neue englische König die mangelnde Ehrerbietung des walisischen Prinzen Llywelyn II. zum Anlass, einen ressourcen- und kräftezehrenden Krieg vom Zaun zu brechen. 1277 begann seine 15-monatige Kampagne, die Llywelyn erheblichen Machtverlust und den Zwang zum Einlenken brachte. Im Norden zementierte Eduard seinen Sieg durch die Errichtung von Burgen, von Flint im Nordosten bis Harlech im Westen.

Insgesamt neun Burgen bildeten die edwardianische Burgen-Kette, alle nach neuesten militärtechnischen Erkenntnissen und in ästhetischer Perfektion von dem aus Savoyen stammenden Militärarchitekten James of St. George entworfen: Rhuddlan, Aberystwyth, Flint, Builth, Caernarfon, Conwy, Harlech, Criccieth und Beaumaris. Anregungen holte er sich im Nahen Osten, in Konstantinopel und in der Gascogne.

Das 1283 begonnene Caernarfon Castle war Eduards ehrgeizigstes Projekt. Als Palast und Festung in einem sollte der in der Nähe des römischen Segontium am Ufer der Menai Strait errichtete Bau den englischen König als walisischen Herrscher legitimieren. Die walisisch-römischen Wurzeln wurden beschworen durch die sorgfältig inszenierte angebliche

Royal Goat Hotel Ende des 18. Jh. ausgedacht haben soll, um mehr Gäste zum Übernachten in Beddgelert zu animieren. Der Ort an der Brücke über den River Glaslyn kann sich jedenfalls auch ohne echtes Hundegrab nicht über Besuchermangel beschweren. Im Hochsommer wimmelt es nur so von Autos in den engen Straßen des weitgehend aus Hotels, Restaurants und Souvenirläden bestehenden Ortes, der

Entdeckung der Gebeine des römischen Soldatenkaisers Magnus Maximus (Macsen Wledig), der 383–88 über Britannien herrschte. Die durch helle Steinbänder strukturierte Fassade war eine bewusste Reminiszenz an die Stadtmauern Ost-Roms, also Konstantinopels. Die Zinnen der vieleckigen Türme sind mit römischen Adlerköpfen aus Stein geschmückt. In Caernarfon wurde 1284 Eduards Thronfolger, der künftige ›Prince of Wales‹ und spätere König Eduard II., geboren. Denn nach Llywelyns II. (der Letzte) Tod beanspruchte der englische König diesen Titel für seinen Thronfolger. Und seit 1911 bis heute werden mit jeder Krönung des englischen Thronfolgers und Prince of Wales in Caernarfon wieder die alten Symbole wirksam, zuletzt 1969, als Charles hier feierlich gekrönt wurde.

Auch sonst bemühte Eduard I. gern symbolträchtige Signale, um seine Legitimität als Herrscher über Wales zu beweisen. Dem Bau des mächtigen Conwy Castle musste die Abtei von Aberconwy weichen. Das Gotteshaus, Grabstätte des walisischen Prinzen Llywelyn I. (der Große) und seiner Familie, wurde dem Erdboden gleichgemacht, um die Burg zu errichten, und die Mönche kurzerhand umgesiedelt.

Weitere Glieder in Eduards Burgen-Kette bildeten umgebaute oder restaurierte ehemals walisische Burgen. Den Schluss und Höhepunkt stellte Eduards letzte 1295 errichtete Burg Beaumaris dar. Nachdem der König in seiner mächtigen Festung Conwy 1291 eine walisische Belagerung auszuhalten hatte, musste Beaumaris einfach noch perfekter werden als die übrigen: Vollständig symmetrisch und konzentrisch angelegt, erhebt es sich an strategischer Stelle über die schmale Menai Strait vor der Kulisse der Berge von Snowdonia.

Sein walisisches Burgenbauprogramm machte Eduard zum Schuldner. Er musste dem englischen Parlament immer wieder Steuergelder abtrotzen und lieh sich darüber hinaus für damalige Verhältnisse astronomische Summen bei Bankiers in der Toskana, insgesamt 177 000 Pfund. Er beschäftigte aus ganz England zwangsrekrutierte Heerscharen von Arbeitskräften, deren Arbeitsmoral oft nur durch Truppenbegleitung aufrechterhalten werden konnte. Zwischen 1277 und 1301 gab er 75 000 Pfund nur für den Burgenbau aus, allein 6736 Pfund für Beaumaris.

auch Schnittpunkt zahlreicher Wanderwege ist.

Beddgelert liegt bereits am Fuß des Snowdon-Massivs. Der höchste Berg von Wales zählt mehrere Gipfel. Den höchsten, Yr Wyddfa (1085 m) kann man vom Tal **Nant Gwynant** (58 m) aufsteigend in 4 Std. auf dem Watkin Path erreichen (Parkplatz), der Rückweg dauert 3 Std. Der Ende des 19. Jh. eröffnete Watkin Path ist nach einem Eisenbahnmagnaten benannt, der seinen Ruhestand hier als Schieferbergwerksbesitzer verbrachte. Der mit groben Steinen gepflasterte Weg führt vorbei an einem Wasserfall, der in reizvollen Kaskaden über die Felsen stürzt, zu den einstigen Schieferbrüchen. Die Industriebrache trägt noch deutlich die Spuren des Bergbaus. Neben den ehemaligen Werksgebäuden aus Schiefer hegen schieferne Zäune die Schafweiden ein, die Abraumhalden lassen kaum Vegetation zu – eine Landschaft Grau in Grau. Dahinter wird es grandios, wenn sich der Pfad steil bergauf zum ›Dach von Wales‹ zieht. Obwohl diese Route auf den Snowdon-Gipfel zu den längsten gehört, wird sie sehr viel begangen. Dennoch ist man unterwegs auch oft genug allein in der Bergeseinsamkeit; deshalb sollte man die Wettervorhersage für die Berge beachten. Wetterumschwünge mit schlechter Sicht und Kälteeinbrüchen können eine Snowdon-Tour zum Horror-Trip machen.

Immer höher geht es im Nant Gwynant bis auf die Passhöhe, wo man einen herrlichen Ausblick auf das zurückliegende Tal des Glaslyn River mit dem tief unten liegenden See **Llyn Gwynant** und die schroffen Berge dahinter genießen kann. An der ehemaligen Bergrettungsstation, heute **Hotel Pen-y-Gwryd,** muss man sich entscheiden, ob man dem Tal nach Osten Richtung Capel Curig oder dem **Llanberis Pass** nach Westen folgen will. Nach Westen geht es am Pen-y-Pass vorbei, wo

ein Park-and-Ride-Parkplatz eingerichtet wurde. Dort kann man in die Busse des Mountain Sherpa umsteigen. Das riesige Wasserkraftwerk zwischen Llanberis Lake und Lake Padarn, Dinorwig Power Station, hat der Szenerie rund um Llanberis einiges von ihrer Romantik genommen. Die verströmt **Dolbadarn Castle,** die Burg des walisischen Prinzen Llywelyn I. (der Große) aus dem 13. Jh., aber immer noch. Malerisch liegt sie auf einem Felsbuckel zwischen den beiden Seen. Der Blick vom dicken Rundturm talaufwärts auf Devil's Kitchen (Glyder Fawr 999 m) und Snowdon (1085 m) ist atemraubend.

Wem eher technische Wunderwerke den Atem rauben, dem bietet **Electric Mountain,** das Besucherzentrum der Dinorwig Power Station, mitten im Berg per Audio-Video-Show und interaktiven Medien Einblick in die Erzeugung hydroelektrischer Energie (9.30–16.30 Uhr, Apr.–Sept. bis 17.30 Uhr).

Von Llanberis aus führen die kürzesten und bequemsten Wege auf den Snowdon. Wem das Bergsteigen nicht so liegt, kann Großbritanniens einzige Zahnradbahn, die **Snowdon Mountain Railway,** benutzen. Sie ist die berühmteste der walisischen Schmalspurbahnen und befördert seit 1896 Touristen bzw. Gipfelstürmer (15. März–1. Nov. ab 9 Uhr, je nach Wetter). Die Fahrt im Schneckentempo über schmale Felsgrate und vorbei an steilen Abgründen ist ein spannendes Erlebnis. Das wissen viele zu schätzen, und so muss

In Caernarfon Castle wurde Prinz Charles 1969 zum Prince of Wales gekrönt

man in der Hochsaison mit Wartezeiten rechnen.

Den Gipfel aus der Ferne betrachten kann man auf der 40-minütigen Zugfahrt entlang dem Seeufer mit der **Llanberis Lake Railway.** Aber auch die Spuren des Schieferabbaus sind an den Hängen rundum nicht zu übersehen. Im **Welsh Slate Museum** kann man zusehen, wie Maschinen und Hämmer das Gestein bearbeiten, das, in feinste Lagen gespalten, zu den handlichen Schieferstücken wird, die überall die Dächer bedecken (Ostern–Okt. 10–17 Uhr, übrige Zeit So–Fr 10–16 Uhr).

Ganz schnell geht es auf der A 4086 vom Berg an die Küste nach

Caernarfon. Der alte Stadtkern wird von einer Stadtmauer umschlossen, die wie die Burg ab 1283 unter der Ägide des englischen Königs entstand. Imposant erhebt sich am Ufer der Menai Strait Eduards I. Prachtburg Caernarfon Castle, die nicht nur in Wales, sondern in ganz Großbritannien einzigartig ist. Sie ist Anziehungspunkt für Touristen aus aller Welt, der Reisebusverkehr ist entsprechend, die Besucherzahlen gehen in die Millionen. Dabei ist die Burg von außen eigentlich am schönsten: von der anderen Seite des Flusses Seiont, der hier in die Menai Strait mündet, bietet sich ein Gesamtpanorama mit den neun Polygonaltürmen, den stolzen Zinnen und den aus Bändern von grauem und weißem Gestein errichteten Mauern. Mehr noch als die anderen Burgen in Eduards Kette entlang der nordwalisischen Küste diente Caernarfon nicht nur der Verteidigung, sondern gab in seiner bombastischen Architektur dem englischen Anspruch auf Wales Ausdruck (s. S. 172f.). Hier wurde 1284 Eduards Sohn und Thronfolger geboren, der erste englische Prince of Wales, und hier wurde 1969 der vorerst letzte Träger dieses Titels, Charles aus dem Hause Windsor, von Her Majesty Queen Elizabeth II. zum Prince of Wales gekrönt. Die Throninsignien sind in der Burg ausgestellt, daneben sind Eduards I. Wales-Feldzug ab 1277 und die Royal Welch Fusiliers weitere Themen (Apr., Mai, Okt. 9.30–17 Uhr, Juni–Sept.

Pub in Caernarfon

9.30–18 Uhr, übrige Zeit Mo–Sa 9.30–16, So 11–16 Uhr, Cadw).

Eduard I. hatte seine Burg bewusst in der Nähe einer wichtigen römischen Festung errichten lassen: Etwa 1 km vom Stadtzentrum sind die Grundmauern des 78 n. Chr. entstandenen Castrum **Segontium** zu sehen. Ein kleines Museum informiert über die Ausgrabungen und Funde aus der Römerzeit, u. a. wurde auch ein Mithrasheiligtum entdeckt (Apr.–Okt. Mo–Sa 10–17, So 14–17 Uhr, übrige Zeit Mo–Sa 10–16, So 14–16 Uhr, Cadw).

Caernarfon ist verkehrsmäßig gut gelegen für Ausflüge auf die Insel Anglesey, noch besser sind die Verkehrsverbindungen über die Menai Strait ab **Bangor,** das zudem Seebadflair mit der zwanglosen Atmosphäre einer Universitätsstadt verbindet. Das frisch restaurierte viktorianische Pier reicht bis weit in die Fluten des Meeresarms hinaus, die Promenade und der Yachthafen Porth Penrhyn vermitteln Freizeitatmosphäre. Die ehrwürdig im neogotischen Stil gebaute Universität am Hang und ihr Vorbild, die Kathedrale St. Deiniol aus dem 13. Jh. im geschäftigen Zentrum, rechtfertigen kaum einen Umweg über die 12 000 Einwohner-Stadt. Unbedingt einen Abstecher wert ist dagegen **Penrhyn Castle** am Rand von Bangor. Gebaut wurde es nicht nur aus dem Stein, sondern auch mit den Profiten aus den Schieferbergwerken, die Lord bzw. Baron Penrhyn im frühen 19. Jh. aus den Bergen herausgeholt hatte. Architekt Thomas Hopper baute dem Schieferbaron Richard Pennant eine neoromanisch-normannische Burg, die sich sehen lassen kann, bis hin zur Einrichtung im eigenwilligen Mittelalterstil des 19. Jh. – natürlich auch unter Verwendung von Schiefer. Der in verschiedenen Farbtönen schillernde Penrhyn-Schiefer wurde auch zur Innendekoration benutzt. Ein Museum mit historischen Industrie-Eisenbahnen erinnert an die Grundlagen des Reichtums. Umgeben wird das Gebäude von einem ausgedehnten Park und einem schönen viktorianischen Garten, der von Mauern und Hecken in viele lauschige Ecken unterteilt wird (Ende März–Ende Okt. Mi–Mo 12–17 Uhr, Juli, Aug. 11–17 Uhr; letzter Einlass 16.30 Uhr, NT).

Vorbei an Bethesda, wo der Baron von Penrhyn seine lukrativen Steinbrüche betrieb, führt die Route wieder hinein in die Berge, deren Täler als Folge der Eiszeit oft trogartig vertieft sind: Entlang dem Afon Ogwen und dann im Tal Nant Ffrancon geht es mitten hinein in des Teufels Küche: Bevor sie sich abwärts zum See Llŷn Ogwen senkt, führt die schmale gewundene Passstraße vorbei an den geröllübersäten unwirtlichen Hängen von Devil's Kitchen (Glyder Fawr) auf der rechten und Gipfeln des Carnedd Dafydd (1044 m) und Carnedd Llewelyn (1064 m) auf der anderen Seite. Sie gehören nach Snowdon zu den höchsten Bergen in Wales. Stellenweise führen anfangs Treppen aufwärts, aber wer hier herumklettern will, braucht eine ordentliche Aus-

rüstung. Üben kann man sich im Klettercenter Plas y Brenin National Mountain Centre am Ortsrand von **Capel Curig.** Das Dorf entstand als Erholungsort in den Bergen Anfang des 19. Jh. und bietet sich auch heute als Station für Bergtouristen an, die nicht bis ins Conwy Valley absteigen wollen.

Hinter Capel Curig wird es waldreicher, denn es geht bereits abwärts in Richtung Conwy Valley. Der als ›beauty spot‹ bekannte Wasserfall **Swallow Falls** verlockt zu einem Halt (Eintritt). Man erreicht ihn aber auch zu Fuß von **Betws-y-Coed** aus, ca. 3 km den Afon Llugwyn aufwärts. Seit Königin Viktorias Zeiten zieht es Reisende in den malerischen Ort, dessen Name ›Bethaus im Wald‹ bedeutet, eine Gruppe uriger Steinhäuser um eine Brücke über den stromschnellenreichen Afon Conwy, der hier mit zwei weiteren nicht minder munteren Bächen zusammenfließt. Outdoor-Geschäfte, Souvenirläden, Hotels und Restaurants bestimmen das Bild der Sommerfrische in den Bergen. Betws-y-Coed mit seiner guten Infrastruktur und Verkehrsanbindung ist ein idealer Startpunkt für leichtere Wanderungen in der waldreichen Umgebung, beispielsweise am Fluss entlang vorbei an historischen Brücken und zu weiteren Wasserfällen.

Von Betws-y-Coed kann man die Tour entweder im schönen Conwy Valley (s. S. 198ff.) Richtung Küste zu den Seebädern des Nordens fortsetzen oder man schlägt sich wieder in die Berge, um die Runde zu voll-

Mediterranes Ambiente in Portmeirion

enden. Ob auf der Schiene oder auf der Straße führt der Weg von Betws-y-Coed im grünen Tal des Afon Lledr nach Dolwyddelan. Als letzter Rest der mächtigen Burg **Dolwyddelan Castle** bewacht noch der viereckige Turm auf einer Hügelkuppe im Tal den strategischen Pass zwischen Snowdonia und Conwy Valley. Von den Zinnen hat man einen herrlichen Blick auf Berg und Tal. Es heißt, Prince Llewelyn sei hier geboren. Wenn, dann in einem Vorgängerbau, denn er war es, der die Burg 1210–40 in Stein ausbauen ließ (Apr.–Okt. 9.30–18.30 Uhr, übrige Zeit Mo–Sa 9.30–16, So 11–16 Uhr, Cadw).

Auch an den Hängen dieses Tales sieht man Spuren von Schieferabbau, doch die unbestrittene Hauptstadt des Schiefers heißt **Blaenau Ffestiniog.** Auf 1 kg brauchbare Schieferplatten kommt bei der Verarbeitung 9 kg Abfall. Darin liegt der Grund für die riesigen Schieferhalden rund um die Orte, ja bis dicht vor die Gartenzäune der Häuser. Blaenau an einem sonnenhellen Tag zu besuchen, heißt stets von dem reflektierenden silbrigen Schiefer geblendet die Augen schließen – oder gleich in die Berge einfahren, wie das Generationen von *slate miners* jahrhundertelang Tag für Tag taten. Nur noch zwei Schieferabbaubetriebe existieren, die Nachfrage ist zu gering, der Abbau zu teuer. 70 Arbeitskräfte beschäftigt die **Llechwedd Slate Mine** noch in der Schieferproduktion. Seit 1972 ist ein stillgelegter Teil des Bergwerks für Besucher geöffnet. Je nach Kondition hat man die Wahl zwischen zwei Touren ins Herz des Schieferberges. Entweder fährt man im offenen Bähnchen der 1846 gebauten Miners' Tramway auf Loren durch die Stollen, wobei man die Arbeitsbedingungen der Bergleute vor über 100

Jahren hautnah kennenlernt. Bei der Deep Mine Tour saust man mit einer modernen Kabinenbahn, der steilsten Passagierbahn Großbritanniens, mit bis zu 30 Grad Neigung 137 m tief in den Berg und unternimmt eine 25-minütige Fußwanderung durch die kühlen, feuchten, wenn auch bisweilen dramatisch illuminierten Gänge. Nach der anstrengenden Untertagetour kann man sich im restaurierten Bergmannsdorf im Miners Arms' Pub auf ein Bier niederlassen oder im Dorfladen stöbern. Vorher ist allerdings ein Besuch bei der Bank vonnöten. Bezahlt wird im Nostalgiedorf nämlich in Penny, Shilling und Farthing – wie weiland unter Queen Victoria (Führungen: März–Sept. 10–17.15 Uhr, übrige Zeit nur bis 16.15 Uhr).

Auf der Schiene geht es von Blaenau Ffestiniog mit der Ffestiniog Railway zurück nach Porthmadog.

Die Strecke windet sich durch eine reizvolle Landschaft und viele Tunnels bis an die Küste. Die Bahnlinie wurde Mitte des 19. Jh. gebaut, um die Schieferausbeute zum Hafen zu transportieren.

Vom groben Stein zu feinem Porzellan: So lässt sich architektonisch der Vergleich ziehen zwischen Blaenau Ffestiniogs groben Schiefersteinhäusern und der ›Traumstadt‹ **Portmeirion,** die immerhin einer feinen Porzellanserie den Namen gab. Die gesamte Anlage wurde 1925–27 von dem Architekten Sir Clough Williams-Ellis in perfekt italienisierendem Stil errichtet und wirkt nicht zu Unrecht wie eine Filmkulisse: Die britische Erfolgsserie ›The Prisoner‹ wurde hier gedreht. Die Lage über dem goldenen Strand der Tremadog Bay und die üppige südländische Vegetation kombiniert mit den in warmen Pastelltönen gestrichenen barocken Fassaden lässt echte Italiengefühle aufkommen – wenn nicht gerade walisisches Wetter ist und es in Strömen regnet (9.30–17.30 Uhr).

TIC Porthmadog, High Street, Porthmadog LL49 9HW, Tel. 0 17 66/51 29 81; **TIC Caernarfon,** Oriel Pendeitsh, Castle Street, Caernarfon LL55 2NA, Tel. 0 12 86/67 22 32; **TIC Bangor,** Town Hall, Deiniol Road, Bangor LL57 2RE, Tel. 0 12 48/35 27 86, nur Ostern–Okt.; **TIC Betws-y-Coed,** Royal Oak Stables, Betws-y-Coed LL24 0AH, Tel. 0 16 90/71 04 26; **TIC Llanberis**, 41a High Street, Llanberis LL55 4EU, Tel. 0 12 86/87 07 65, nur Ostern–Okt.; **TIC Blaenau Ffestiniog,** Unit 3, High Street,

Blaenau Ffestiniog LL41 3ES, Tel. 0 17 66/83 03 60, nur Ostern–Okt.

Zugverbindungen: Porthmadog ist Station des Cambrian Coaster Aberystwyth–Pwllheli, ab der Harbour Station verkehrt die Schmalspurbahn Ffestiniog Railway bis Blaenau Ffestiniog (s. u.), von dort Anbindung an die Küste mit der Conwy Valley Line; **Bus**verbindungen: Außer Linienbussen ab Caernarfon und Bangor verkehren Snowdon Sherpa-Busse auf der Strecke Llanberis–Betws-y-Coed–Llanrwst und nehmen per Handzeichen Wanderer auf (Apr.–Sept.), Info: Bws Gwynedd, Tel. 0 12 86/67 95 35.

Im Nant Gwynant: Pen y Gwryd Hotel, Nantgwynant, Gwynedd, LL55 4NT, Tel. 0 12 86/87 02 11, im Basislager der Mount-Everest-Besteiger, die im Snowdon-Gebiet übten, kann man immer noch gut absteigen und sich nach einer Bergtour stärken, £; **bei Caernarfon:** Tŷ'n Rhos Country Hotel, Seion, Llanddeiniolen, LL55 3AE, Tel. 0 12 48/67 04 89, Fax 67 00 79, Landhaushotel 8 km nordwestlich zwischen Berg und Meer mit schöner Aussicht und exquisiter Küche, ££; **Betws-y-Coed:** The Royal Oak Hotel, Tel. 71 02 19, Fax 71 06 03, traditionelles Hotel mit dem Charme der Postkutschenzeit, Küche für jeden Geschmack, ££; **Dolwyddelan:** Elen's Castle Hotel, LL25 0EJ, Tel. 0 16 90/75 02 07, kleines Gasthaus mit eigener Quelle auf der Weide hinterm Haus und preisgünstigem Restaurant, £–££; **Portmeirion:** Portmeirion Hotel, LL48 6ET, Tel. 0 17 66/77 00 00, Fax 77 13 31, opulentes Hotel im Porzellanstädtchen mit märchenhaft eingerichteten 40 Zimmern, ££–£££.

 Alle genannten Jugendherbergen bieten auch Mahlzeiten. **Nant-**

gwynant: Bryn Gwynant, LL55 4NP, Tel. 01766/890251, historische Bergsteiger-herberge mit 67 Betten und guter Küche; Pen-y-Pass, LL55 4NY, Tel. 01286/870428, ehemaliges viktorianisches Berghotel in herrlicher Lage am Pass, 84 Betten, nicht alle, aber viele mit Aussicht; **Betws-y-Coed:** Capel Curig, LL24 0EL, Tel. 720225, direkt an der A5 mit Aussicht auf Afon Llugwy, 52 Betten.

Bangor: Penrhyn Castle Tea Room, passend zum Ambiente gibt es auch Gerichte, die schon den Prince of Wales Anno 1894 entzückten; Herbs Cookshop, 307–309 High Street, sehr gute Küche und Weinkarte.

Tremadog: The Golden Fleece, Market Square, eine gute Adresse für herzhaftes *Pub food,* großzügige Portionen.

Sa ist Markttag in **Bangor** und **Caernarfon;** II. Wahl-Stücke des noblen **Portmeirion**-Porzellans kann man im gleichnamigen Ort kaufen; die Ersparnis relativiert sich allerdings durch den Eintrittspreis wieder.

Bergsteigen u. a. Aktivitäten: High Trek Snowdonia, Tal y Waen, Deiniolen, LL55 3NA, Tel. 01286/871232, Cae'r Blaydd Country House, Llan Ffestiniog, bei Blaenau Ffestiniog, LL41 4PH, Tel. 762765; Plas y Brenin, National Mountain Centre, Capel Curig, Betws-y-Coed, LL24 0ET, Tel. 720214; **Wassersport**möglichkeiten am Llyn Padarn, Padarn Country Park, Tel. 01286/870892; **Reiten:** Tŷ Coch Riding & Trekking Centre, Tŷ Coch Farm, Penmachno, nr. Betws-y-Coed LL25 0HS, Tel. 760248; **Schmalspurbahnen:** Snowdon Mountain Railway, Tel. 01286/870223; Llanberis Lake Railway, Tel. 870549; Ffestiniog Railway Tel. 01766/512340.

Die Halbinsel Llŷn

(Karte S. 188/189) Wie eine zweifingrige Hand ragt die Halbinsel Llŷn nach Südwesten in die Irische See hinaus. Ihr Rückgrat bildet eine Bergkette mit vielen Gipfeln, deren höchster und majestätischster der 564 m hohe Yr Eifl ist. Llŷn ist spärlich besiedelt, winzige Siedlungen im Landesinnern und kleine Fischerdörfer in den malerischen Buchten stören kaum den Eindruck einer wilden, urtümlichen Landschaft. Je näher man dem ›Land's End‹ von Nordwales, der Spitze der Halbinsel, kommt, desto mehr stellt sich ein Gefühl der Ruhe ein. Hier kann man Trubel und Hektik vergessen.

Der beste Ausgangspunkt für Touren nach Llŷn ist **Porthmadog** (s. S. 170). Hier überquert die Mautstraße das breite Mündungsgebiet des Afon Glaslyn neben den Eisenbahngleisen der Ffestiniog Railway und nimmt Kurs nach Criccieth, wo eine Burg des walisischen Prinzen Llywelyn I. (der Große) den Zugang zur Halbinsel Llŷn bewacht. Man passiert das auf einer Felsklippe über dem Meer thronende **Criccieth Castle** auf dem Weg über die A 497 (Apr., Mai 10–17 Uhr, Juni–Sept. 10–18 Uhr, sonst offen zugänglich, Cadw). Vom Burgberg bieten sich herrliche Ausblicke auf die Tremadog Bay. Das von zwei dicken Türmen flankierte Torhaus wurde in den 1230er Jahren gebaut, bevor die Engländer die Burg Ende des 13. Jh. eroberten. Beim Owain Glyndŵr-

Criccieth Castle

Aufstand 1404 widerstanden die Engländer, abhängig vom Nachschub von See her, der Belagerung nicht lange und Criccieth Castle wurde zerstört. Unterhalb des Burgbergs zieht sich die kleine, von Pensionen gesäumte Promenade des Badeorts Criccieth am Meer entlang.

Ein Stückchen weiter im Landesinnern ist man im Dorf **Llanystumdwy,** das immerhin einen Premierminister zu seinen Bürgern zählte: Den in Manchester geborenen liberalen Politiker David Lloyd George (1863–1945). Das bescheidene Cottage Highgate mit der Schuhmacherwerkstatt seines Onkels, wo er nach dem frühen Tod des Vaters in einfachen Verhältnissen aufwuchs,

ist zu besichtigen. Ein paar Häuser weiter ist ein Museum mit Memorabilia einschließlich eines viktorianischen Schulzimmers eingerichtet (Ostern–Okt. Mo–Sa 10–17 Uhr, Juli–Sept. tägl.). Lloyd George, der Kriegspremier des Ersten Weltkriegs, tat nicht nur viel für die Rechte seiner Landsleute, sondern sorgte für die Einführung des Frauenwahlrechts und hatte auch als Liberaler eine sozialreformerische Ader: Er gilt als Gründer des englischen Wohlfahrtsstaats.

Pwllheli (klingt wie ›puthli‹ und bedeutet Salztümpel) ist die größte Stadt auf der Halbinsel, wichtiger Verkehrsknotenpunkt – bis hier fahren die Züge des Cambrian Coaster – und Einkaufszentrum. Es gibt etwas Industrie und ein Wassersportzentrum mit Yachthafen. Mittwoch ist Markttag in Pwllheli, dann wird es lebhaft in der Metropole von Llŷn. Hier wurde 1925 die walisische Nationalpartei Plaid Cymru gegründet. Ein Bummel über die High Street lohnt aber auch sonst wegen der interessanten Geschäfte, von denen einige lokales Kunsthandwerk von hoher Qualität anbieten. Die abgelegene Llŷn-Halbinsel ist ein bevorzugter Rückzugsort für Künstler. Einige Kilometer außerhalb bei Llanbedrog hat sich eine Galerie in der viktorianischen Villa Plas Glyn-y-Weddw niedergelassen. Das eindrucksvolle Haus im gotischen Stil mit seinen Kirchenfenstern und dunkler Holztreppe zeigt eine umfangreiche Palette von Gemälden lokaler Künstler und anspruchsvolles Kunsthandwerk (Mi–Mo 11–17 Uhr).

Nach Durchqueren des Sumpfgebiets, das wohl Pwllheli den Namen gab, erreicht man **Abersoch.** Aus dem einstigen Fischerort um die Einmündung eines kleinen Baches ist ein geschäftiges Wassersportzentrum geworden. Schicke Surfer und Kleinkinder mit Sandeimern fühlen sich hier gleichermaßen wohl. Die geschützte Lage und das milde Meeresklima lässt auf den Klippen sogar Meereskiefern wachsen und die Kulisse erinnert ein bisschen an die Bretagne.

Für Schiffe war die weite sandige Bucht Porth Neigwl oder Hell's Mouth am Südostende der Halbinsel oft eine Todesfalle. Unweigerlich wurden sie bei Sturm Opfer der Strömungen und strandeten. Auf sicherer Straße umrundet man die gefähr-

liche Bucht zu Land, ohne viel davon zu Gesicht zu bekommen. Am geschützten Hang trifft man auf eines der versteckten Kleinodien, die Wales zu bieten hat: **Plas yn Rhiw** ist ein kleines Herrenhaus mit elisabethanischen Wurzeln und georgianischer Fassade in traumhaft schöner Lage. Der Blick übers Meer reicht bis nach Harlech, dessen Sandbänke man bei Sonnenschein hell blinken sieht. Plas yn Rhiw verschwindet fast in dem üppigen Garten voll meterhoch wuchernder Fuchsien- und Hortensienbüsche (Ende März–Mitte Mai Do–Mo, Mitte Mai–Ende Sept. Mi–Mo 12–17 Uhr, NT). Um 1200 ist der älteste Raum datiert, von dem eine enge steinerne Wendeltreppe durch alle Stockwerke führt, um 1860 wurde die Küche eingerichtet. Das Haus ist so genial restauriert, dass man den Eindruck hat, als hätten die letzten Bewohnerinnen, die das Anwesen 1949 dem National Trust vermachten, es nur gerade eben verlassen. Die Keating-Schwestern waren für ihre Zeit äußerst weitsichtig: Sie wehrten sich 1958 mit Erfolg gegen die Einrichtung eines Atomkraftwerks auf der Halbinsel und wirkten auch sonst unerschrocken für die Belange von Umwelt und Natur.

Hat man die Landspitze umrundet, in deren Windschatten das Herrenhaus geschützt liegt, nähert man sich gen Westen unausweichlich dem ›Land's End‹ von Llŷn. Die weißgestrichenen Fischerhäuser von **Aberdaron** füllen die Bucht, von der einst ein lebhafter Pilgerreiseverkehr ausging: Von hier aus schiffte man sich zur heiligen Insel Bardsey ein, die in Sichtweite vor der Küste liegt. Das alte Pilgergasthaus in Aberdaron, Y Gegin Fawr, ein uriges kleines Cottage mitten im Ort, ist heute wieder Restaurant. Und vom Friedhof am Hang hinter der einfachen trutzigen Kirche sieht man hinaus aufs Meer. An stürmischen Tagen erreichen die Wellen die Kirchhofmauer. Auch die Kirche ist uralt: Im 12. Jh. war sie Zufluchtsort für den südwalisischen Prinzen Gruffudd ap Rhys, den seine Gegner an den englischen König auszuliefern drohten. Aber das ›Kirchenasyl‹ mussten die Nordwaliser respektieren.

Drei Reisen über die Meerenge nach **Bardsey** wogen einst eine Pilgerfahrt nach Rom auf. Dabei war die Überfahrt wegen der kräftigen Meeresströmungen nicht ganz ungefährlich. Auf Walisisch heißt Bardsey daher treffend ›Ynys Enlli‹ (Insel der starken Strömungen). Die Insel gilt seit altersher als heilige Stätte. Schon 512 soll der hl. Cadfan hier ein Kloster gegründet haben. Reste einer Abtei aus dem 13. Jh. sind noch zu erkennen. Cadfan blieb nicht allein. Es heißt, 20 000 Heilige seien auf der 4–5 km² großen Insel begraben. Einige wurden auch wieder ausgegraben. Die Reliquien des im Jahr 612 verschiedenen hl. Dyfrig beispielsweise wurden dringend für die Kathedrale von Llandaff benötigt und deshalb im 12. Jh. umgebettet. Giraldus Cambrensis vertrat im 12. Jh. die Ansicht, das Klima auf der Insel sei so gut,

dass die Menschen nur aus Altersschwäche stürben. Heute leben auf Ynys Enlli unzählige Seevögel, knapp 400 Schafe und zehn Menschen; wenn die See ruhig ist, kann man sich auch hinüberfahren lassen und etwas gute Luft schnuppern.

Die Fahrt entlang der Nordostseite der Halbinsel bietet viel grandiose Landschaft. Von Aberdaron führt eine schmale Straße zum Strand von **Porthoer** (pfeifender Sand), dessen

›Land's End‹ von Llŷn, die westliche Spitze der Halbinsel

Gabel‹ bzw. ›Forke‹ ein. Die West-seite ragt direkt vom Meeresniveau auf und wirkt trotz der Mittelgebirgs-dimensionen von 564 m wie ein al-piner Gipfel. Die schönste Ansicht bietet sich vom Strand **Porth Dinlla-en.** Von dort ist es nur ein kleiner Strandspaziergang von 2 km hinü-ber zu dem gleichnamigen Fischer-dorf. Wo heute nur ein paar Häuser neben der Lifeboat Station am Strand stehen, sollte im 19. Jh. ein wichtiger Hafen für den Verkehr mit Irland entstehen, in Konkurrenz zu Holyhead. Das idyllische Fleckchen konnte zum Glück erhalten bleiben, nachdem die Pläne sich in Luft auf-gelöst hatten. An die maritime Ge-schichte der Region von der He-ringsfischerei bis zum Schiffbau erinnert das **Lleyn Historical and Maritime Museum** in der St. Mary's Church in **Nefyn,** erkennbar an der als Segelschiff gestalteten Wetterfah-ne auf dem Turm (Juli–Mitte Sept. Mo–Sa 10.30–16.30 Uhr, So 14–16 Uhr). Dass diese heute so einsame Gegend in der ›grauen‹ Vorzeit rela-tiv dicht besiedelt war, das beweisen Funde auf dem Gipfel des Yr Eifl. **Tre'r Ceiri** ist eine der größten be-kannten Hügelfestungen aus der Ei-senzeit (ca. 200 v. Chr.). Die Reste von 150 steinernen Behausungen stehen innerhalb einer noch heute bis zu 4 m hohen Umfassungsmau-er. Sogar römische Münzen und Ke-

Sand unter den Füßen quietscht. Eine Wanderung von 4–5 km führt durch wilde Heidelandschaft zum Klippenpfad, von dem man herrli-che Blicke nach Snowdonia oder bei klarem Wetter sogar bis Irland genießen kann. Bei der Weiterfahrt rückt langsam, aber sicher die impo-sante Ansicht des selten nicht von Wolken verhangenen **Yr Eifl** ins Blickfeld. Die drei Gipfel trugen dem Bergmassiv den Namen ›die

ramik wurden gefunden, Zeichen dafür, dass die Menschen jener Zeit durchaus gut organisiert waren und Handel trieben.

Es geht vorbei an der düsteren, vom Steinabbau geprägten Bergflanke, den einstigen Bergwerksort Trefor links liegen lassend könnte man der A 499 folgend Kurs auf Caernarfon nehmen. Um zum Ausgang der Route nach Porthmadog zurückzukehren, hält man sich aber auf derselben Straße Richtung Criccieth/Pwllheli. Nach der Kreuzung Four Crosses links ab führt eine kleine Straße nach **Llangybi** und zu dem versteckten heiligen Quell des hl. Cybi (Fynnen Cybi), der Holyhead den Namen gab (s. S. 190f.). Der Pfad zur Quelle führt nahe der Kirche über eine sumpfige Wiese an den Fuß eines Hangs. In idyllischer Umgebung stehen noch die Ruinen eines Badehauses, das wohl aus dem 18. Jh. stammt. Warzen, Rheuma, Blind- und Lahmheit wurden mit Wasser aus Fynnen Cybi jahrhundertelang kuriert. Über Criccieth geht es zurück nach Porthmadog.

TIC Criccieth, High Street, Tel. 01766/523633, nur April–Sept.; **TIC Pwllheli,** Min y Don, Pen Cob, LL53 5HG, Tel. 01758/613000.

Zug: Cambrian Coaster, Porthmadog–Pwllheli; **Busse** nach Aberdaron, Abersoch und Nefyn ab Pwllheli, Arriva Tel. 01248/750444

Criccieth: Bron Eifion Country House Hotel, LL520SA, Tel. 522385, Fax 522003, Herrenhaus mit viktorianischem Charme an der A 497, 19 Zimmer, £££; Mynydd Ednyfed Country House, Caernarfon Road, LL52 0PH, Tel. 523269, in einem 400 Jahre alten Landhaus, 8 Zimmer, ££; **Pwllheli:** Pension Caeau Capel, Rhodfar Mor, Nefyn, LL53 6EB, Tel. 720240, schönes Haus in Golfplatznähe, 17 Zimmer, ££; **Abersoch:** Pension Crowrach Isaf, Bwlchtocyn, LL53 7BY, Tel. 01758/1728 60, sehr ruhig, 3 Zimmer, £;
Self-Catering: Llŷn Peninsula Farm Holidays, Llawrdref Bellaf Farm, Llangian, Pwllheli, LL53 7LT, Tel. 712570 o. 712302, Fax 712570, zentrale Reservierung von Ferienapartments und -häusern auf Bauernhöfen, £–££.

Criccieth: Tir-a-Môr, Tel. 523084, vorzügliche Küche, besonders natürlich Fisch und Meeresfrüchte; **Pwllheli:** Penlan Fawr, das älteste Pub der Stadt von 1600; Twnti Seafood Restaurant, Rhyd-y-Clafdy, Tel. 740949, an der B 4415 Richtung Nefyn, leckere Seafood-Spezialitäten, unkomplizierte Atmosphäre; **Aberdaron:** Y Gegin Fawr, in dem ehemaligen Pilgerhospiz kann man auch heute eine ordentliche Mahlzeit einnehmen; **Porth Dinllaen:** Tŷ Coch, nettes Pub direkt am Strand.

Markt in **Pwllheli** (Mi); Siop Pwllheliad, 46, High Street, Galerie von 30 lokalen Kunsthandwerkern, geschmackvolle Keramik, Glas- und Holzarbeiten.

Surfen in Nefyn und Abersoch, **Seglerhafen** in Pwllheli, **Golf** in Pwllheli, Abersoch und Nefyn.

Die **Strände** in Pwllheli und Abersoch wurden wegen bester Wasserqualität ausgezeichnet. Weitere schöne Strände in und bei Aberdaron (u. a. Porth Neigwl) und Criccieth.

Anglesey (Ynys Môn)

Anglesey ist anders als das übrige Wales: Freier Blick so weit das Auge reicht. Berge sucht man hier vergebens, dafür fegt der Westwind ungehindert über die Getreidefelder. Die Inselküsten bieten viel Abwechslung: Vogelklippen, Sandstrände und Dünen. In der Vorzeit war Anglesey dicht besiedelt – nirgendwo in Wales fand man so viele Menhire und Grabkammern, darunter hervorragend restaurierte Beispiele von Megalithbauten.

(Karte S. 188/189) 715 km^2 groß ist Anglesey und damit die größte Insel von England und Wales. Die reichen Böden machten die Insel schon im Altertum zur Kornkammer von Wales. Mona Mam Cymru (Mona, Mutter von Wales) heißt die Insel bei Giraldus Cambrensis. Als die Römer kamen, zogen sich die Druiden – so heißt es – in den heiligen Hain auf der Insel zurück. Bis die Legionäre die Straße von Menai durchwateten und den letzten Widerstand der Kelten brachen, die Priester niedermetzelten und die heiligen Stätten zerstörten. Auch 1200 Jahre später war die Insel wieder der Schlüssel für die Macht in Nordwales, das Reich Gwynedd. Die Engländer schnitten den Nachschubweg für Getreide aus Anglesey nach Nordwales ab – ein entscheidender Faktor für den Sieg Eduards I., wie manche Historiker meinen.

Eine Inselerkundung beginnt am besten mit dem Besuch der Ausstellung im **Oriel Ynys Môn** am Ortsrand des zentral gelegenen Marktorts **Llangefni**. Das Museum zeigt neben wechselnden Ausstellungen lokaler Künstler eine sehr sehenswerte und gut strukturierte Dauerausstellung zu Natur, Historie und Wirtschaft des ›Paradieses auf Erden‹, wie Ynys Môn in der Sprache der Dichter heißt. Sie führt einmal rund um die Insel zu den wichtigsten Schauplätzen: die ideale Einführung, bevor man sich selbst auf den Weg macht (Di–So 10.30–17 Uhr).

Die B 5110 schlängelt sich von Llangefni durch Felder und Wiesen Richtung Meer. In Marian-Glas trifft man auf die A 5025, der man bis Moelfre folgt. Am Kreisverkehr nimmt man den Abzweig nach Din Lligwy. Ab jetzt bewegt man sich in Etappen 4500 Jahre zurück in der Geschichte Angleseys. Einsam steht die Ruine der im 12. Jh. gebauten **Capel Lligwy** mitten auf der Schafweide, dahinter sieht man bis zum

Anglesey, Halbinsel Llŷn und das nördliche Snowdonia mit Conwy Valley

Meer, wo weiß der Sand des Strands Traeth Lligwy leuchtet. Die einfache Kirche aus grob behauenen Steinen mit dem kleinen Glockentürmchen wurde im 16. Jh. um eine Kapelle erweitert, Stufen führen abwärts in eine Krypta. An der Kirche auf der Anhöhe vorbei geht es durch einen Hain zu den Grundmauern von **Din Lligwy,** einer Siedlung aus spätrömischer Zeit (4. Jh.). Sie bestand aus runden Wohn- und rechteckigen Vorratshäusern und war von einer noch in Resten erkennbaren Umfassungsmauer umgeben.

Wenige 100 m weiter südöstlich, der Teerstraße folgend, steht man vor dem ca. 2500–1500 v. Chr. genutzten **Vorzeitgrab von Lligwy.** Die Überreste von mehr als 15 hier bestatteten Personen wurden bei Ausgrabungen entdeckt. Flintwerkzeuge, Keramik und Muschelschalen gehörten ebenfalls zu den Funden.

Entlang der Ostseite von Anglesey verläuft eine bedeutende Schifffahrtsroute. Der Schiffsverkehr von Liverpool nach Amerika muss an der Nordostspitze der Insel gefährliche Riffe und trügerische Untiefen passieren. So manches Schiff kam hier schon in Seenot. Das berühmteste Wrack ist das U-Boot ›Thetis‹. Das brandneue U-Boot sank 1939 aus unerfindlichen Gründen vor **Moelfre.** Es war nicht erprobt und überladen ab- und nicht wieder auf-

getaucht. 99 Menschen starben bei dem Unglück, das einen Marine-Skandal auslöste. Dies und weitere Desaster dokumentiert gegenüber dem Postamt **Seawatch,** eine Ausstellung zur Natur der Küste, den Wracks vor Moelfre und der Arbeit der RNLI (Royal National Life Boat Institution, Verein zur Rettung Schiffbrüchiger; Ostern–Ende Sept. Di–Sa 11–17, So 13–17 Uhr). Der Panoramablick reicht von hier über fast die ganze Ostküste. Immerhin: Insgesamt 3000 Menschenleben wurden durch Einsätze der Life Boat Station in Moelfre gerettet. Die heutige Station liegt ein paar Schritte den Strand entlang weiter nördlich und ist ebenfalls gelegentlich zu besichtigen. Es finden auch Fahrten statt.

Der lange schmale Hafen von **Amlwch** wurde buchstäblich in den Granit gefräst. Heute ist hier nur noch ein Yachthafen, klein und beschaulich. Im 19. Jh. war Port Amlwch ein Zentrum des Schiffbaus und des Kupferexports. Ab 1768 wurden die Kupfervorkommen des nahegelegenen Parys Mountain ausgebeutet. Auf dem Höhepunkt des Kupferbooms lag die Förderung bei 80 000 t und die Mine hatte 1500 Beschäftigte, Männer, Frauen und Kinder. Der ›Kupferrausch‹ dauerte nur 30 Jahre. Als der Markt Mitte des 19. Jh. zusammenbrach, endete die Förderung der Erze. In den 1970er und 1980er Jahren diente der Hafen als Überseehafen für Öltanker. An den Industriestandort Amlwch erinnert heute nur noch eine Alumini-umfabrik, deren Rohstoffe kommen allerdings aus Übersee.

An der Nordküste bei Penrhyn produziert das Kernkraftwerk Wlfa Energie, hat aber inzwischen zahlreiche Konkurrenz durch umweltfreundliche Energieproduzenten bekommen. Im Norden von Anglesey bei Amlwch rotieren Scharen moderner Windturbinen mit den Flügeln. Die flache Landschaft bot sich auch früher schon an, die natürliche Kraft des Windes zu nutzen. Eine der wenigen erhaltenen Windmühlen aus der Zeit, als die Insel die ›Kornkammer‹ von Wales war, ist die **Llynon Mill** bei Llandeusant (Ostern–Ende Sept. Di–Sa 11–17, So 13–17 Uhr).

In **Holyhead** ist Nordwales Irland am nächsten. Der Fährhafen nach Dublin liegt auf Holy Island, der Insel vor der Insel. Von hier ist es nur ein Katzensprung nach Dun Laoghaire, dem Hafen von Dublin. Bis zu diesem strategischen Punkt schafften es auch die Römer im 3. Jh., nach Irland kamen sie allerdings nicht. Von den Mauern – teilweise im typischen Fischgrätmuster – des einstigen römischen Forts lässt sich das Be- und Entladen der Irland-Fähren bestens verfolgen. Die Kirche St. Cybi ist dem Heiligen geweiht, der auch beim walisischen Namen von Holyhead, Caergybi, Pate stand. Die kleine Kapelle in der Südwestecke der Anlage gilt als seine Grabstätte. Der hl. Cybi – so die Legende – und sein Kollege Seiriol pflegten sich regelmäßig zu besuchen. Da Cybi im äußersten Westen der Insel morgens

Llynon Mill

aufbrach, der Sonne entgegen, wurde er bald ›der Braungebrannte‹ genannt, während Seiriol aus dem äußersten Südosten in Penmon, stets mit der Sonne im Rücken, ›der Bleiche‹ hieß. Den benachbarten Iren war Cybi gar nicht heilig. 1405 verwüstete eine irische Armee die Insel und plünderte die St. Cybi's Church in Holyhead. Den Schrein nahm

man mit, denn der Christ Church Cathedral in Dublin fehlte noch ein passendes Ausstattungsstück.

Seevogelkolonien bevölkern die äußerste Spitze von Holy Island. Der 1809 errichtete und restaurierte Leuchtturm von **South Stack** bietet beste Aussichten zur Beobachtung von Hochseevögeln (Ostern–Ende Sept. 11–17 Uhr). Man braucht etwas Kondition, um hinzukommen – über 400 Stufen, die eine frühere Hängebrücke ersetzen, sind zu meistern. Am Ende der Mühen war-

Vogelkundler auf Holy Island

ten Ausstellungen zur Vogelwelt auf den Klippen und zur Geschichte des Leuchtturms.

Trearddur Bay, auf der Südseite von Holy Island, wird wegen ihres Sandstrands von Familien geschätzt. Die Bucht 3 km südlich der größten Ansiedlung auf Anglesey wird gesäumt von B&Bs. Über einen schmalen Kanal geht es zurück auf die ›Hauptinsel‹. Entlang der Westküste liegen weitere schöne Sandstrände, wie Porth Nobla beim Ferienort Rhosneigr.

Oberhalb der kleineren, malerisch von Felsen eingerahmten **Cable Bay** fällt der regelmäßige grasbewachsene Hügel von 27 m Durch-

messer kaum auf. Doch darunter versteckt sich eine eindrucksvolle Sehenswürdigkeit namens ›die Schürze der Riesin‹, **Barclodiad y Gawres.** Eine Riesin habe hier eine Schürze voller Steine ausgeschüttet, so die volkstümliche Erklärung für die Ansammlung von Megalithen. Das Großsteingrab in imponierender Lage auf den Klippen wurde nach Ausgrabungen wie ursprünglich wieder mit einem Erdhügel überdeckt. Ein 7 m langer Gang führt in das Innere des Erdhügels. Zwei der Steine im Innern der kreuzförmigen Anlage tragen eingeritzte Spiral- und Zickzackmuster, ähnlich denen in Newgrange in Irland, und man nimmt an, dass in der großen Kammer rituelle Handlungen stattfanden und nur die drei Nebenkammern als Gräber dienten. Den Schlüssel zur Gittertür erhält man nach Hinterlegen einer Kaution im Laden ›Wayside‹ in Llanfaelog oder beim Anglesey Heritage Centre, Llys Llywelyn, in Aberffraw (Apr.–Sept. Di–Sa 11–17, So 13–17 Uhr).

600 Jahre lang war in **Aberffraw** der Hof der Herrscher von Nordwales, Gwynedd. Von Cadfan (gest. um 625) bis Llywelyn II. hielten walisische Prinzen hier Hof. Heute erinnert kaum eine Spur an diese Vergangenheit. Es heißt, ein steinerner Bogen aus normannischer Zeit in der St. Beuno's Church sei ein Teil des Hofgebäudes gewesen.

Llandwyn ist eine weit nach Westen vorragende Landzunge im Süden von Anglesey. Vom Ort Newborough führt eine 2 km lange, schmale Straße durch Kiefernwald, der zur Befestigung der Dünen angelegt wurde, nach Llandwyn. Der Abstecher lohnt allerdings nur, wenn man ein paar Stunden dort zubringen will, denn es wird Straßenmaut erhoben. Von dem schönen, langen Sandstrand aus eröffnet sich der Blick hinüber auf die gesamte Gipfelwelt der Llŷn-Halbinsel. Ein Spaziergang zu der nur bei Ebbe erreichbaren Halbinsel Llandwyn Island führt zu einer Kapelle aus dem 15. Jh., die der hl. Dwynwyn, der Schutzpatronin der Liebenden, gewidmet ist. Der Weg ist gesäumt von Kreuzen – ein alter Pilgerweg. Hierher kam, wer sich in Herzensangelegenheiten unsicher war, um das Orakel zu befragen. Man warf einfach sein Taschentuch in den heiligen Brunnen und daraus, wie der Brunnen aufwallte, konnten dann Schlussfolgerungen über den Ausgang der Angelegenheit gezogen werden.

Die Inselumrundung nähert sich der schmalen Meerenge, die Anglesey vom Festland trennt. Jenseits von Menai Strait geht das Bergpanorama von Llŷn langsam in das von Snowdonia über. Vor dieser Kulisse liegt auch das Hügelgrab **Bryn Celli Ddu** (Hügel im dunklen Hain). Die Stätte wurde vor etwa fünf Jahrtausenden über längere Zeit zu verschiedenen Zwecken genutzt: Zunächst als Kultstätte angelegt – ähnlich wie Stonehenge –, wurde es später zur Grabstätte umgestaltet.

Auf Anglesey nennt fast jeder Landbesitzer ein Vorzeitmonument

Plas Newydd

sein eigen. Der Gartenkünstler Humphrey Repton ließ Ende des 18. Jh. den Cromlech auf dem Gelände von **Plas Newydd** glücklicherweise ungeschoren stehen (Apr.–Okt. Sa–Mi 12–17 Uhr, NT). Der Landsitz ist nach mehreren Umbauten ein stattliches Herrenhaus im schlichten georgianischen Stil mit gotischen Zutaten. Das Haus steckt voller Erinnerungen an den Marquess of Anglesey, einen der Helden von Waterloo. In der Schlacht verlor er sein Bein und war einer der ersten, für den eine Beinprothese angefertigt wurde. Außer dem Holzbein des

Blick auf die Menai Suspension Bridge

Llanfairpwllgwyngyllgogerych-wyrndrobwillantysiliogogogoch, das heißt kurz übersetzt ›St. Marie am Teich der weißen Hasel neben der Stromschnelle und der Kirche St. Tysilio bei der roten Höhle‹. Die ehemalige Bahnstation Llanfair-P.G., so die übliche Abkürzung, ist heute Anlaufpunkt für Reisebusse aus ganz Europa. Außer dem fiktiven Bahnticket als Souvenir kann man sich in den hier angesiedelten Shops mit allem erdenklichen ›Walisischem‹ eindecken. Den rekordverdächtig langen Namen dachte sich nach Einrichtung der Bahnstrecke Ende des 19. Jh. ein findiger Anwohner aus, um Touristen zum Aussteigen zu bewegen.

Menai Bridge ist ein Ort mit vielen Einkaufsmöglichkeiten, benannt nach der 1826 eröffneten Eisenbrücke, die Thomas Telford entworfen hatte. Die **Menai Suspension Bridge** war seinerzeit mit einer Spannweite von 178 m ein technisches Meisterwerk. Vor dem Brückenbau musste der gesamte Verkehr nach Anglesey per Fähre abgewickelt werden. Der ersten Brücke folgte bereits 1850 eine weitere, diesmal für die Eisenbahn. Folgerichtig wurde die **Britannia Bridge,** von Robert Stephenson, dem Sohn des Lokomotivenerfinders, entworfen. Nach einem Brand 1970 wurde eine Tubular Bridge (›Röhrenbrücke‹) daraus: Der Verkehr läuft jetzt auf

Marquis gehört ein gigantisches, fast 20 m langes Wandgemälde von Rex Whistler zu den Sehenswürdigkeiten des Hauses. Nicht versäumen sollte man einen Gang über die Promenade mit Ausblicken über die Menai Strait hinüber zu den Gipfeln von Snowdonia.

195

zwei Geschossen: Die Eisenbahn-trasse wurde abgedeckt, oben fahren nun Autos. Ein extra eingerichteter Aussichtsparkplatz ermöglicht einen herrlichen Blick von Süden auf Telfords Hängebrücke.

Auf dem Weiterweg kommt jenseits der Wasserstraße das viktorianische Pier von Bangor vor der Snowdonia-Kulisse in Sicht. Menai Strait zu kontrollieren hieß stets Nordwales zu beherrschen. Das 1295 begonnene **Beaumaris Castle** war Eduards I. letztes und ehrgeizigstes Glied in seiner Burgenkette (Apr., Mai, Okt. 9.30–17 Uhr, Juni–Sept. 9.30–18 Uhr, übrige Zeit Mo–Sa 10–16, So 11–16 Uhr, Cadw). Die größte seiner Festungen sollte uneinnehmbar werden. Malerisch schön liegt die Burg, wie ihr Name sagt, in den Salzwiesen: Beaumaris leitet sich von französisch ›Beau Marais‹ (Schöner Sumpf) ab. Die Lage im flachen Marschland erlaubte dem Militärarchitekten James of St. George alle Register zu ziehen: Vollkommen symmetrisch bauen sich in konzentrischen Kreisen die Verteidigungsringe um den Burgkern auf, die jeder für sich separat zu verteidigen waren. Die Burg wurde von der UNESCO in die Liste des Weltkulturerbes aufgenommen.

Jenseits des Burggrabens lohnt ein Bummel durch das betriebsame Städtchen **Beaumaris** mit seinen Fachwerkhäusern, Pubs und Geschäften entlang der Promenade. Interessierte können das historische Gericht (Court House) von 1614 gegenüber der Burg besichtigen und –

passenderweise gleich anschließend – das 1829 als mustergültig eröffnete Gefängnis (Gaol) in einer kleinen Nebenstraße der Castle Street (Ostern–Ende Sept. 10.30–17 Uhr). Wer noch Zeit mitbringt für einen Abstecher nach **Penmon Priory** an den südöstlichen Zipfel von Anglesey, taucht wieder ein in das mythische ›Zeitalter der Heiligen‹ im frühen Mittelalter. Wie St. Cybi in Holyhead, war St. Seiriol's Well an dieser abgelegenen Landzunge bereits im 6. Jh. ein heiliger Ort. Die schöne romanische Kirche der Priorei von Penmon entstand aber erst 600 Jahre später, nachdem das keltische Christentum gegenüber der römischen Lehre das Nachsehen hatte. Außen am Südportal der Kirche und an den eingemauerten Rundbögen im Innern sieht man eine auffallende Vielfalt geometrischer Muster wie Zickzack und Klötzchen. Das in der Kirche aufgestellte keltische Kreuz ist etwa 1000 Jahre alt und aus drei unterschiedlichen Kreuzteilen zusammengesetzt. Die Darstellung auf dem Schaft, in der Experten die Versuchung des hl. Antonius sehen, ist kaum noch wahrnehmbar. Die Kirche stand unter der Patronage von Llywelyn I. (der Große). Auch der benachbarte Taubenturm ist einen Blick wert, im Innern waren Höhlungen für bis zu 1000 Nester angebracht, die von Zeit zu Zeit geleert wurden: Die Eier und Jungvögel galten im Mittelalter als Delikatesse.

Folgt man der Mautstraße bis zum Ende der Landzunge nach **Pen-**

mon Point mit dem Leuchtturm, sieht man gegenüber **Puffin Island,** eine kleine Vogelinsel. Ausflugsfahrten dorthin starten ab Beaumaris und bieten Gelegenheit, Seevögel wie Papageitaucher (nur bis Mitte Juli), Trottellummen, Krähenscharben und vielleicht Robben zu sehen. Seinen Eindruck von der Tierwelt der Meere der Welt vertiefen kann man vor den Aquarien des **Anglesey Sea Zoo** in **Brynsiencyn** (Apr.–Okt. 10–17, Nov.–März 11–15 Uhr).

TIC Holyhead, Penrhos Beach Road, Holyhead LL65 2QB, Tel. 01407/762622; **TIC Llanfair P. G.,** Station Site, Llanfair P. G. LL61 5UJ, Tel. 01248/713177, Fax 715711.

Zug bis Holyhead, gute **Bus**verbindungen Bangor–Holyhead via Llangefni, von Llangefni in die kleineren Orte, Info-Tel. 01248/752459.

Holyhead: Yr Hendre, Porth y Felin, LL65 1AH, Tel. 762929, in einer Villa am Rand der Stadt, komfortable Zimmer, £; **Beaumaris:** Ye Olde Bull's Inn, s. Restaurant; **Brynsiencyn:** Plas Trefarthen, LL61 6SZ, Tel. 01248/430379, georgianisches Haus in großem Park, mit Blick über Menai Strait, die Wirtin und Sopranistin Marian Roberts unterhält die Gäste gelegentlich am Piano, £; **Llanerch-y-Medd:** Llydiarth Fawr, LL71 8DF, Tel. 01248/470321, 470540, so stellt man sich keine Farm vor, dennoch wird hier Schafzucht betrieben: ein georgianisches Herrenhaus mit Noblesse, geschmackvoll eingerichtete Räume, gute Küche, £; The Rectory, Coedana, LL71 8EW, Tel. 470330, an der B 5111, einfa-

che, aber gemütliche Zimmer, herzliche Atmosphäre, £.

Holyhead: Tŷn Rhôs Camping Site, Ravenspoint Road, Trearddur Bay, LL65 3AZ, Tel. 860369, großer Platz (200 Plätze), 10 Min. vom Strand; **Rhoscolyn:** Silver Bay Holiday Park, Pentre Gwyddel, LL65 2RZ, Tel. 01407/860374, direkt am Sandstrand, 75 Standplätze, keine Wohnmobile.

Bei Holyhead: Lobster Pot, Church Bay, wie der Name sagt, frische Kost aus dem Meer; **Plas Newydd** Tea Room, in der ehem.Molkerei des gleichnamigen Herrenhauses, die ideale Adresse zum Lunch oder Nachmittagstee: kleine warme Gerichte, walisische Käseplatte oder Snowdonia Eis, große Auswahl an lokalen Leckereien; **Beaumaris:** Ye Olde Bull's Head, Castle Street, sehr gute Küche mit Schwerpunkt Fisch und Meeresfrüchte, historische Postkutschenstation, wo schon Dickens übernachtete, auch Zimmer (££).

Das flache Anglesey ist ideal zum **Radfahren,** die TIC haben vier Tourenvorschläge ausgearbeitet; Fahrradverleih: Trax, Benllech, Tel. 01248/853873, Fax 853439, Mobilfon 0374/807909; Menai Cycles, Beaumaris Leisure Centre, Llys Llywellyn, Aberffraw, Tel. 01248/811200, Fax 716107, Mobilfon 0370/951007; Llan Cycle Hire, Gwynfa, Llanerchymedd, Tel. 01248/470358, Fax 470336; **Golfplätze** in Rhosneigr, Amlwch, Beaumaris und Holyhead; **Angel-** und **Ausflugs**fahrten nach Puffin Island ab Beaumaris mit Starida, Tel. 01248/810251.

Die besten **Strände** von Osten nach Westen: Red Wharf Bay, Cemaes Bay im Norden, Trearddur Bay, Porth Nobla, Cable Bay, Llandwyn.

Die Küste von Nordwales

Von der Conwy Bay bis zum Point of Ayr heißt die Küste von Nordwales The Golden Coast. Lange Sandstrände, flach und kinderfreundlich, sind das Markenzeichen der ›goldenen Küste‹, an der sich zahlreiche Seebäder unterschiedlichen Charakters aneinanderreihen, allen voran das unvergleichliche Llandudno. Sie sind erstklassige Standquartiere für Ausflüge in das schöne Conwy Valley oder in die Berge von Snowdonia.

Durchs Conwy Valley

(Karte S. 188/189) Schon wenige Kilometer nördlich von Betws-y-Coed (s. S. 177) verlässt man die Berge, und das Conwy Valley weitet sich zusehends von einem milden waldreichen Tal zu einer fruchtbaren Ebene. Direkt an der B 5106 liegt dunkel, abweisend und geschichtsträchtig **Gwydir Castle,** der trutzige Herrensitz einer altehrwürdigen walisischen Familie, der Wynnes. Vom 15. bis zum 17. Jh. gehörte die Familie, die ihren Stammbaum von den Prinzen von Gwynedd ableitete, zu den mächtigsten im Land. Obwohl immer wieder umgebaut, wird das Herrenhaus im Renaissancestil seiner Geschichte entsprechend von zahlreichen Geistern bevölkert (Mo–Fr 10–17 Uhr).

Ein gutes Stück oberhalb, den Schildern zur Forstverwaltung folgend, stößt man auf die 1673 errichtete Familienkapelle der Wynnes, **Gwydir Uchaf Chapel.** Sie ist einer der vielen Inigo Jones (1573–1652) zugeschriebenen Bauten: Von dem einflussreichen Vertreter der Ideen des italienischen Renaissancearchitekten Andrea Palladio in England sind kaum Werke erhalten. Er arbeitete für den Hof in London, und es ist fraglich, ob er sich mit Aufträgen der walisischen Gentry abgab. Sehenswert ist die üppige Bemalung der Holzdecke, die fast unverändert aus dem 17. Jh. erhalten geblieben ist (Mo–Fr, Schlüssel beim Forstamt).

Ein Werk des berühmten Inigo Jones sehen manche auch in der schönen Steinbrücke, die in **Llanrwst** über den schon mächtig breit und träge fließenden Afon Conwy führt. Die Marktstadt bietet viele Geschäfte und unterscheidet sich in der Vielfalt der Baustile und -materialien deutlich von den Orten in den Bergen.

Die Kraft des Wassers versorgte bis zum Jahr 1900 auch **Trefriw Woollen Mill** mit der zur Wollbearbeitung notwendigen Energie. Seitdem werden die Maschinen zum Kämmen, Färben, Spinnen und Weben über den Umweg einer Turbine elektrisch betrieben. An Werktagen kann man beim Weben und gelegentlich auch beim Handspinnen zusehen. Ein kleiner Fabrikladen bietet die hier produzierten Decken, Bettüberwürfe und andere Wollsachen zum Verkauf (Mo–Fr 9.30–17.30 Uhr, Sa 10–17 Uhr).

Bodnant Garden zählt zu den schönsten Gärten in ganz Großbritannien. Dank seiner herrlichen Lage und den gekonnt natürlich ge-

stalteten Terrassen lässt er wohl niemanden unbeeindruckt. Bodnant Garden profitiert vom milden Klima des Conwy Valley, das eine Vielfalt exotischer Gewächse gedeihen lässt. Kamelien, Magnolien und Rhododendren – viele davon Raritäten – gehören zu den Highlights im Frühsommer, später im Jahr begeistern die Schlucht der blauen Hortensien und das farblich abgestufte Laub der Bäume und Sträucher (Mitte März–Ende Okt. 10–17 Uhr, NT).

Conwy

Eine Burg wie aus dem Märchenbuch, so wacht **Conwy Castle** – hinter sich die Berge – über die breite Mündung des gleichnamigen Flusses. Obwohl in wenigen Jahrzehnten und unter demselben Architek-

Bodnant Garden

ten, James of St. George, gebaut, ist die Burgenkette des englischen Königs Eduard I. erstaunlich in ihrer Vielfalt: Keine Burg gleicht der anderen. Die konzentrische Anlage von Conwy entstand in kurzer Bauzeit (1283–87) mit acht dicken Rundtürmen und massiven Mauern. (Apr., Mai, Okt. 9.30–17 Uhr, Juni–Sept. 9.30–18 Uhr, Nov.–März Mo–Sa 9.30–16, So 11–16 Uhr, Cadw).

Ein Beispiel für eine gelungene viktorianische Umsetzung historischer Vorgaben ist die 1826 von Thomas Telford entworfene **Conwy Suspension Bridge,** die mit ihren Eisenketten und Rundtürmen fast ›echter‹ wirkt als das wahre Mittelalter (Apr.–Okt. Mi–Mo 10–17 Uhr, Juli/Aug. tägl., NT). Weniger gut gelungen ist die etwa 40 Jahre später entstandene Eisenbahnbrücke mit

Conwy Castle, wohl die meistfotografierte der vielen Burgen in Wales

vielen Sehenswürdigkeiten des historischen Örtchens in Ruhe genießen.

Zur selben Zeit wie die Burg wurden die **Stadtmauern** gebaut, gut 1,2 km lang und streckenweise begehbar, mit 22 Türmen und drei Stadttoren, die den Innenstadtkern von Conwy auf drei Seiten noch fast gänzlich einschließen. Und der bietet noch mehr Sehenswertes aus Mittelalter und früher Neuzeit: Vom **Smallest House** (kleinsten Haus) – die einem Puppenhaus gleichende Kuriosität steht an der Nordwestecke der Stadtmauer am Kai – bis zum großartigen **Plas Mawr** (großen Haus). Vom Turm des vorbildlich restaurierten elisabethanischen Stadthauses bietet sich ein weiter Blick über die Stadt. Errichtet wurde es 1576–85 für den reichen Kaufmann und Spross der auf Gwydir Castle residierenden Gentry-Familie Robert Wynne of Gwydir. Vor allem die Innendekoration ist eine Augenweide: Stuckwerk im flämischen Renaissancestil mit überraschenden Details (High Street; Ende März–Mitte Mai u. Sept. 9.30–17 Uhr, Mitte Mai–Aug. 9.30–18 Uhr, Okt. nur bis 16 Uhr, Cadw).

Ein weiteres architektonisches Kleinod ist **Aberconwy House,** eines der wenigen erhaltenen Kaufmannshäuser aus dem Mittelalter. Das Haus mit vorkragenden Fachwerk-

ihrem Viereckturm, die heute in einem Blechtunnel verborgen verläuft, um das malerische Gesamtbild aus Mittelalter und geschickter viktorianischer Adaptation nicht zu stören. Die zwei Brücken aus dem 19. Jh. konnten Conwys Verkehrsprobleme des 20. Jh. allerdings nicht lösen. Erst seit der Straßenverkehr durch einen Tunnel unter dem River Conwy geführt wird, kann man die

ober- und Steinunterbau aus dem 14. Jh. wurde vom National Trust restauriert und möbliert, jeder der fünf Räume im Stil einer anderen Zeit (Castle Street; Ende März–Ende Okt. Mi–Mo 10–17 Uhr, NT).

Wer sich der englischen Teezeremonie verschrieben hat, ist in **Teapot World,** einem Teekannen-Museum mit zum Teil seltenen Stücken ab der Mitte des 18. Jh. bis heute, in seinem Element. Im angrenzenden Laden findet der Teefreund alles, was er für seinen Kult braucht (25 Castle Street; Ostern–Okt. Mo–Sa 10–17.30, So 11–17.30 Uhr).

ⓘ **TIC Conwy** (am Eingang zur Burg), Castle Visitor Centre, Castle Street, Conwy LL32 8LD, Tel. 01492/5922 48; ein weiteres Info-Büro, mit Souvenirläden und *Brass rubbing centre* ist in der Rosehill Street, Bahnhofsausgang.

Llandudno

Llandudno ist der Inbegriff des viktorianischen Seebads. Die noble Eleganz der gepflegten Fassaden entlang der weitgeschwungenen Promenade, die kühle neoviktorianische Pracht der Einkaufspassagen, der frisch renovierte Pier mit seinen Amusement Arcades, die mobile Puppenspielerbühne auf der Promenade, die gestreiften Liegestühle – alle Ingredienzen verströmen den Charme der guten alten Zeit. Die natürliche Voraussetzung: zwei halbkreisförmige Sandbuchten zu beiden Seiten einer Halbinsel, ge-

schützt durch die hohe Kalkklippe des Great Ormes Head auf der einen und Little Ormes Head auf der anderen Seite. Als ab 1849 die Eisenbahnlinie London–Holyhead gebaut wurde, ließ der Landbesitzer Baron Mostyn in diesem Gebiet eine Feriensiedlung aus dem Boden stampfen. 1856 konnte Llandudno bereits 8000 Gäste aufnehmen. Die Stadt hat heute fast 15 000 Einwohner und noch immer leben die meisten vom Tourismus.

Das viktorianischste aller Kinderbücher, ›Alice im Wunderland‹, erhielt hier wichtige Impulse: Als Lewis Carroll, der eigentlich Charles Lutwidge Dodgson hieß, in Llandudno Ferien machte und bei einem Bootsausflug die sechsjährige Alice Liddell traf, war eine literarische Figur geboren. Szenen aus den Büchern stellt das **Alice in Wonderland Visitor Centre** etwas albern in Lebensgröße nach (3–4 Trinity Square, Ostern–Ende Okt. 10–17 Uhr, übrige Zeit nur Mo–Sa).

Den schönsten Blick auf Llandudno und seine weitgeschwungene Bucht hat man vom Great Ormes Head (230 m). Eine nostalgische Trambahn (1902) zuckelt den steilen Hang hinauf, während Autofahrer die Windungen der 8 km langen Panoramastraße Marine Drive nehmen können (Maut). Im Sommer verkehrt zusätzlich eine Seilbahn.

Vor 4000 Jahren trieben die Menschen der Bronzezeit Stollen in den Kalksteinfelsen von Great Orme. Sie exportierten die Bodenschätze aber nicht nur, sondern stellten unter Verwendung von Zinn aus Cornwall auch selbst Bronze her. Bei einer Besichtigung der **Vorzeit-Kupferminen** erhält man Aufschluss über die Bergbautechnik jener Zeit, die von Archäologen hier untersucht wird (Febr.–Ende Okt. 10–17 Uhr).

TIC Llandudno, 1–2 Chapel Street, Llandudno LL30 2YU, Tel. 01492/876413.

Mit dem **Zug:** Die Hauptstrecke London–Holyhead führt entlang der walisischen Nordküste; Umstieg nach Llandudno in Llandudno Junction; Nord-Süd-Verbindung über die Conwy Valley Line: Llandudno–Blaenau Ffestiniog; sehr gute **Bus**verbindungen nach Snowdonia, Anglesey sowie nach Liverpool und Chester (Arriva Cymru Tel. 592111).

Bodysgallen Hall, Conwy, LL30 1RS, Tel. 584466, Fax 582519, komfortables Landhaushotel 3 km südlich Llandudno, mit Restaurant der Spitzenklasse, £££; St. Tudno Hotel, noble viktorianische Atmosphäre, hier

machte schon das Vorbild für Alice im Wunderland mit ihrer Familie Ferien, anno 1861, ausgezeichnete Küche, ££; die Auswahl preiswerter B&Bs ist überwältigend. Am Besten, man sucht sich sein Zimmer durch Hausbesuch – der Rest ist Verhandlungssache. Dasselbe gilt für Ferienwohnungen (Holiday Flats/Flatlets), ab ca. 100 £/Woche.

North Wales Theatre, Llandudno: eine der größten Bühnen in Großbritannien, zeigt **Shows, Musicals, Ballett.** Gelegentlich gastiert auch die Welsh National Opera hier, Tel. 872000.

Llandudno ist das Einkaufszentrum für ganz Nordwales. Haupteinkaufsstraße ist **Mostyn Street.** Die **Mostyn Art Gallery,** 12 Vaughan Street, führt Werke zeitgenössischer lokaler Künstler.

Golf: Zwei 18-Loch-Plätze in Llandudno: North Wales Golf Club, West Shore Tel. 875325 und Maesdu Golf Club, Hospital Road, Tel. 876016; Informationen über **Hochseeangeln** und **Segeln:** Harbour Master Tel. 596253; 30-minütige **Ausflugsfahrten** per Boot rund um Great Ormes Head ab Llandudno North Shore Mai–Sept.

Strände: Die fast 5 km lange North Shore erhält regelmäßig Auszeich-

Die Küste von Llandudno bis Point of Ayr

nungen für ihre Sauberkeit. Ruhiger ist die West Shore, mit Blick auf die Berge. Pensarn zwischen Llandudno und Rhos ist ein guter Strand für Schwimmer.

The Golden Coast

(Karte S. 203) Die bescheideneren Nachbarn des prächtigen Llandudno liegen östlich der Halbinsel. **Rhos-on-Sea** gleich hinter Little Orme ist eine gute Adresse für sportliche Vergnügen rund ums Wasser, von Hochseefischerei bis zum Segeln und Surfen. Es heißt in einer mittelalterlichen Handschrift, von der bereits im 6. Jh. gegründeten St. Trillo's Chapel aus sei der Seefahrer Madoc ap Owen Gwynedd 1170 aufgebrochen zu einer Reise nach Westen, die ihn bis an die Küste des amerikanischen Kontinents führte – am Entdeckerruhm des Kolumbus kratzen auch die Waliser.

Wie Rhos ist auch **Colwyn Bay** mit seinem meilenweiten Strand ein Mekka der Wassersportler, aber etwas lebhafter: ein Seebad, das sich an ein anderes Publikum wendet als Llandudno. Spaß, Amüsement, Trubel und Action werden groß geschrieben. Im Eirias Park Leisure Centre findet man neben Dinosaur World mit der angeblich größten Ansammlung von Nachbildungen der Riesen-Reptilien auch eine breite Palette an Hallensportarten.

Gegenüber Colwyn Bay ist das Unterhaltungsangebot in **Rhyl** um ein weiteres Grad gesteigert: Jede Menge Kirmesatmosphäre den ganzen Sommer über. Die Promenade strotzt vor Imbissbuden, Souvenir- und Plastikshops und Amüsement allerorten.

Prestatyn heißt auch ›Sun City‹ von Wales und steht ganz im Zeichen der Erholung und des Zeitvertreibs. Und wurde sogar in einem Gedicht gewürdigt: Philip Larkin machte sich 1964 unter dem Titel ›Sunny Prestatyn‹ angesichts eines Werbeplakats für den Ort Gedanken über den vergänglichen Sex-Appeal sommerlichen Ferienglücks. Wer eher die Stille sucht und Wales der Länge nach erkunden möchte: Der Fernwanderweg Offa's Dyke Path, der hier beginnt, endet 293 km weiter südlich an der Wye-Mündung in den Bristol Channel (s. S. 81f.).

Am **Point of Ayr** enden die Sandstrände der Golden Coast in Sichtweite des Industriegebiets von Birkenhead und Liverpool. Der 1777 errichtete Leuchtturm gehört zu den ältesten des Landes.

TIC Rhos-on-Sea, The Promenade, Rhos-on-Sea U2B 4EP, Tel. 01492/548778, nur Ostern–Okt.; **TIC Colwyn Bay,** Imperial Buildings, Station Square, Colwyn Bay LL29 8LF, Tel. 01492/530478; **TIC Rhyl,** Rhyl Children's Village, West Parade, Rhyl LL18 1HZ, Tel. 01745/355068.

Hallensportarten: Eirias Park, Colwyn Bay, Tel. 533223; **Spaßbäder:** Rhyl Sun Centre und Novacentre Prestatyn.

Strände: Colwyn Bay und Rhos bieten 2 km Sandstrand mit angrenzender Promenade.

Das nordwalisische Grenzland

Sanfte grüne Hügel und malerische Flusslandschaften, stille Kanäle und trutzige Schlösser mit prachtvollem Innenleben – dem Grenzland zu Mittelengland fehlt vielleicht das Spektakuläre, aber der reiche Nordosten bietet eine Fülle versteckter Kostbarkeiten, von der mittelalterlichen Kirche bis zum Wasserfall, und vielfältige Aktivitäten, von der Zugfahrt unter Dampf bis zum Schippern auf einem Kanalboot.

Im Clwyd Valley nach Llangollen

(Karte S. 206) Wem es am Strand zu langweilig wird, kann der Promenade von Rhyl den Rücken kehren zu einem Ausflug entlang dem River Clwyd ins hügelige und malerische Landesinnere. Dort lohnt der Besuch einiger der ›Sieben Wunder von Wales‹, die sich seltsamerweise alle im nordwalisischen Grenzland konzentrieren – eine frühe Maßnahme der Tourismuswerbung? Der Knittelvers des 19. Jh. zählt sie auf: »Pistyll Rhaeadr and Wrexham Steeple, Snowdon's Mountain without its people, Overton Yew trees, St Winifrede's Well, Llangollen Bridge and Gresford Bells.«

Nicht im Tal des Clwyd, sondern nur wenige Kilometer von der Dee-Mündung entfernt liegt das erste Wunder. St. Winifrede's Well in **Holywell** ist bis heute katholischer

Wallfahrtsort. Im ›Lourdes von Wales‹ sprudelt die wundertätige, in ein Becken gefasste Quelle der hl. Winifred unterhalb der (anglikanischen) Gemeindekirche. Über der Quelle wurde im 15. Jh. eine Kapelle errichtet, deren Fächergewölbe trotz seines schlechten Erhaltungszustandes sehenswert ist. Der arg vom Zahn der Zeit benagte Skulpturenschmuck im Innern gibt einen Eindruck vom Reichtum der Stifterin Gräfin Margaret Beaufort, der Mutter Heinrichs VII. Die Tudorembleme Rose, Drache und Windhund prangen über dem Eingangsportal in die offene Krypta (Mai–Sept. 10–17 Uhr, Sa 10–16.30 Uhr, übrige Zeit 10–16 Uhr).

Nicht weit von Rhyl den Clwyd flussaufwärts sitzt breit und behäbig **Rhuddlan Castle** über dem Ufer, die erste Burg, die König Eduard I. im späten 13. Jh. nach dem neuen Konzept der konzentrisch angelegten Festungsbauten errichten ließ. Hier

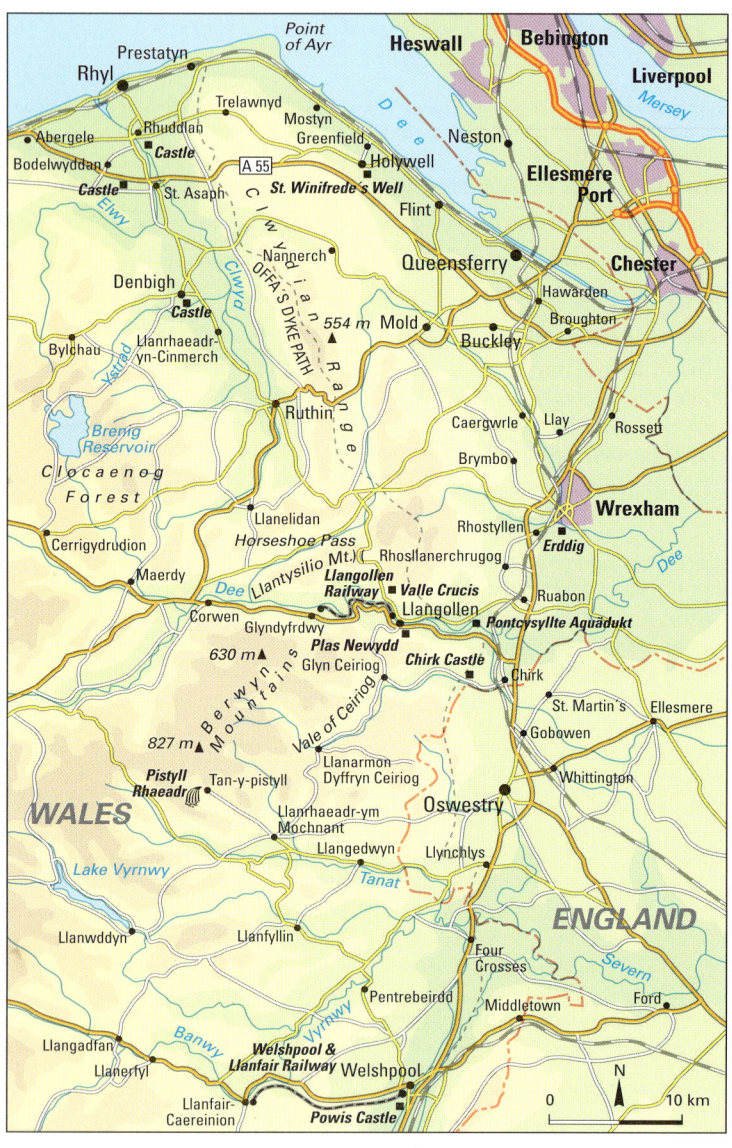

hielt er 1283–84 sein Parlament ab und verkündete die Statuten von Rhuddlan, die der walisischen Eigenständigkeit ein Ende bereiteten (Mai–Sept. 10–17 Uhr, Cadw). Nur der Erdhügel, auf dem sich ursprünglich eine Holzburg erhob, blieb von dem normannischen Vorgänger der Burg, der ein Stück entfernt über einen ausgeschilderten Fußweg erreichbar ist: Twthill Mound.

Keineswegs in Ruinen liegt die mit romantischen Zinnen verschönerte ›Burg‹ **Bodelwddan Hall,** die lange Zeit als Mädchenpensionat diente. Von hier geht der Blick weit über das küstennahe Flachland bis zur Dee-Mündung. Im prunkvoll ausgestatteten Innern des Mitte des 18. Jh. errichteten Gebäudes werden kostbares Mobiliar und Porträts berühmter Zeitgenossen von Queen Victoria gezeigt, Leihgaben der National Portrait Gallery (Apr.–Okt. Sa–Do 11–17, Nov.–März Di–Do und Sa, So 11–16 Uhr).

Gleich neben der autobahnähnlich ausgebauten A 55 bildet die ›**Marble Church**‹ einen Blickfang. Die aus hellem Kalkstein 1856 gebaute ›Marmorkirche‹ mit dem hohen Spitzturm erhielt den Namen wegen der 14 verschiedenen Marmorarten, die im Innern verbaut wurden. Geradezu übersehen könnte man dagegen die Kathedrale von **St. Asaph.** Die Bischofskirche ist die kleinste in England und Wales. 1143 wurde der Ort zum Bischofssitz erhoben – zweiter Bischof war der berühmte Geoffrey of Monmouth. Später wurde die Kirche mit dem wuchtigen Turm mehrfach zerstört. Im 19. Jh. restaurierte George Gilbert Scott sie in ihrem ursprünglichen Stil des 15. Jh.

Hoch über dem betriebsamen Einkaufsleben der Straßen von **Denbigh,** das längst über seine in Resten erhaltenen mittelalterlichen Stadtmauern hinausgewachsen ist, stehen die Ruinen von Denbigh Castle. Es wurde 1282 von Henry de Lacy, Kommandant in Diensten Eduards I., gebaut, um die nach harten Kämpfen unterworfenen Waliser ›in Schach zu halten‹. Vom Platz vor der Burg bietet sich eine schöne Aussicht über die Dächer der Stadt auf die Clwydian Range, das Hügelland entlang dem River Clwyd. Das große, ursprünglich von drei achteckigen Türmen bewachte Torhaus, durch das man die Burg betritt, krönt eine verwitterte Statue des Königs Eduard I. (Anf. Apr.–Ende Okt. Mo–Fr 10–17.30, Sa, So 9.30–17.30 Uhr, Cadw).

Nur ein kleiner Abzweig von der A 525 führt zur St. Dyfnog's Church in **Llanrhaeadr-yn-Cinmerch.** Sie birgt einen Schatz, den man erst beim Blick von innen nach außen sieht. Die opulenten Glasfenster mit der Darstellung des Jesse-Baums konnte sich die bescheidene Kirche 1533 nur dank der Spenden von Pilgern leisten. Anziehungspunkt war die heilkräftige Quelle im Wald wenige 100 m hinter der Kirche, deren Wasser bei Hauterkrankungen Anwendung fand. In der Schmiede, heute Töpferei, gegenüber der Kirche wechselten die Reisenden einst die Pferde, als anstelle der A 525 eine Drovers Road für den Schaftrieb und eine Postkutschenroute hier entlang führten. Aus dieser Zeit stammt auch das gastfreundliche Pub The Kings' Head.

Das Ortsbild des Fachwerkstädtchens **Ruthin** ist einen längeren Blick wert, z. B. beim Bummel durch die von kleinen Geschäften gesäumten Straßen Clwyd Street oder Castle Street, wo Nantclwyd House (16. Jh.) mit dem vorragenden Fachwerkobergeschoss auffällt. Das Old Court House (1401), das ehemalige Gericht, am St. Peter's Square ist heute eine Bankfiliale, vielleicht die einzige mit hauseigenem Galgen. Das kostbare schmiedeeiserne Gitter zum Kirchhof der St. Peter's Church stammt aus dem frühen 18. Jh. und aus derselben Werkstatt wie das in Chirk Castle. Die Castle Street führt zu dem neogotischen Backsteinbau Ruthin Castle (1830), heute Hotel, zu dessen Spezialitäten mittelalterliche Bankette gehören. Im Park stehen noch spärliche Burgruinen des ›echten‹ Mittelalters.

Vom Tal des Clwyd ins Tal des Dee windet sich die Straße über die Höhen der Llantysilio Mountains. Die charakteristische Hufeisenkehre beschreibt sie am Horseshoe Pass in 345 m Höhe inmitten einer unwirtlichen, vom Schieferabbau gezeichneten Landschaft. Am Fuß der kahlen Hänge und noch nicht ganz im milden, malerischen Dee Valley, liegt versteckt die Ruine von **Valle Crucis Abbey.** Eine einsame Gegend genau nach den Vorstellungen der Zisterzienser, die sie als letzte ihrer 14 Niederlassungen in Wales 1201 gründeten. Unterstützt wurden sie dabei von dem walisischen Herrscher über den Norden von Powys, Madog ap Gruffudd Maelor. Nach der Schließung der Abtei 1537 unter Heinrich VIII. verfiel sie dem Ruin. Die Westwand der Kirche aus dem 13. Jh. mit Rosette und reichdekoriertem Portal ist noch erhalten, ebenso Kapitelhaus und Dormitorium (Mai–Sept. 10–17 Uhr, Cadw).

Den Namen gab der Abtei ›Kreuztal‹ ein frühchristliches Hochkreuz, **Eliseg's Pillar,** das in der Nähe auf einer Wiese steht. Von den Puritanern zerstört, blieb nur der Säulenschaft mit Fragmenten der hochinteressanten Inschrift, die weit vor das Jahr 800 zurückgreift, als das Denkmal von Cyngen, Herrscher über Powis, zu Ehren seines Urgroßvaters Eliseg errichtet wurde. Jener Eliseg stammte – so die Inschrift – von keinen geringeren ab als von Vortigern und Kaiser Magnus Maximus, die beide im 4. Jh. lebten.

Nicht nur zum International Eisteddfod alljährlich im Juli quillt **Llangollen,** die Kleinstadt im Tal des Dee, vor Besuchern über. Die bisweilen mit Dampfloks betriebene Schmalspureisenbahn Llangollen Railway und Bootsfahrten auf dem Kanal locken viele Tagesbesucher an. Der Verkehr zwängt sich über eines der ›Sieben Wunder von Wales‹, die massige Brücke über den Dee mit ihren Ausweichnischen für den Gegenverkehr. Seit ihrem Bau im 14. Jh. wurde sie allerdings etwas verbreitert.

Eher eine versteckte Sehenswürdigkeit ist die ohne Nagel und Schraube zusammengefügte, geschnitzte Eichendecke in der Kirche St. Collen aus dem Jahr 1450, deren fantastische Ornamente sich dank eines speziellen Spiegels von unten auch ohne Nackenstarre betrachten lassen (14–19.30 Uhr). Auf dem Kirchhof steht der dreiseitige Grabstein der ›Ladies of Llangollen‹ und ihrer Dienerin Mary Carryl aus weißem Marmor.

Die zwei jungen Damen aus anglo-irischem Adel, Lady Sarah Ponsonby und Lady Eleanor Butler, hatten zunächst als Touristen in Llangollen Station gemacht. Mit ihren Familien hatten sie sich überworfen und waren angesichts der Optionen Kloster oder Zwangsverheiratung schon mehrmals von zu Hause ausgerissen. Ihre geringen Mittel reichten gerade, um 1778 ein ›Hexenhäuschen‹ am Hang oberhalb von Llangollen zu kaufen: das entzückende Fachwerkhaus **Plas Newydd.** Hier konnten die Aussteigerinnen das Leben auf dem Lande frei nach Rousseau praktizieren, bestellten ihren Gemüsegarten, hielten eine Kuh – was sie nicht hinderte, mit den Großen der Welt rege Kontakte zu pflegen. Als ›Ladies of Llangollen‹ erlangte das Paar Berühmt-

Die Ruine von Valle Crucis Abbey

heit, nicht nur wegen ihres Lebens fern der Konvention. Der Duke of Wellington kam zu Besuch, ebenso wie die Dichter Robert Southey, Wordsworth und Walter Scott, aber auch der Fabrikant Josiah Wedgwood und der Abenteurer Fürst Pückler. Jeder Gast trug seinen Obolus zur Ausstattung des Hauses bei: willkommene Gastgeschenke waren Kuriosa aller Art, eichene Schnitzereien aus alten Kirchen oder Burgen, Paneele und Fliesen. So ist das Haus im Innern eine Orgie aus grotesken Schnitzereien in überwältigender Vielfalt. Eine gut gemachte Ausstellung informiert über die Biographie der Ladies und ihr zu jener Zeit un-

Llangollen, von Pferden gezogenes Boot
auf dem Kanal

gewöhnliches Leben. Der herrliche
Garten hinterm Haus lädt ein zu lau-
schigen Spaziergängen hinunter
zum Fluss (Ostern–Okt. 10–17 Uhr).

Auch Fürst Pückler war von dieser Landschaft entzückt: Mit seinen
vielen Sehenswürdigkeiten und der
malerischen Umgebung des Dee
Valley war Llangollen ein bevorzug-
tes Ziel für die romantischen Reisenden des 18. und 19. Jh. Die Ruine
einer walisischen Burg hoch über
dem Städtchen, **Dinas Brân,** erwan-
derte man schon damals zu Fuß.
Der Legende nach lebte hier das
schöne Burgfräulein Myfanwy Fy-

chan; sie war einem Ritter verspro-
chen, aber zugleich der Schwarm
eines geheimnisvollen Barden, der
ihr Liebeslieder sang. Auch vor der
Hochzeitsgesellschaft, bei der Heirat der Schönen mit dem Ritter, sang
er zur Harfe sein todtrauriges Lied –
die Braut verstarb an Ort und Stelle
und folgte dem geisterhaften Sänger
ins Jenseits.

Die jüngste – und vielleicht be-
eindruckendste – Sehenswürdigkeit
in der Umgebung von Llangollen ist
technischer Natur: etwa 5 km östlich von Llangollen bei Froncysyllte
quert der Shropshire Union Canal
als schmale Wasserstraße über das
Aquädukt Pontcysyllte die Schlucht
des Dee. Rund 40 m geht es in die
Tiefe: Der Spaziergang über Thomas
Telfords mehr als 300 m langes

Meisterwerk von 1805 ist nur Schwindelfreien zu empfehlen. Der rege Verkehr der bunten Kanalboote sorgt gelegentlich für Staus, denen man vom Pub Telford Arms aus zusehen kann.

Nicht ganz so groß, aber auch beeindruckend sind die zwei Brücken nebeneinander, die den steil eingeschnittenen Ceiriog River südlich von Chirk queren. **Chirk Aquädukt** wurde ebenfalls von Thomas Telford 1801 gebaut, während die etwas höhere Eisenbahnbrücke 45 Jahre später entstand. Wer mag, kann sich als Grenzgänger betätigen: Der Fluss bildet an dieser Stelle die Grenze zwischen England und Wales.

Martialisch-mittelalterlich von außen, Luxus in Samt und Seide von innen: **Chirk Castle** wirkt äußerlich noch wie zur Zeit Eduards I., als es als Grenzfeste entstand. Seit 1330 wird die Burg bewohnt und blieb deshalb – anders als so viele andere, heute ruinöse Castles – hervorragend erhalten. Im ältesten Teil, dem etwa 1310 gebauten Adam Tower, kann man im 3 m tiefen Verlies dem Mittelalterambiente nachspüren. Von dort geht es insgesamt 76 Stufen hoch zu einem Blick in ein funktionierendes Uhrwerk von 1609. Weitaus großzügiger als die Räume im Adam Tower sind die Prunkräume im Obergeschoss geschnitten. Hier wurde die Burg zum Schloss: elegante Wandmalereien mit antik-mythologischen Szenen und Innenausstattung in Gold und Pastell im Stil von Robert Adam. Seit 1595 gehörte das Anwesen der Kaufmannsfamilie

Myddleton, die sich im Englischen Bürgerkrieg auf Seiten des Königs schlug. Dennoch Fair Play: In der Long Gallery hängen die Porträts von Sir Thomas Myddleton, Feldherr König Karls I., und seines Gegners auf Republikaner-Seite, ›Honest‹ John Lambert, einander gegenüber – mit gebührendem Abstand. Im Garten wie im Haus spiegeln sich die verschiedenen Epochen wider. Durch das großartige gusseiserne Tor aus dem 18. Jh. gelangt man unmittelbar am Haus in den formalen Gartenteil mit streng in Form geschnittenen Eiben. Der ausgedehnte Terrassengarten bietet einen herrlichen Blick auf die Landschaft der Umgebung (Castle: Ende März–Sept. Mi–So 12–17 Uhr; Garten: 11–18 Uhr, Okt. nur Sa, So, NT).

Ein Herrenhaus ganz anderer Art ist **Erddig** bei Wrexham. Als Folge des Kohleabbaus um Wrexham drohte das Backsteinhaus aus dem 18. Jh. schon zusammenzubrechen, bevor es gründlich restauriert wurde. Auch die sonst oft vernachlässigten Wirtschaftsgebäude wie Waschküche, Schmiede und Sägewerk sind zu besichtigen. Die Eigentümer zählten das Personal großzügig mit zur Familie – Gärtner und Köchin wurden in Porträts verewigt wie anderswo die Herrschaft (Ende März–Sept. Sa–Mi 12–17, Okt. nur bis 16 Uhr, NT).

ⓘ TIC Ruthin, Ruthin Craft Centre, Park Road, Ruthin LL15 1BB, Tel. 01824/703992; **TIC Llangollen,** Castle Street, Llangollen LL20 5PD, Tel. 01978/860828.

🚌 **Bus** (Bala–)Llangollen–Wrexham (Arriva, Tel. 01970/617951), Buslinien in Denbighshire Tel. 01824/706968 und Flintshire Tel. 01352/704035.

🛏 **Ruthin:** Ruthin Castle, LL15 2NU, Tel. 702664, Fax 705978, ›Ritterburg‹ des 19. Jh. mit 58 komfortablen Zimmern, Restaurant, mittelalterliche Bankette, ££–£££; **Llangollen:** The Old Vicarage, Bryn Howel Lane, Froncysyllte, Tel. 823018, 5 km außerhalb am River Dee mit gepflegtem Garten, plüschige Zimmer, sehr ruhig in der Nähe des Aquäduktes, auch Apartments für Selbstversorger, £.

🍴 **Llangollen:** The Bishop Trevor, Abbey Road, an der Brücke, ausgezeichnetes Gebäck und kleine Gerichte, nur tagsüber; Robbin's Nest, Market St., einfallsreiche Gerichte, nicht zu teuer.

☕ **Y Maerdy:** The Goat (an der Strecke Richtung Bala bzw. Betws-y-Coed): Pub mit ausgezeichneter Küche; **Llanrhaeadr–Cinmerch:** The King's Head, sehr gemütlich eingerichtetes historisches Pub mit guter Küche.

🎁 **Ruthin:** Ruthin Craft Centre, im TIC, Park Road (am Verteilerkreis), qualitätvolles Kunsthandwerk, Keramik, Glas- und Textilkunst.

🧗 **Kanalfahrten:** Llangollen Wharf, von Pferden gezogene Boote auf dem Kanal, Tel. 860702; Trevor Wharf, bei Llangollen, Tel. 821749; 45minütige Fahrten übers Pontcysyllte Aquädukt, Old Wharf Cruises, Trevor, Tel. 823215; **Schmalspurbahnen:** Llangollen Railway, Ende Mai–Ende Okt. automat. Fahrplanansage Tel. 860951; **Rafting, Wildwasserkanufahren, Klettern:** Mile End Mill, Berwyn Road, Llangollen, Tel. 860763.

Durch das Ceiriog-Tal nach Welshpool

(Karte S. 206) Scheinbar endlos windet sich ein schmales Sträßchen durch das einsame und idyllische Tal des Ceiriog (Dyffryn Ceiriog). Dann, am Ende des Tals, erreicht man das mit seinen hübsch berankten Häusern wie verwunschen wirkende Dorf **Llanarmon D. C.** (Dyffryn Ceiriog).

Nächster Ort ist **Llanrhaeadr-ym-Mochnant,** einst eine bedeutende Marktstadt. Die stattlichen Häuser und der große Platz, wo heute Autos parken, erinnern noch daran. Hier wirkte Bischof William Morgan, der Übersetzer der Bibel ins Walisische (1588). Das pittoreske Städtchen war Drehort des Films ›Der Engländer, der einen Hügel hinaufging und einen Berg hinabstieg‹ (1995). Und: Alle Wege zum höchsten Wasserfall in Wales führen hier durch. Es sind zwar noch einmal 5 km durch einsame Hügellandschaft, aber die Reise lohnt sich, um **Pistyll Rhaeadr** zu sehen, dessen Wasser wie filigrane Spitzen über Moos und schwarze Felsen 70 m schnurstracks in die Tiefe stürzt – immerhin 20 m tiefer als die Niagara-Fälle. Zugegeben, letztere sind etwas breiter. Wer mag, kann die Höhe erklimmen und sich dem Spritzwasserbereich nähern (Tea Room, Parkplatzkosten).

In der betriebsamen Marktstadt **Welshpool** kann man nicht nur schöne Fachwerkhäuser, sondern zwischen New Street und Berriew Street den achteckigen Bau einer ehemaligen Hahnenkampfarena *(cockpit)* entdecken. 1849 wurde der Sport verboten. Raven Station ist Ausgangspunkt für Touren mit der Schmalspureisenbahn Welshpool & Llanfair Light Railway, die ursprünglich dem Warenverkehr zwischen dem Montgomeryshire Canal und dem 16 km entfernten Llanfair diente: Holz, Schafe, Wolle in die eine und Kohle, Kalk, Baumaterial in die andere Richtung.

Südwestlich der Stadt liegt einer der stattlichsten und beeindruckendsten Adelspaläste in Wales: **Powis Castle,** walisisch auch ›Castell Goch‹. Die ›rote Burg‹ kann ihre mittelalterlichen Wurzeln nicht verleugnen. Trutzig erhebt sie sich über den üppigen, terrassenförmig im italienischen Stil angelegten Garten und angrenzenden Park mit Blick auf grüne Hügellandschaft. Einige ihrer Bewohner gehörten zu den eher fragwürdigen, aber dennoch sehr illustren Gestalten der Geschichte: Dem Erbauer und Herrscher über das mittelwalisische Reich Powys, Gruffudd ap Gwenwynwyn, nützte sein Verrat an Llywelyn II. nichts. Er wurde von Eduard I. entmachtet und endete als kleiner englischer Baron. Und die Familie der Herberts, die das Anwesen 300 Jahre später von seinen Nachkommen erwarb, verlor 1688 Titel und Besitzungen, weil sie es mit den katholischen Stuarts hielt, denen sie sogar ins Exil folgte. Durch die Heirat der letzten Herbert-Erbin mit Lord Clive kam das Schloss schließlich zu seinen kostbarsten Schätzen: Jagdtrophäen aus dem Empire wie Edelsteine aus dem Besitz von Maharadschas und Tigerklauen, die Lord Clive im Dschungel erbeutet hatte, aber auch persische Manuskripte. Die indische Sammlung des Clive Museum gehört zu den Highlights der Schlossbesichtigung, für die man sich Zeit nehmen sollte. Denn was hier zusammengetragen wurde, hat schon mehr als musealen Charakter. Neben flämischen Wandteppichen, Deckengemälden von Verrio und Miniaturen von Isaac Oliver werden auch Maria-Stuart-Reliquien gehütet, z.B. ihr Rosenkranz und Damast-Fetzen von ihrem Bett in Holyrood, Schottland (Ende März–Sept. Mi–So 12–17 Uhr, Garten: 11–18 Uhr, Okt. nur Sa, So, NT).

ⓘ **TIC Welshpool,** Vicarage Garden, Church Street, Welshpool SY21 7DD, Tel. 019 38/55 20 43.

🚆 🚌 In Welshpool halten **Züge** an der Strecke Aberystwyth–Shrewsbury; **Bus** (Bala–)Llangollen– Wrexham (Arriva, Tel. 019 70/61 79 51), Buslinien in Denbighshire, Tel. 018 24/70 69 68 und Flintshire, Tel. 013 52/70 40 35.

🛏 🍴 **Llanarmon Dyffryn Ceiriog:** West Arms, LL20 7LD, Tel. 016 91/60 06 65, Fax 60 06 22, gastliches Haus aus dem 17. Jh. mit preisgekrönter Küche, ££–£££.

🚶 **Kanalfahrten:** Motorbootverleih (auch tageweise), Montgomery Cruises, Welshpool, Tel. 55 32 71; **Wandern** im Vale of Ceiriog; **Schmalspurbahnen:** Welshpool & Llanfair Railway Tel. 81 04 41.

TIPPS & ADRESSEN

Alle wichtigen Infor-
mationen rund ums
Reisen – von ärzt-
licher Versorgung bis
Zeitunterschied – auf
einen Blick

Tipps zu Unterkünf-
ten und Urlaubsakti-
vitäten von Angeln
bis Wassersport

INHALT

REISEVORBEREITUNG & ANREISE

Informationsstellen

Informationen über Wales erhält man bei den Büros der **British Tourist Authority (BTA)**

… in Deutschland
Westendstr. 16–22
60325 Frankfurt/Main
Tel. 0 69/97 11 23, Fax 97 11 24 44,
www.visitbritain.de

… in der Schweiz
Limmatquai 78
CH-8001 Zürich
Tel. 01/2 61 42 77, Fax 2 51 44 56

… in Österreich
Britain Visitor Centre, Schenkerstr. 4,
A-1010 Wien
Tel. 01/5 33 26 16 81,
Fax 5 33 26 16 85
www.britishcouncil.org/austria

Englischsprachige Broschüren bei:
Wales Tourist Board (WTB)
Production Services Dept. WBI
Brunel House, 2 Fitzalan Road
Cardiff CF24 0UY
Tel. 00 44/29 20/47 52 26,
e-mail: info@tourism.wales.gov.uk
www.tourism.wales.gov.uk
www.visitwales.com

Informationen im **Internet** zu den Regionen:
Südosten mit Cardiff:
www.cardiffmarketing.co.uk
Westwales:
www.pembrokeshire-holidays.co.uk
www.carmarthenshire.gov.uk

Mittelwales:
www.mid-wales-tourism.org.uk
www.ceredigion.gov.uk
Nordwales:
Snowdonia: www.gwynedd.gov.uk
Anglesey: www.anglesey.gov.uk
Nordwalisische Küste:
www.llandudno-tourism.co.uk
Grenzland Nordwales:
www.borderlands.co.uk

Diplomatische Vertretungen

Britische Botschaft
… in Deutschland
Unter den Linden 32–34,
10117 Berlin, Tel. 0 30/20 18 40,
Fax 20 18 41 59

… in Österreich
Jauresgasse 12, 1030 Wien,
Tel. 01/71 61 30, Fax 7 16 13 29 99

… in der Schweiz
Thunstrasse 50, 3005 Bern,
Tel. 0 31/3 59 77 00, Fax 3 59 77 01

Einreise und Zollbestimmungen

Bürger der EU benötigen bei der Einreise ihren Personalausweis (Identitätskarte) bzw. den Reisepass. Da Großbritannien nicht dem Schengener Abkommen beigetreten ist, sind Personenkontrollen möglich. Die strengen Bestimmungen für die Einfuhr von Haustieren wie Hunden und Katzen wird ab 2001 weiter gelockert. Derzeit ist es bereits möglich, Tiere einzuführen, denen ein Mikrochip implantiert wurde. Doch beträgt die Vorlaufzeit wegen der Entnahme von Blutproben und diversen Impfungprozeduren noch immer sechs Monate.

Richtmengen für die Einfuhr von Waren (Maximalwerte für den privaten Bedarf), die innerhalb der EU gekauft wurden (pro Person über 17 Jahre): 800 Zigaretten, 400 Zigarillos, 200 Zigarren und 1 kg loser Pfeifenoder Zigarettentabak. 10 l Spirituosen, 20 l Südwein *(fortified wine)*, 90 l Wein (davon bis 60 l Sekt) und 110 l Bier.

Reisezeit

Hochsaison an Stränden und auf Gebirgspfaden herrscht in Wales während der britischen Ferienmonate Juli und August. Auch in den Osterferien und der Woche nach Spring Bank Holiday (der letzte Montag im Mai) sind ausgebuchte (und zu Höchstpreisen vemietete) Quartiere und reichlich Ausflugsverkehr zu erwarten.

Vor- und Nachsaison sind gute Reisezeiten: Ab Mitte April bis Mitte Juni sind die Temperaturen mild und die Regenmengen moderat. Zur Nachsaison im September, wenn es nach dem Hochbetrieb im August wieder ruhiger wird und Ginster und Heidekraut blühen, sind Wanderungen auf den Klippenpfaden besonders schön, und ab Mitte Oktober tauchen buntbelaubte Vogelbeerbäume und Weissdornsträucher die kargen Hänge von Snowdonia noch einmal in freundliche Herbstfarben.

Karten

Die Ordnance Survey (OS) Map im Maßstab 1 : 25 000 ist die beste Orientierungshilfe beim Wandern und Radfahren. Für die drei Nationalparks sind jeweils praktische Sonderausgaben erschienen, erhältlich in Buchhandlungen und Tourist Information Centres. Die meisten Autofahrer kommen mit dem großformatigen Autoatlas der Automobile Association (AA) gut zurecht. Wer sich auf den kleinen einspurigen Wegen im Heckenlabyrinth nicht verfahren will, fährt gut mit der OS-Map der Landranger Serie im Maßstab 1 : 50 000.

Anreise

… mit dem Flugzeug

Direktverbindungen von Flughäfen in Deutschland, Österreich und der Schweiz nach Cardiff International Airport bestehen leider nicht, nur ab Brüssel, Amsterdam und Paris. Die großen mittelenglischen Flughäfen Birmingham und Manchester liegen besonders günstig für Reisen nach Nord- und Mittelwales. Birmingham bietet Anschluss ans Bahnnetz über einen Pendelbus, der Reisende vom Terminal zum Flughafenbahnhof Birmingham International bringt.

Von London Gatwick und Heathrow verkehren National-Express-Busse nach Südwales (Cardiff, Swansea).

… mit dem Zug

Der ›Tunnelzug‹ Eurostar verkehrt ab Brüssel 7× tägl. nach London Waterloo, Fahrtzeit: 1.40 Std. (Eurostar Tel. 00 44/87 05/18 61 86); Kosten Hin- und Rückfahrt Köln–London incl. Thalys

Köln–Brüssel: ab ca. 250 DM. Eine Stunde Umsteigezeit in London sollte man anschließend einkalkulieren; die schnellste Verbindung zwischen den Bahnhöfen ist die U-Bahn.

Bis auf einige wenige Verbindungen (ab Waterloo nach Newport mit Alphaline) starten alle Züge nach Südwales ab London Paddington: via Reading und Bristol nach Newport und weiter nach Cardiff und Swansea (mit First Great Western Trains).

Nach Mittel- und Nordwales geht es etwa stdl. ab London Euston Station: über Crewe, Chester, Bangor nach Holyhead (Virgin Trains). Oder mit Umsteigen in Birmingham nach Shrewsbury und Aberystwyth (Central Trains).

Fahrtzeiten: ab London Paddington nach Cardiff 1.50 Std., nach Abergavenny 2.30 Std., nach Swansea 2.45 Std., nach Haverfordwest 4.30 Std., nach Fishguard 4–5 Std.; ab London Euston nach Shrewsbury 3 Std., nach Aberystwyth 5 Std., nach Llandudno 3.30 Std., nach Holyhead 4–5 Std.

Preise und Buchung: Wer sich nicht schon vor der Reise einen *BritRail FlexiPass* gekauft hat (ab 291 DM/ 3 Tage), fährt gut mit einem Tourist Return Ticket: Es gilt für Hin- und Rückfahrt auf einer bestimmten Strecke, erlaubt aber Fahrtunterbrechungen innerhalb von zwei Monaten. Beide Bahn-Angebote sind nur im Ausland, nicht in Großbritannien erhältlich (DB-Verkaufsstellen, Info: www.raileurope.de).

Ansonsten steht man vor dem Tarifschungel der privatisierten britischen Bahn. Die Preise variieren stark, je nachdem wann man fährt. Zu Zeiten starker Auslastung zahlt man den höchsten Preis, z. B. für eine Anreise vor 10 Uhr an einem Werktag nach London. Besonders günstig sind Apex-Tickets, die sieben Tage vor Abreise fest gebucht werden müssen. Das ist auch telefonisch aus dem Ausland unter Angabe der Kreditkartennummer möglich. Tel. 00 44/84 57/48 49 50 (für ganz Großbritannien).

Fahrplaninformationen:
www.railtrack.co.uk

… mit dem Bus

Eurolines fährt tägl. über Nacht nach London (Ankunft 7 Uhr morgens). Deutsche Touring GmbH, Am Römerhof 17, 60486 Frankfurt/Main, Tel. 0 69/7 90 30, www.deutsche-touring.com (Ticketverkauf auch über die Reisezentren der Bahn AG).

Vom Busbahnhof London Victoria verkehren Fernbusse von National Express in alle Teile Großbritanniens – auch nach Wales: Bus 201 über London Heathrow nach Südwales (Cardiff: 4 Std./7 × tägl.), Bus 522 nach Mittelwales (Aberystwyth: 7.30 Std./1 × tägl.), Bus 545 nach Nordwales (Llandudno: 7 Std./2 × tägl.).

Preise und Infos: Die Preise liegen in der Regel unter denen für Bahn-Tickets, aber die Reise dauert deutlich länger. National Express Tel. 00 44/ 87 05/80 80 80.

… mit dem Auto

Wer von einem der Fährhäfen im Südosten Englands oder aus dem Tunnel kommt, umgeht London auf einem weitgeschwungenen Autobahnring im Süden und nimmt die M4 Richtung Westen. Nach der Überquerung des Severn auf einer der beiden Brücken (Maut) ist man in

Südwales (London–Cardiff: 383 km). Die Nordroute quert nach der Anreise zum Fährhafen Hull (Fährverbindungen ab Zeebrügge und Rotterdam) auf der M62 Mittelengland und erreicht nach Wechsel auf die M56 bei Chester die A55 Richtung Nordwales (Hull–Llandudno 260 km).

UNTERWEGS IN WALES

… mit dem Zug

Wales ist eine gute Wahl für Bahnfahrer – leider gibt es an kaum einem Bahnhof eine Gepäckaufbewahrung (Ausnahme: Cardiff). Die beiden Hauptstrecken nach Irland erschließen gut den Norden und den Süden des Landes. Der Bahnverkehr quer durch das walisische Bergland ist dagegen spärlich, wenn auch landschaftlich reizvoll: Die Heart of Wales Line quert das Land von Swansea nach Shrewsbury (4 × tägl.), und eine zweite Strecke führt von Shrewsbury über Machynlleth an die Westküste nach Aberystwyth (7 × tägl.). An Sonntagen ist der Verkehr stark eingeschränkt. Für Reisen mit der Bahn innerhalb Wales gilt generell zwar auch der *BritRail FlexiPass*. Aber für die ausgiebige Erkundung des Landes empfiehlt sich der *Freedom of Wales FlexiPass*. Er gilt auf allen Linienverkehren der Bahn, den meisten Buslinien innerhalb Wales und auch auf den Bahnstrecken im Grenzland (Chester, Crewe, Shrewsbury, Hereford).
Preise: Die Kosten für Einzelfahrten sind mit den Preisen der DB vergleichbar. Beim *Freedom of Wales FlexiPass* ist keine Buchung nötig, Kauf im Land. Für 4 Tage Bahn/8 Tage Bus zahlt man 49 £ bzw. 39 £, für 8 Tage Bahn/15 Tage Bus 92 £ bzw.

75 £; die jeweils höheren Preise gelten von Ende Mai (Bank Holiday Monday) bis ca. 3. Sept.-woche. Es gibt auch Varianten für den Süden (Freedom of South Wales 7-Day-Rover) sowie den Norden und die Mitte (North and Mid Wales 7-Day-Flexi-Rover).
Infos: www.travelwales-flexipass. co.uk, Tel. 00 44/84 57/12 56 25 oder 00 44/17 66/51 23 40.
Fahrplan-Info nur für Wales: Tel. 00 44/8 70/6 08 26 08.

… mit dem Bus

Für Busreisen innerhalb Wales gilt ebenfalls der *Freedom of Wales Flexi-Pass*. Zur Fahrkarte gehört ein Infopaket mit einer Liste der Busunternehmen; während der Reise hat man sie am besten griffbereit, denn nicht jeder Busfahrer kennt die Bestimmungen des FlexiPass.

In weiten Teilen von Ceredigion, Pembrokeshire, Llŷn und Anglesey ist der Linienbusverkehr sehr spärlich und das Netz sehr grobmaschig. Die Busse fahren meist nur 2–3 × tägl. und sonntags manchmal gar nicht. Busfahrpläne sind in den meisten TICs erhältlich.

Eine geniale Lösung für Streckenwanderer in Snowdonia sind die

Snowdon Sherpas. Diese Kleinbusse fahren auf den Strecken Pen-y-Gwryd – Beddgelert – Caernarfon und Llanrwst – Betws-y-Coed – Llanberis mit Halt an speziellen Park-and-Ride-Plätzen. Sie nehmen Wanderer an der Straße auf Handzeichen mit.

… mit dem Auto

Abgesehen vom ungewohnten Linksfahren können dichter Verkehr und schmale Ortsdurchfahrten Autofahrern in Großbritannien Probleme bereiten. Dafür entschädigen idyllische Über-Land-Touren auf engen gewundenen Landstraßen, die sich zwischen hohen Hecken verstecken. Sie erfordern allerdings besondere Aufmerksamkeit und langsames Fahren. Unübersichtliche Kurven, freilaufende Schafe oder unvermittelt auftauchende Viehroste (cattle grid) setzen ständige Bremsbereitschaft voraus.

Höchstgeschwindigkeiten auf Autobahnen (motorway) 70 mph (112 km/h), auf kleineren Straßen 60 mph (96 km/h). Im Ort sind 30 mph (48 km/h) vorgeschrieben. Preise für Benzin bleifrei und Diesel: ca. 0.80 £ (Stand April 2000). **Parkgebühren** werden nicht nur in den Städten erhoben (meist per Automat, pay and display). An vielen Wanderparkplätzen, an Stränden oder bei Sehenswürdigkeiten werden bis zu 2 £ Parkplatzgebühr verlangt.
Mietwagen kosten ab ca. 150 £/Woche für einen Kleinwagen. Autoverleiher findet man u. a. an den Flughäfen London Heathrow und Gatwick, Birmingham und Manchester. Vorausbestellung vom Heimatort ist ratsam und kaum teurer als im Land.
Pannenhilfe: 08 00/88 77 66 (Automobile Associaton, AA) oder 08 00/ 82 82 82 (Royal Automobile Club, RAC). Ein Auslandsschutzbrief ist sehr nützlich.

UNTERKUNFT, ESSEN & TRINKEN

Unterkünfte

Die Unterkünfte werden vom Wales Tourist Board nach einem Sternesystem von eins (minimal) bis fünf bewertet. Diese Einteilung entspricht keineswegs der Preiskategorie oder dem Sanitärkomfort: Ein mit drei Sternen ausgezeichnetes B&B muss nicht unbedingt Zimmer mit Dusche/WC haben. Umgekehrt kann in einem Ein-Sterne-Haus durchaus jedes Zimmer mit Bad/Dusche/WC ausgestattet sein. Bewertet werden stattdessen u. a. Gemütlichkeit und Atmosphäre.

Zur Grundausstattung britischer Gästezimmer in Hotel wie Privatpension gehören Fernseher und hospitality tray, ein Wasserkocher zur Bereitung von Tee und Kaffee. Ein twin room enthält zwei separate Betten, ein double ein großes Doppelbett, single room bezeichnet ein Einzelzimmer. Daneben gibt es family rooms mit mehr als zwei Betten. Manche Familienpensionen haben Zimmer ohne eigenes Bad/WC (basic rooms), doch *ensuite rooms* mit der entsprechenden Sanitärausstattung werden immer mehr zum Standard.

Preise: *basic room* ab 16 £/Person und Nacht, *ensuite* ab 20 £. Bezahlt wird *Bed and Breakfast,* also pro Person und Nacht inklusive opulentes englisches Frühstück.

Für die im Text angeführten Unterkünfte gilt (jeweils pro Nacht und Person):

£: unter 25 £

££: 26–50 £

£££: ab 51 £

Hotels, Guest Houses und B&Bs

Hotels sind in der Regel mit Restaurant und *licensed bar* (Alkoholausschank) ausgestattet. Guest House oder B&B bezeichnet kleinere Pensionen in Privatbesitz, wo man mit den Wirten unter einem Dach wohnt (und evtl. das Bad teilt).

Neben klassischen Hotels in den schon von den Viktorianern geschätzten Seebädern der walisischen Küste oder in den Bergen findet man in Wales auch stilvolle Country Hotels, in ehemaligen Herrenhäusern inmitten großer Parks.

In den Seebädern reiht sich entlang ganzer Straßenzüge ein B&B ans andere, und zumindest außerhalb der Saison lohnt sich der Preisvergleich; dann erhält man oft günstige Angebote, ebenso wenn man länger bleibt. Auf der Suche nach einer Bleibe ist der Gang von Haus zu Haus durchaus üblich, immer den *vacancies* (Zimmer frei)-Schildern nach.

Country Houses und Farm Holidays

Country Houses sind eine Besonderheit: individuelle, oft historische Häuser auf dem Land, z. B. kleine Herrenhäuser, in schöner Umgebung mit nur wenigen Zimmern. Auch viele landwirtschaftliche Betriebe bieten ›Zimmer auf dem Bauernhof‹. In Wales sind darunter besonders viele Schafzüchter, auf deren Farmen trotz der riesigen Herden meist nicht viel von der Landarbeit zu bemerken ist, die draußen auf der Weide stattfindet. Ruhe und eine oft wunderschöne landschaftliche Lage sind die Hauptvorteile der *Farmhouse Accommodation,* oft in Jahrhunderte alten Bauernhäusern mit viel Charakter. Auf Wunsch erhält man auch ein ländliches Abendessen, wobei Lammbraten und andere regionale Spezialitäten auf den Tisch kommen.

Für Selbstversorger: Ferienhäuser und Apartments (Self Catering Accommodation)

So manche nicht mehr bewirtschaftete Farm, so manches Fischer-Cottage wurde zum Ferienhaus umgebaut, und das Angebot an *Self Catering Holiday Cottages* oder *Apartments* ist ansehnlich. Urlaub für Selbstversorger ist vergleichsweise preiswert, besonders bei mehr als zwei Personen. Üblich ist zwar eine wochenweise Vermietung, aber außerhalb der Hauptsaison (Juli/Aug.) kann man günstige *Short Break*-Angebote wahrnehmen, drei oder vier Nächte mit frei wählbarem Anreisetag. **Preise:** ab ca. 150–200 £/Woche. Die Preise sind je nach Saison sehr unterschiedlich. Bettwäsche *(linen)* wird meist gern gestellt, kostet aber extra.

Bungalows in Ferienanlagen sind etwas völlig anderes; vor allem an der Küste überziehen solche Ansiedlungen stationärer Caravans mit bis zu acht Schlafplätzen ganze Landstriche und bieten wenig individuellen Urlaubsgenuss und Komfort.

Jugendherbergen

Es gibt 39 Herbergen der *Youth Hostel Association* (YHA) in Wales, die meisten in wunderschöner Lage, daneben Backpacker-Herbergen mit Mehrbettzimmern im Jugendherbergsstil *(Bunkhouse Accommodation)*. Besonders die *Youth hostels* in den Bergen Snowdonias – oft ehemalige Bergsteigerhotels – sind immer noch beliebt als Treffpunkte für Bergwanderer und Kletterfans jeden Alters. Im Pembrokeshire Coast National Park liegen die Herbergen in günstigem Abstand für Wanderungen in Tagesetappen. Besitzer des Bus/Bahntickets *Freedom of Wales FlexiPass* erhalten in den YHA-Hostels Rabatt. **Preise:** ca. 9 £/Nacht. Mitgliedschaft im Deutschen Jugendherbergsverband (DJH) wird anerkannt.

Camping

Abgesehen von den Großanlagen an den Küstenstrichen im Westen und Norden, beispielsweise in Barmouth oder zwischen Prestatyn und Colwyn Bay, sind die Campingplätze in Wales überwiegend in landschaftlich sehr schöner Lage, gut durchdacht angelegt und mit viel Komfort ausgestattet. **Preise:** Man rechnet ca. 10–15 £ pro Nacht und Stellplatz.

Essen und Trinken

Die Küche in Großbritannien besteht nicht nur aus *Fish & Chips* (Bratfisch und Pommes frites). Vor allem in Wales gibt es ausgesprochen schmackhafte Alternativen. Die mit dem Signet ›*Blas ar Cymru – A Taste of Wales*‹ ausgezeichneten Restaurants, Pubs oder Tea Rooms verwenden lokale Produkte und servieren typisch walisische Kost (s. S. 50f., 224). Ein kleines Mittagessen kann man zwischen 12 und 14 Uhr bekommen, Abendessen (Dinner) ab ca. 18 bis 20/21 Uhr. Tea Rooms sind meist nicht zum Alkoholausschank berechtigt *(unlicensed)* und schließen um 17/18 Uhr. Pub food ist nicht immer, aber immer öfter preiswert und gut; mittags und abends werden hier auch größere warme Gerichte serviert, für die man zwischen 6 und 12 £ zahlt. Im Restaurant mit entsprechendem Ambiente muss man fürs Dinner mit mehreren Gängen mit 10 bis 20 £ rechnen.

Zum **Lunch** isst man nach dem üppigen Frühstück nur eine Kleinigkeit: Sandwiches oder *soup and roll* (Teller Suppe mit Brötchen), *Ploughman's Lunch* mit gutem walisischen Käse, *Welsh Rarebit* oder *Glamorgan sausage*. Eine traditionelle Einrichtung ist der Sunday Roast, der sonntägliche Braten zum Lunch, meist *Roastbeef* mit *Yorkshire Pudding*

Der **Tea Room** ist die richtige Adresse für den nachmittäglichen Welsh Cream Tea, der mit *Bara brith* sowie *Scones* mit Butter und Erdbeermarmelade serviert wird. Außer Kuchen und Gebäck steht hier aber auch Herzhaftes für einen kleinen Imbiss auf der Karte.

Die Tage der strengen britischen Schankzeiten für die **Pubs** – Alkohol darf hier nur neun Stunden lang verteilt auf die Zeit zwischen 11 und 23 Uhr, sonntags nur bis 22.30 Uhr, ausgeschenkt werden – sind vermutlich gezählt. Aber besonders im ländlichen Wales wird sich auch nach einer Reform nicht viel ändern, denn die meisten landlords (Wirte) sind mit ihrer geregelten Arbeitszeit ganz zufrieden. Die Gäste müssen sich ihr Getränk am Tresen holen und sofort bezahlen. Es lohnt sich im Pub nach local brews zu fragen, die neben den üblichen Bieren oft nur saisonweise ausgeschenkt werden und von hefig bis hopfig, süßlich-fruchtig bis bitter für Geschmacksüberraschungen sorgen können. Der beliebteste Bier-Typ in Wales ist Bitter, das auch tatsächlich so schmeckt, wie es heißt. Gute Pubs schenken auch Real Ale aus, Bier kleinerer Hersteller, das frei von Konservierungsstoffen und Kohlensäurezusätzen abgefüllt wurde. Die größte Brauerei in Wales ist Brains in Cardiff, wo ein Bitter gebraut wird. Lokal bekannt sind außerdem Felinfoel in Llanelli und die kleine, 1998 neugegründete Brauerei Tomos Watkins in Llandeilo. Vom Fass bekommt man in Wales auch Apfelwein (Cider), der zum großen Teil im walisischen Grenzland in Hereford produziert wird.

Rund ein Dutzend **Wein**baubetriebe, sind im Südosten von Wales zu finden, wo sich schon die Römer wohl fühlten. Sie produzieren trinkbare Weißweine. Vor allem Rebsorten aus dem Elsass und Deutschland kommen mit dem walisischen Klima bestens zurecht. Die Weine ›Cariad‹ vom Llanerch Vineyard im Vale of Glamorgan und ›Sugar Loaf‹ aus Abergavenny am Rand der Brecon Beacons sind bekannte Marken und stehen gelegentlich auf den Weinkarten der Restaurants. Im Geschmack ähneln sie Rhein- oder Moselweinen.

Einige Vokabeln, die beim Lesen der Speisekarte helfen:

Allgemein:
deepfried – fritiert
roast – Braten
stew – Eintopf
wholefood – Speisen mit Zutaten aus ökologischem Anbau
wholemeal – Vollkorn

Frühstück:
bacon – Speck
baked beans – weiße Bohnen in Tomatensauce
black pudding – Blutwürstchen
cereals – Haferflocken, Cornflakes o. ä. mit Milch
fried egg – Spiegelei
jam – andere Marmelade, Konfitüre
kippers – geräucherte Heringsfilets
marmelade – Orangenmarmelade
mushrooms – Champignons
sausages – Schweinswürstchen
scrambled egg – Rührei
smoked haddock – geräucherter Schellfisch

Englische Küche:
Cornish pasty – Teigtasche mit Füllung u. a. aus Kartoffeln, Möhren, Schweinefleisch
faggot – Frikadelle aus Leber und anderen Innereien
Ploughman´s lunch – ein Stück Käse, serviert mit Pickles (Sauergemüse)
steak and kidney pie – Pastete mit Füllung aus Nierenstücken in Fleischsauce
Yorkshire pudding – Eierkuchen, Beilage zu Roastbeef

Walisische Spezialitäten:
Caerphilly – pikanter weich-krümeliger Käse (zu Käse s. a. S. 50f.)

Glamorgan sausage – panierte Käse-
›Wurst‹ (ohne Fleisch)
laverbread – in Hafermehl gewen-
dete und frititerte Algen
Welsh Rarebit – mit Käse überbacke-
ner Toast

Fisch und Meeresfrüchte:
cockles (Penclawdd) – Herzmuscheln (aus Penclawdd)
cod – Kabeljau
crab – Taschenkrebs
haddock – Schellfisch
lobster – Hummer
mussels – Miesmuscheln
plaice – Scholle
salmon – Lachs
scallops – Jakobsmuscheln
trout – Forelle

Fleisch:
chicken – Huhn
duck – Ente
game – Wild
hare – Hase
lamb – Lammfleisch
minced meat – Hackfleisch

mutton – Hammelfleisch
pork – Schweinefleisch
poultry – Geflügel
roast beef – Rinderbraten
venison – Rehfleisch

Gemüse und Kräuter:
beans – Bohnen
cauliflower – Blumenkohl
chips – Pommes frites
crisps – Chips
French fries – Pommes frites
garlic – Knoblauch
leek – Lauch
mushrooms – Pilze
onions – Zwiebeln
parsnip – Pastinake
peas – Erbsen
potatoes – Kartoffeln

Süßes:
Bara brith – Früchtebrot, Rosinenku-
chen
scones, butter and jam – Rosinen-
brötchen mit Erdbeermarmelade
und Butter
Welsh cakes – Rosinenplätzchen

URLAUBSAKTIVITÄTEN

Eine Reihe von Activity Centres sind auf Outdoor-Sportarten wie Bergsteigen, Klettern, Mountainbiking, Kanufahren oder Rafting spezialisiert. Sie verleihen entsprechende Ausrüstung und veranstalten Kurse bzw. Touren. Jährlich in neuer Auflage erscheint das englischsprachige Magazin ›Activity Wales‹ mit Kurzreportagen und Adressen anerkannter Veranstalter aller Sportarten, zu bestellen beim Wales Tourist Board (s. Informationsstellen).

Angeln

Angler schätzen Wales wegen der guten Forellen- und Lachsgewässer. In der Carmarthen Bay und Cardigan Bay fängt man Hochseefische. Beim Süßwasser-Angeln von Edelfischen *(gamefishing)* ebenso wie beim Fang von Karpfen, Hecht u. a. *(coarse fishing)* sind Lizenzen erforderlich, Angeln am Meer ist frei. Auskunft und Lizenzen beim TIC vor Ort oder bei:

Environment Agency, Plas-yr-Afon, 3 St. Mellons Business Park, St. Mellons, Cardiff CF3 0LT, Tel. 0 29 20/77 00 88.

Bergsteigen/Klettern

Snowdonia ist klassisches Bergsteigerland; hier übte schließlich Sir Edmund Hillary 1955 für die Besteigung des Mount Everest. Trotzdem wird das Snowdon-Gebiet oft unterschätzt, und immer wieder kommen Bergsteiger hier ums Leben – ein Handy ist keine Lebensversicherung.

Auch wenn die Brecon Beacons nicht so schroff aussehen, kann man hier gut klettern. Im Programm der Activity Centres sind geführte Touren in kleinen Gruppen und Kurse. Kletterzentren in Hallen wo man seine Fingerkräfte üben kann, gibt es u. a bei Merthyr Tydfil am Rand der Brecon Beacons und in Llanrug in Snowdonia.

›Coasteering‹

An der schroffen Südwestküste kann man eine originale Variante des Bergsteigens *(mountaineering)* ausprobieren: ›Coasteering‹ ist eine Kombination aus Klettern und Schwimmen, wobei auf einer vorgegebenen Route Klippen beklettert, Abgründe überwunden und/oder umschwommen werden müssen. Die ungewöhnliche Sportart wird von Activity Centres in Pembrokeshire angeboten.

Golf

Etwa 180 Golfplätze stehen in Wales zur Verfügung, oft in traumhaft schöner Lage. Eine Broschüre mit genauen Beschreibungen und Auskunft über die Zugangsbedingungen der Plätze geben die Touristenämter heraus bzw. WTB (s. Informationsstellen) heraus oder Welsh Golfing Union, Catsash Newport NP18 1JQ, Tel. 0 16 33/43 08 30.

Radfahren und Mountainbiking

In den meisten Zügen ist die Mitnahme von Fahrrädern erlaubt (kostenpflichtig), Vorausbuchung aber ratsam. Von der Severn Bridge bis Holyhead von Süd nach Nord quer durch das Land führt die 384 km lange *Welsh National Cycle Route* (Lôn Las Cymru) über die grünen Hügel weitgehend im Landesinneren.

Kürzere Radwanderstrecken in Südwales sind der Taff Ttrail, eine durchaus anspruchsvolle Tour von Cardiff hinauf in die Brecon Beacons. Weniger anstrengend ist die Four Castles Cycle Route (ca. 50 km), eine Rundtour ab Abergavenny zu Burgen im Grenzland. Auf dem Celtic Trail (Lôn Galtaidd), einer 350 km langen Radwanderstrecke quer durch den Süden von Chepstow bis Pembrokeshire im Westen (wird 2001 eröffnet), kann man – vielfach off-road – Südwales gründlich kennenlernen.

Im Norden sind die flache Insel Anglesey und die Halbinsel Llŷn mit ihren ruhigen Nebenstraßen ausgezeichnet geeignet zum Rad fahren. Zu den bevorzugten Mountainbiking-Strecken gehören die Pfade *(bridleways)* in den Brecon Beacons und das Snowdon-Gebiet. Am Snowdon ist die Benutzung der Wege für

Mountainbikes allerdings nur in der Zeit vom 1. Okt. bis 30. Mai erlaubt – wegen des starken Andrangs der Fußgänger auf dem Weg zum Gipfel. Verleih und geführte Touren u. a. in Brecon (Libanus Mountain Centre), Abergavenny, Dolgellau, Bangor, Caernarfon, Betws-y-Coed. Infos: Broschüre ›Cycling Wales‹ vom WTB (s. Informationsstellen).

Reiten (Ponytrekking)

Auf dem Rücken der Pferde lassen sich der Snowdonia National Park und die Brecon Beacons fast am besten erkunden. Trittsichere Ponys finden ihren Weg über die farnüberwucherten Hänge und auf den alten Schaftriebrouten (Drovers Roads) über die Berge im Schlaf. Einwöchige Trekking Touren werden u. a. in Llanthony in den Brecon Beacons, in Snowdonia und in den Rhinog Mountains (Cadair-Idris-Gebiet) angeboten.

Wandern

Gut ausgeschilderte Wanderwege, ausgezeichnetes Kartenmaterial und eine abwechslungsreiche Landschaft machen das Wandern in Wales zum Vergnügen. Auf den Bergpfaden in Snowdonia und den Brecon Beacons sind wasserfeste Wanderstiefel unerlässlich, denn es geht immer wieder durch sumpfige Stellen und quer über die Schafweiden. Keinesfalls darf man vergessen, die Gatter wieder zu verschließen. Warme Kleidung gehört auch an Sommertagen ins Gepäck. Bei schlechter Sicht und der Gefahr von Wetterumschwüngen sollte man keine Touren ins Gebirge unternehmen. Eine Ordnance Survey Map im Maßstab 1:25 000 ist ideal zur Orientierung.

Durch die sanften Hügel des englisch-walisischen Grenzlands wandert man auf dem 285 km langen Offa's Dyke Path (Offa's Dyke Centre, Knighton, Tel. 0 15 47/52 87 53). Besonders reizvoll sind Etappenwanderungen auf dem Pembrokeshire Coast Path durch den Küstennationalpark im Südwesten (ca. 200 km). Der Wye Valley Walk führt durch das liebliche Tal des River Wye im Südosten und der Three Castles Walk zu den Burgen im Grenzland. Infos: Eine Broschüre zum Thema ›Walking in Wales‹ ist beim WTB (s. Informationsstellen) erhältlich.

Wassersport

Das größte Wassersportzentrum an der nordwalisischen Küste ist Plas Menai in Felinheli zwischen Bangor und Caernarfon. Aber auch Colwyn Bay, Pwllheli und Beaumaris sowie im Süden die Marinas von Swansea, Saundersfoot, Neyland und Pembroke sind Anlaufstellen für passionierte Segler.

Gute Surfstrände sind auf der Süd- und Westseite der Halbinsel Gower zu finden, außerdem die St. Bride's Bay in Pembrokeshire, Nefyn und Abersoch auf der Llŷn Peninsula sowie die Strände von Anglesey. Zum Wildwasser-Kanufahren (white water canoeing) bieten Snowdonias Flüsse hervorragende Voraussetzungen, z. B. das National White Water Centre am Bala Lake.

DIE WALISISCHE SPRACHE

In Wales wird Englisch verstanden und gesprochen. Aber die Beschilderung ist seit der Gleichstellung beider Sprachen grundsätzlich zweisprachig walisisch/englisch. Auf der Straße, beim Einkaufen oder im Pub hört man immer öfter walisische Töne. 20 % der Bewohner besonders im Westen und Norden sprechen die keltische Sprache (s. S. 37). Walisisch-Sommersprachkurse bieten die Universitäten von Aberystwyth und Lampeter an.

Aussprache
Die Aussprache des Walisischen ist gar nicht so schwer, viele Laute gibt es genauso auch im Deutschen. Zudem wird Walisisch in etwa so geschrieben, wie man es spricht, mit einigen Regeln und nur wenigen Ausnahmen. Zumindest für die Aussprache der Ortsnamen ist es nützlich, sich ein paar Regeln einzuprägen.

c – immer *k* (z. B. Cilgerran – *kilgerran*)
ch – wie der deutsche Ach-Laut (z. B. Drefach – *drefach*)
dd – wie das englische *th*
ll – der schwierigste Laut des Walisischen; ein weiches englisches *th*, gefolgt von einem *l* (Llangollen – *thlangothlen*)
rh – wird immer kräftig gerollt (Rhaeadr – *rrai'ader*)
s – vor i wie *sch* (Sir – *schir*)
ae – wird wie alle Vokalfolgen deutlich getrennt gesprochen (z. B. Caerleon – *ka-er-le-on*)
u – meist *i* (z. B. Dolgellau – *dolgethlai,* Llandudno – *thlandidno*)

ŵ – langes *u* (Glyn Dŵr – *glin-duhr*)
w – vor Vokalen wie das englische w (Gwynedd – *gueneth*), sonst *u* (Llanrwst – *thlanrust*)
y – wie *i*
ŷ – wie langes *ie* (z. B. Llŷn – *thlien*)
Alle übrigen Buchstaben werden eigentlich wie im Deutschen gesprochen.

Mutationen
Mutationen sind ein Kennzeichen des Walisischen und für Anfänger etwas verwirrend. Sie betreffen nicht alle Buchstaben. In manchen Fällen (z. B. bei vorgestelltem bestimmtem Artikel y) ändert sich der Anlaut eines Wortes: Melin/ y Felin – Mühle/die Mühle.

Sprachführer für unterwegs
Einige walisische Wörter, denen man unterwegs und auf der Landkarte immer wieder begegnen wird:
Afon – Fluss
Bach oder fach (Mutation) – klein
Bryn – Hügel
Caer – Festung
Capel – Chapel (Kirche der Nonkonformisten)
Carreg – Stein
Coch oder goch (Mutation) – rot
Coed – Wald
Cwm – Tal
Din(as) – Siedlung
Du oder ddu (Mutation) – schwarz
Eglwys – Kirche
Fawr oder mawr (Mutation) – groß
Ffordd – Straße
Gwyn – weiss
Llan – eingezäunter Bezirk (in Ortsnamen mit Heiligennamen ver-

bunden, ursprünglich ein Kirchen-
standort)
Llŷn – See
Llys – (Guts-)Hof
Maen – Stein (Menhir)
Melin oder felin (Mutation) – Mühle
Mynydd – Berg
Nant – Tal

Pen – Landvorsprung, Berg
Pistyll – Wasserfall
Plas – Herrenhaus
Porth – Hafen
Tŷ – Haus
Traeth – Strand
Ynys – Insel
Ysbyty – Hospiz, ehem. Pilgerherberge

REISEINFORMATIONEN VON A BIS Z

Ärztliche Versorgung

Die Notversorgung in einem Kran-
kenhaus nach einem Unfall oder bei
akuter Erkrankung ist über den *National Health Service* (NHS) gewährleis-
tet. Dabei muss ein Auslandskran-
kenschein vorgelegt werden, denn
zwischen dem NHS und deutschen
Krankenkassen besteht ein Versiche-
rungsabkommen. Für ambulante Be-
handlungen bei niedergelassenen
Ärzten fallen dagegen Kosten an, die
privat beglichen werden müssen.
Deshalb empfiehlt sich unbedingt
eine Reisekrankenversicherung. Me-
dikamente erhält man in Drogerie-
kaufhäusern wie Boot's.

Auskunftsstellen (TICs)

Die *Tourist Information Centres* (TIC)
sind die erste Adresse, wenn es um
Buchung von Unterkünften, den Kauf
von Landkarten oder Informationen
über den Nahverkehr geht. Als Service bieten sie die Möglichkeit nicht
nur vor Ort, sondern überall im Land
eine Unterkunft zu buchen (›Book a
bed ahead‹, Gebühr 1–3 £).

Öffnungszeiten: Ostern bis Okt.
tägl. 10–17.30 Uhr. In der übrigen
Zeit sind viele TICs nur Mo–Sa geöffnet, manche gar geschlossen.

Behinderte

Die überwiegende Mehrzahl der öffentlichen Einrichtungen, Sehenswürdigkeiten sowie viele Hotels und Restaurants haben sich auf Behinderte
eingestellt. Die Broschüre ›Discover-
ing Accessible Wales‹ mit ausführli-
chen Infos und Tipps kann beim WTB
angefordert werden (s. Informationsstellen). Aber auch in den anderen In-
formationsbroschüren wird in der Regel klar gekennzeichnet, ob der
Zugang zu Hotels, Restaurants, Museen usw. für Köperbehinderte möglich ist. Nähere Informationen und
weitere Adressen bei der BTA (s. Informationsstellen).

Cadw und National Trust (NT)

Cadw bedeutet im Walisischen ›erhalten‹, und so lautet der Name der
Denkmalschutzbehörde für Wales

(Welsh Historic Monuments). Sie verwaltet 120 Monumente vom Vorzeitdolmen bis zum Eisenwerk aus dem Industriezeitalter, die meisten davon sind und bleiben Ruinen. Nur einige ausgewählte Objekte wie Plas Mawr in Conwy wurden restauriert. Die Mitgliedschaft bei Cadw berechtigt zum kostenfreien Besuch der Denkmäler (pro Jahr pro Person: 22 £ bzw. 38 £ für zwei Erwachsene mit gleicher Adresse). Info: www.cadw.wales.gov.uk.

Der National Trust (NT) ist eine in ganz Großbritannien aktive nichtstaatliche Organisation bzw. eine Stiftung, die sich dem Ankauf und der Pflege von (bewohnten) Häusern und Naturgebieten widmet. Eines der größten und kostspieligsten Projekte in der Geschichte des Vereins ist der geplante Ankauf des Snowdon-Gebiets. Auch der NT bietet bei Mitgliedschaft freien Eintritt zu den Sehenswürdigkeiten (30 £ bzw. 51 £, s.o.). Info: www.nationaltrust.org.uk.

Bei den im Text erwähnten Sehenswürdigkeiten ist jeweils vermerkt, ob sie durch NT oder Cadw verwaltet werden.

Elektrizität

Wechselstrom 240 Volt. Für die dreipoligen Steckdosen in Großbritannien benötigt man einen Adapter.

Feiertage und Feste

Arbeitsfreie Feiertage sind der Neujahrstag *(New Year)* – wenn er auf ein Wochenende fällt, der Montag danach –, Karfreitag *(Good Friday)*, Ostermontag *(Easter Monday)*, 1. Mai *(May Day,* s.u.), *Bank Holiday Monday* (jeweils letzter Mo im Mai u. Aug.), erster und zweiter Weihnachtstag.

Nicht arbeitsfrei ist der 1. März, der Todestag des walisischen ›Nationalheiligen‹ David. Er wird in den Schulen und Büros, aber auch mit Umzügen in Nationaltracht, gefeiert und man sieht überall Osterglocken als Schmuck. Mit Dorffesten und viel Tanz wird am 1. Mai der Frühling begrüßt.

Geld und Zahlungsmittel

Das britische Pfund (£, GBP) wird in 100 pence aufgeteilt. In Wales sieht man für pence gelegentlich die Abkürzung c (walis. *ceiniogau*). Es sind Scheine im Wert von 5, 10, 20 und 50 £ im Umlauf, Münzen im Wert von 1 p, 2 p, 5 p, 10 p, 20 p, 50 p sowie 1 und 2 £.

Bargeld erhält man jederzeit unter Angabe seiner PIN-Nummer mit der EC- oder anderen Karten an Geldautomaten *(cash machines)*, die in fast allen Orten zu finden sind. Bargeldumtausch ist nicht empfehlenswert, und auch für das Scheckeinlösen verlangen die Wechselstuben Gebühren.

Kreditkarten werden in Tankstellen, Hotels und Restaurants usw. gut akzeptiert, doch nicht in kleinen B&Bs oder Geschäften. Für die Reservierung einer Unterkunft, eines Tickets oder eines Mietwagens wird häufig die Nummer der Kreditkarte verlangt.

Öffnungszeiten der Banken: Mo–Fr 9.30–15.30 Uhr bzw. 16 Uhr.

Kinder

Spannende Naturerlebnisse am Meer und in den Bergen sowie eine Fülle von Aktivitäten wie Klettern, Wassersport oder Ponytrekking begeistern nicht nur Erwachsene. Auch in Museen und anderen Sehenswürdigkeiten ist man grundsätzlich auf kleine Besucher eingestellt. Kindgerecht aufbereitete Informationen bieten z. B. Museen wie Techniquest in Cardiff, das Freilichtmuseum in St. Fagan's oder das Centre for Alternative Technology bei Machynlleth. Dazu kommen die teils recht kostspieligen Attraktionen in Freizeitparks wie Oakwood (bei Narberth in Pembrokeshire) oder in den Seebädern.

In vielen Pubs sind spezielle Bereiche abgetrennt, so dass auch Erwachsene, die mit Kindern unterwegs sind, hier einkehren können. Manche Hotels und Guest Houses akzeptieren nur Familien mit Kindern über einer bestimmten Altersgrenze. Selbstversorgerunterkünfte (s. Unterkunft) sind eine familienfreundliche Alternative.

Lesetips

Das Sagenbuch der walisischen Kelten. Die vier Zweige des Mabinogi. Übersetzt, kommentiert und mit einem Nachwort versehen von Bernd Maier. dtv, 1998. Neue deutsche Übersetzung des Mabinogion, aber ohne die (streng genommen auch nicht dazugehörenden) Romanzen aus dem Artuskreis und weiteren Sagen (z. B. Cwlhuch und Olwen).

George Borrow, Wild Wales. Schöffling & Co., 1998. George Borrows 180 Jahre alter Reisebericht über seine abenteuerlichen Reisen durch das ›Wilde Wales‹ schildert Land und Leute treffend und einfühlsam – der Romancier und Dichter Borrow gehörte zu den wenigen Engländern jener Zeit, die Walisisch sprachen – eine gute Einstimmung vor der Reise. Leider nur auszugsweise ins Deutsche übersetzt.

Bruce Chatwin, Auf dem Schwarzen Berg. Fischer TB, 1996. Roman des 1989 verstorbenen Autors über das archaische Leben im walisisch-englischen Grenzland, treffsicher formuliert, authentisch erzählt.

Märchen aus Wales. Rowohlt (Diederichs Märchen der Weltliteratur), 1998. Neben dem Mabinogion sind ca. 50 kurze Sagen, Geschichten über Feen und weitere Wesen aus dem Reich der Anderswelt zusammengestellt.

Simon James, The Atlantic Celts. Ancient People or Modern Invention? British Museum Press, London, 1999. Ein spannendes Buch für Interessierte am Mythos um die Kelten der Britischen Inseln.

Dylan Thomas, Unter dem Milchwald, übersetzt von Erich Fried. Fischer TB, 1999. Das ›Stück für Stimmen‹ ist seit seiner legendären Uraufführung in New York 1953 ein Klassiker der modernen englischen Literatur. Diese Ausgabe enthält auch eine Auswahl von Briefen.

Peter Sager, Kunst-Reiseführer Wales. DuMont, 6. Aufl. 1997. Das umfangreiche ›Lesebuch‹ rund um Wales bietet vertiefte Lektüre zu Land und Leuten, Geschichte und Geschichten – ein ausgezeichnetes Nachschlagewerk für die heimische Bibliothek.

Maße und Gewichte

Nach und nach setzen sich auch in Großbritannien die metrischen Maße durch, dank europäischen Drucks messen die Waagen in den Markthallen inzwischen in Gramm und Kilogramm. Aber gehandelt wird der Käse noch in *quarter* ($^1/_4$ lb) oder *half a pound* ($^1/_2$ lb). Für den Wetterbericht sind Grad-Celsius-Angaben die Norm, und getankt wird in Liter. Doch die Entfernungen auf der Straße werden in *miles* angegeben:

1 inch (in): 2,54 cm
1 foot (ft): 0,33 m
1 mile (m): 1,609 km (5 miles: 8 km)
1 square mile: 2,59 km^2
1 acre: 0,405 ha
1 pound (lb): 454 g ($^1/_4$ lb: 113,5 g)
1 ounce: 28,35 g
1 pint: 0,57 l

Medien

Fast ausnahmslos sind die Zimmer in Hotels und Guest Houses mit Farbfernsehgeräten ausgestattet. Da Rundfunk und der Fernsehkanal Sianel Pedwar Cymru (S4C) seit 1981 walisischsprachige Programme senden, hat man Gelegenheit, Nachrichten oder auch einen Krimi auf walisisch zu sehen (manchmal mit englischen Untertiteln) und so einen Eindruck von der Sprache zu bekommen.

Deutschsprachige Tageszeitungen sind in den größeren Städten meist am Tag ihres Erscheinens zu haben. In Wales selbst liest man die Tageszeitung *Western Mail.* Die bis auf einige wenige Artikel englischsprachige Zeitung berichtet natürlich auch über Ereignisse in Großbritannien, über die neuesten Ereignisse der Außenpolitik informieren am besten die überregionalen Zeitungen *The Observer, The Times* oder *The Guardian,* während sich die *tabloids,* die Massenblätter der Boulevardpresse, hauptsächlich um die Privatangelegenheiten der *celebrities* kümmern.

Notruf

Die Notrufnummer für den Rettungswagen lautet 999 (kostenfrei).

Öffnungszeiten

Die Geschäfte in Innenstädten sind Mo–Sa 9/10–17/18 Uhr geöffnet, häufig auch sonntagnachmittags. Einige wenige *late night shops* in jedem Stadtviertel mit lebensnotwendigem Sortiment halten auch länger offen, etwa bis 20 Uhr. Supermärkte auf der ›grünen Wiese‹ sind Mo–Sa 8–20 Uhr, oft auch sonntags durchgehend bis spät geöffnet.

Post

Die Postämter *(post office,* walisisch *swyddfa'r post)* sind Mo–Fr 9–16.30 und Sa 9–12.30 Uhr geöffnet. Eine Briefmarke für einen normalgewichtigen Brief bzw. Postkarte kostet 36 p.

Schmalspurbahnen (Great Little Trains)

Einmalig ist die Dichte an Kleinbahnen mit schmaler Spurweite in Wales – es gibt etwa ein Dutzend, von der

22 km langen Ffestiniog Railway, die schon fast den Charakter einer Linienverbindung hat, bis zur Snowdon Mountain Railway, Großbritanniens einziger Zahnradbahn, und der knapp 2 km langen Touristenbahn der Teifi Valley Line. Sie führen durch wunderschöne Täler und andere landschaftlich reizvolle Gebiete und wurden einst als Industriebahnen gebaut, für den Transport von Schiefer, Kohle oder Eisen. Die Spurweiten sind so unterschiedlich wie die Bahnen selbst. Die Bahnen werden meist von historischen Dampfloks gezogen, aber auch Dieselloks sind im Einsatz – in jedem Fall ist dieF ahrt mit den bunt lackierten, gut gepflegten Veteranen des Industriezeitalters ein Erlebnis (s. S. 140f.). Besitzer des *Freedom of Wales FlexiPass* erhalten bei einigen Bahnen Rabatt.

Souvenirs

Ein typisches Mitbringsel aus Wales sind *lovespoons,* kunstvoll geschnitzte Holzlöffel mit allerlei Anhängseln. Je komplizierter die Form, desto besser waren einst die Heiratschancen des Schnitzers – *lovespoons* waren ursprünglich Verlobungsgeschenke.

Seit sich in den 1970er und 80er Jahren zunehmend Künstler und Kunsthandwerker aus ganz Großbritannien in Wales niedergelassen haben, ist das Angebot immer hochwertiger geworden: handgearbeitete Keramik, Glaskunst, Holz- oder Schmiedearbeiten, Schmuck oder Textilien nach originellen Entwürfen. Manche Künstler laden zu einem Besuch in ihr Atelier ein, andere sind in einem der oft als Künstlerkooperativen organisierten Craft Centres vertreten.

In vielen kleinen Wollwebereien im Teifi-Tal und anderswo kann man nicht nur bei der Arbeit zusehen, sondern auch Decken oder Stoffe kaufen. Adressen für die jeweilige Region und Tipps zum Einkauf einheimischer Produkte liefern Broschüren, die in den TICs kostenlos erhältlich sind.

Telefonieren

Die meisten öffentlichen Telefonzellen sind sowohl für Münzen (walis. *arian*) wie für BT-phonecards (walis. *cardiau*) geeignet, die es im Wert von 3, 5 oder 10 £ gibt. Münzfernsprecher empfehlen sich allenfalls für Gespräche innerhalb Großbritanniens. Am günstigsten für teure Auslandsgespräche ist eine BT-Globalcard im Wert von 10 £, bei der ein Nummerncode eingegeben werden muss. (Die Karte darf nicht in den Schlitz der Kartentelefone gesteckt werden!) Die Auslandsvorwahl für Großbritannien lautet 00 44, von Wales wählt man vor: nach Deutschland 00 49, nach Österreich 00 43 und in die Schweiz 00 41. Telefonnummern, die mit 08 00 beginnen, sind innerhalb Großbritanniens kostenfrei.

Trinkgeld

In Restaurants und Hotels ist *service charge* zwar meist in der Rechnung enthalten. Aber die Bedienung im Restaurant ebenso wie der Taxifahrer erwarten ein Trinkgeld von etwa 10–15 % auf den Rechnungsbetrag.

Veranstaltungen

Mitte Mai: Hay Literary Festival – eine Woche lang Lesungen, Diskussionen rund um zeitgenössische englische Literatur und Konzerte in Hay-on-Wye.

Ende Mai/Anf. Juni: Urdd National Eisteddfod – Jugendkulturwettstreit (jedes Jahr in anderem Ort).

Mitte Juni: Eine Woche lang Klassik-Konzerte in St. David's Cathedral.

Ende Juni: Start der Three Peaks Regatta in Barmouth.

Anf. Juli: Llangollen International Eisteddfod in Llangollen mit Musik und Tanz aus aller Welt.

Mitte Juli: Cardiff Festival mit Straßenkünstlern und experimentellem Theater in den Parks und auf den Bühnen der Stadt.

Ende Juli: Royal Welsh Show – Landwirtschaftsschau in Builth Wells

Ende Juli/Anf. August: Welsh Proms in Cardiff: eine Woche lang populäre Promenadenkonzerte.

Mitte August: Royal National Eisteddfod (jedes Jahr abwechselnd in Nord- und Südwales in anderem Ort). Brecon Jazz Festival, Brecon.

Ende August: Victorian Festival in Llandrindod Wells.

Zeitunterschied

In Großbritannien gilt MEZ minus 1 Stunde.

ABBILDUNGSNACHWEIS

Alle Abbildungen, sofern nicht im Folgenden aufgelistet, stammen von **Heiko Specht**/laif, Köln.

Petra Juling, Lissendorf   S. 18, 24/25, 36, 42, 61, 86, 191

Hans Klüche, Bielefeld   S. 19

Karten und Pläne
cartomedia,
Karlsruhe
© DuMont Buchverlag, Köln

Bitte schreiben Sie uns, wenn sich etwas geändert hat!
Alle in diesem Buch enthaltenen Angaben wurden von der Autorin nach bestem Wissen erstellt und von ihr und dem Verlag mit größtmöglicher Sorgfalt überprüft. Gleichwohl sind – wie wir im Sinne des Produkthaftungsrechts betonen müssen – inhaltliche Fehler nicht vollständig auszuschließen. Daher erfolgen die Angaben ohne jegliche Verpflichtung oder Garantie des Verlages oder der Autorin. Beide übernehmen keinerlei Verantwortung und Haftung für etwaige inhaltliche Unstimmigkeiten. Wir bitten dafür um Verständnis und werden Korrekturhinweise gerne aufgreifen.
DuMont Buchverlag, Postfach 10 10 45, 50450 Köln
E-Mail: reise@dumontverlag.de

REGISTER

Personen